Kritische Vierteljahresschrift

für

Gesetzgebung und Rechtswissenschaft

herausgegeben von

DrDr. K. v. Birkmeyer, A. Dyroff, R. v. Frank, W. Kisch, L. Wenger,
Professoren der Münchener Juristenfakultät.

Dritte Folge. Band XVII.

(Der ganzen Folge Band LIII).

1916.

München, Berlin und Leipzig.

J. Schweitzer Verlag (Arthur Sellier).

Inhaltsübersicht.

I. Allgemeines.

Seite

1. Cornicelius, Heinrich v. Treitschkes Briefe (Waldecker) . . . 1
2. Zitelmann, Ernst, Die Möglichkeit eines Weltrechts (Wenger) . 321
3. Stieglitz, Leopold, Die Staatstheorie des Marsilius von Padua (Waldecker) 326
4. Maier, Hans, Die geistesgeschichtlichen Grundlagen der konstitutionellen Theorie (Waldecker) 329
5. Schmitt, Carl, Der Wert des Staats und die Bedeutung des Einzelnen (Waldecker) 337
6. Köhler, Walter, Geist und Freiheit (Waldecker) 336
7. Spann, Othmar, Kurzgefaßtes System der Gesellschaftslehre (Waldecker) 342

II. Rechtsphilosophie.

1. Vaihinger, Die Philosophie des Als Ob (Pagel) 163
2. Binder, Jul., Rechtsbegriff und Rechtsidee (Pagel) 428
3. Löwenstein, A., Der Rechtsbegriff als Relationsbegriff (Pagel) 428
4. Binder, J., Rechtsbegriff und Rechtsidee (Schmitt) 431
5. Vecchio, Giorgio del, Sull' idea di una scienza del diritto universale comparato (Hollbach) 440

III. Rechtsgeschichte.

1. Brinkmann, Hans, Altes und Neues über Sammelvermögen (San Nicolò) 17
2. Fathy, Mahmoud, La doctrine musulmane de l'abus des droits (San Nicolò) 18
3. Galgano, Salvatore, I limiti subiettivi dell' antica usucapio (San Nicolò) 21
4. Kooimann, C. L., Fragmenta juris Quiritum (San Nicolò) . 23
5. Planitz, Vermögensvollstreckung im deutschen mittelalterlichen Recht (Rintelen) 181
6. Halldór, Hermannsson, The ancient laws of Norway and Iceland (Rintelen) 221
7. Brinkmann, Freiheit und Staatlichkeit in der älteren deutschen Verfassung (Dopsch) 223
8. Kübler, Lesebuch des römischen Rechts, 2. Aufl. (Wenger) . . 227
9. Preisigke, Fachwörter des öffentlichen Verwaltungsdienstes Ägyptens in den griechischen Papyrusurkunden der ptolemäisch-römischen Zeit (Wenger) 227

Seite
10. Kisch, Dr. Guido, Der deutsche Arrestprozeß (Hellmann) . . . 346
11. Syrische Rechtsbücher, hrsg. von Ed. Sachau (Manigk) . . 351
12 Coroï, Jean, La violence en droit criminel romain (Wenger) . 420

IV. Zivilrecht.

1. Strohal, Emil, Schuldpflicht und Haftung (Hellmann) . . . 25
2. Buch, Schuld und Haftung im geltenden Recht (Hellmann) . . 35
3. Schreiber, Schuld und Haftung als Begriffe der privatrechtlichen Dogmatik (Hellmann) 43
4. Fischbach, Treuhänder und Treuhandgeschäfte (Brinkmann-Bondi) 229
5. Dalcke-Delius, Preußisches Jagdrecht, 6. Aufl. (Dickel) . . . 246
6. Das Bürgerliche Gesetzbuch, erläutert von Reichsgerichtsräten. Zweite, vermehrte Auflage (Hellmann †) 484
7. Plancks Kommentar zum Bürgerlichen Gesetzbuch (Hellmann †) 490
8. Matthias, Bernhard, Lehrbuch des Bürgerlichen Rechtes mit Berücksichtigung des gesamten Reichsrechtes (Hellmann †) . . . 497

V. Zivilprozeß.

1. Skedl, Grundlagen des österr. Konkursrechtes (Hellmann †) . . 258

VI. Strafrecht.

1. Lohmann, Die Kompensation bei Retorsion gegen Beleidigung durch Mitglieder deutscher Parlamente (Doerr) 73
2. Stooß, Lehrbuch des österreichischen Strafrechts (A. Köhler) . . 74
3. Storch, Über den Begriff, die Arten und die Bestrafung der culpa (Doerr) 79
4. Tosti, Alfredo, Delle Contravvenzioni (A. Köhler) 80
5. Simon, Schadensersatzansprüche bei Körperverletzung und Tötung im Zweikampf (Köhler) 263
6. Lorey, Zur Lehre vom groben Unfug (Köhler) 267
7. Loeb, Der Versuch (Doerr) 281
8. Heymann, Territorialitätsprinzip und Distanzdelikt (Kitzinger) . 283
9. Coenders, Albert, Richtlinien aus den Lehren Feuerbachs für die moderne Strafrechtsreform (Doerr) 498
10. Feuerbach, Anselm von, Merkwürdige Verbrechen in aktenmäßiger Darstellung (Doerr) 499
11. Grünbaum, Joseph, Voraussetzungen der Unbrauchbarmachung im RStGB. (§ 41) und in den Spezialstrafgesetzen des Reichs (Doerr) 499
12. Liffschütz, A., Die strafrechtliche Bekämpfung geistlicher Übergriffe in weltliches Gebiet (Doerr) 501
13. Mohr, Karl, Die Bemessung der Geldstrafe (Doerr) 502
14. Ollendorff, Fr., Die Wegnahme von Sparkassenbüchern (Doerr) 506
15. Rommel, Kurt, Zur einfachen Sachbeschädigung aus § 303 des Reichsstrafgesetzbuchs (Doerr) 508
16. Schreiber, Dr. jur. Rudolf, Täterschaft und Teilnahme bei Straftaten, die aus physischen Gründen nur von bestimmten Personen begangen werden können (Doerr) 511
17. Warneyers Jahrbuch der Entscheidungen. B. Strafrecht und Strafprozeß. 9. Jahrgang, enthaltend die Literatur und Rechtsprechung des Jahres 1914 usw. (Doerr) 512

VII. Staats- und Verwaltungsrecht.

Seite

1. Walter, Jellinek, Gesetz, Gesetzesanwendung und Zweckmäßigkeitserwägung (Waldecker) 83
2. Bühler, Die subjektiven öffentlichen Rechte und ihr Schutz in der deutschen Verwaltungsrechtsprechung (Waldecker) 117
3. Loening, Das Preußische Gesetz vom 10. Juni 1854 betr. die Deklaration der Verfassungsurkunde (Waldecker) 133
4. — Abhandlungen und Aufsätze (Waldecker) 140
5. Klöß, Grundriß des preußischen Wasserrechts (Waldecker) . . . 145
6. Baumert, Leitfaden des preußischen Wasserrechts nebst Text des Wassergesetzes (Waldecker) 147
7. Holtz-Kreuß, Das preußische Wassergesetz vom 7. April 1913 nebst Ausführungsverordnungen (Waldecker) 148
8. Lenhard-Reichau, Preußisches Wassergesetz vom 7. April 1913 (Waldecker) 150
9. Lenel, Paul, Wilhelm von Humboldt und die Anfänge der preußischen Verfassung (Wolzendorff) 514
10. Mannhardt, Joh. W., Die polizeilichen Aufgaben des Seemannsamtes (Wolzendorff) 516
11. Orloff, Wladimir, Le vice fondamental de la classification dominante des états (Wolzendorff) 517
12. Waldecker, Ludwig, Über den Begriff der Korporation des öffentlichen Rechts nach preußischem Recht (Wolzendorff) 518
13. Meyer, Georg, Lehrbuch des deutschen Verwaltungsrechts. 4. Auflage (Waldecker) 531
14. Mayer, Otto, Deutsches Verwaltungsrecht. 2. Auflage (Waldecker) 531
15. Wörterbuch des Deutschen Staats- und Verwaltungsrechts (Waldecker) 531
16. Friedrichs, Karl, Das Landesverwaltungsgesetz vom 30. Juli 1883 nebst den gesamten Nebengesetzen (Waldecker) 560
17. — — Das Polizeigesetz. Gesetz vom 11. März 1850 über die Polizeiverwaltung mit Nebengesetzen auf Grund der Rechtsprechung der höchsten Gerichte (Waldecker) 560
18. Reichs- und Staatsangehörigkeitsgesetz vom 22. Juli 1913. Erläutert von Wilhelm Cahn (Waldecker) 562
19. Kaskel, Walter, und Sitzler, Fritz, Grundriß des sozialen Versicherungsrechts (Waldecker) 565

VIII. Nationalökonomie.

1. Gerlich, Geschichte und Theorie des Kapitalismus (v. Zwiedineck-Südenhorst) 289

Friedrich Hellmann †

Redaktion und Verlag der KrVJSchr. haben erst Bd. XV S. 321 f. ihrem Schmerze über das Hinscheiden des langjährigen Redaktionsmitgliedes E. v. Ullmann Ausdruck gegeben. Und schon wiederum erscheint ein Blatt im schwarzen Trauerrand. Friedrich Hellmann ist am 11. März 1916 nach längerer schwerer Krankheit dahingegangen.

Unsere Zeitschrift verliert in Hellmann, der zugleich mit v. Ullmann 1895 in die Redaktion eingetreten ist, einen treuen, durch lange Jahre erprobten Herausgeber, fleißigen Mitarbeiter und guten Berater. Die Aufgabe unserer Zeitschrift, der Wissenschaft des Rechts und der Kritik der Gesetzgebung zu dienen, Theorie und Praxis zugleich zu fördern, war so recht nach dem Sinne und der ganzen Veranlagung des Verstorbenen.

Hellmann wurde am 30. November 1850 zu Weißmain geboren. Seine juristische Lernzeit gehört, abgesehen von kurzem Studium in Würzburg, seine Lehrtätigkeit ganz der Münchener Universität an. Hier wurde er 1873 Doktor, 1874 Privatdozent, 1886 außerordentlicher und 1895 ordentlicher Professor, zuletzt des römischen Rechts, Zivilprozeßrechts und deutschen bürgerlichen Rechts. Vor der Einführung des bürgerlichen Rechts hatte er auch Pandekten tradiert. Nachdem er 1874 das juristische Staatsexamen bestanden, ließ er sich 1878 in München als Advokat nieder und hat der praktischen Tätigkeit bis zu seinem Lebensende nie ganz entsagt, wenngleich ihm natürlich der Beruf des Lehrers und juristischen Schriftstellers nur in besonderen Fällen noch Zeit für praktische Arbeit freigab.

Hellmann war ein vortrefflicher Pandektist. Zwar hat er rein rechtshistorische Arbeiten auch in Angriff genommen und noch in seinen letzten Jahren ebenso umfangreiche als mühevolle terminologische Untersuchungen über die Unwirksamkeitslehre im römischen Rechte angestellt. Aber sein ganzes Wesen und seine ganze Auffassung von der Jurisprudenz strebte immer wieder zur Praxis zurück. Der Rechtsgeschichte um ihrer selbst willen vermochte er als einer jener jetzt immer selteneren Nachfahren der alten deutschen Pandektistenschule wenig abzugewinnen. Das römische Recht als lebendige, in unserem Recht fortwirkende Kraft, das war der Kern seiner Lehre und Forschung.

Hellmann hat bekanntlich auch dem bürgerlichen Recht und dem Zivilprozeßrecht Arbeiten gewidmet. In Lehrbüchern sucht er das ihm als Praktiker besonders naheliegende Prozeß- und Konkursrecht den Studierenden zu vermitteln. Aber das befriedigt ihn doch nicht voll. Das Konkursrecht von Augsburg und Ulm führt ihn zu historischer Grundlegung.

Wenn seine Vorlesungen über Römische Rechtsgeschichte und System des römischen Privatrechts von befreundeter Seite noch postum herausgegeben werden sollen, so wird in ihnen auch ein menschlich ungemein sympathischer Zug im Wesen des Verstorbenen fortleben: ich meine das aufopfernde Pflichtgefühl, mit dem er als schwer kranker Mann bis kurz vor seinem Tode noch in der Wohnung, die er nicht mehr verlassen durfte, diese Vorlesung zum letzten Male zu Ende führte. Täglich erhob er sich für diese Stunden vom Krankenlager, das alsbald sein Sterbebett werden sollte.

Dieselbe Pflichttreue, die so noch seine letzten Tage verklärt, ließ ihn auch die Redaktionsgeschäfte unserer Zeitschrift mit peinlicher Sorgfalt und Ordnung besorgen. Wie ernst es ihm um wissenschaftliche Fragen war und wie energisch er dort auftreten konnte, wo er sich sachlich und persönlich im Rechte hielt, das wissen die Leser seiner Referate. Er hat der Kritischen Vierteljahrsschrift viel gegeben und sie wird ihm Dank und ehrendes Andenken über das Grab hinaus bewahren.

1.

Allgemeines.

1. Ernst Zitelmann, Die Möglichkeit eines Weltrechts. Unveränderter Abdruck der 1888 erschienenen Abhandlung mit einem Nachwort. 47 S. München und Leipzig 1916, Duncker & Humblot.

Der glänzende Vortrag, den Zitelmann in der Juristischen Gesellschaft zu Wien 1888 gehalten hat, galt der rein wissenschaftlichen Untersuchung, festzustellen, wie weit ein gemeinsames Recht möglich sei. Damals war dies der großen Juristenwelt bestenfalls Zukunftsmusik, wenn nicht Utopie. Heute hat Zitelmann die seltene Genugtuung, daß seine vor mehr als einem Vierteljahrhundert geäußerten Gedanken ein reales Gegenwartsprogramm geworden sind, das zu verwirklichen führende Männer der Theorie und Praxis in Deutschland, Österreich, Ungarn ernstlich bestrebt sind. Damals war Deutschland noch lange nicht am nächsten Ziel rechtlicher Vereinheitlichung, seither sind die Landesprivatrechte durch das Bürgerliche Gesetzbuch und anderes Reichsprivatrecht überwunden worden, und jetzt stehen wir allen Ernstes vor der Möglichkeit einer teilweise gleichen Rechtsordnung für Mitteleuropa. Niemand und der Verf. zuletzt verkennt die Weite und Steilheit des Weges. All die Fragen, die im Deutschen Reiche bei der Abgrenzung des Reichsprivatrechts vom besonderen Privatrecht der Einzelstaaten begegneten, werden hier wiederkehren und zwar in ungleich schwierigerer Form. Handelt es sich doch um Vereinheitlichung des Rechts in Staaten, die, wie immer sich auch ihre völkerrechtlichen Beziehungen zueinander gestalten mögen, doch jedenfalls in viel loserem Zusammenhange stehen werden, als die im Deutschen Reich vereinten Einzelstaaten. Doch davon will ich nicht erst zu sprechen anfangen, und wo ein ernster Wille ist, da wird auch hier ein Weg gefunden werden. Der gegenwärtigen Juristen-generation harrt aber damit eine Aufgabe, wie sie schöner und erhebender nicht gedacht werden kann. Rechtsdogmatik, Rechts-philosophie und auch Rechtsgeschichte haben daran ihren Teil. Die Rechtsgeschichte zeigt, je mehr sich der Horizont weitet, viel mehr Gleichartigkeit im Werden und Wachsen der Rechte als die historische Schule früher annahm. Über den Rechten der Stämme und Staaten erhebt sich bei Germanen und Griechen ein gemeinsames Recht mit überall gemeinsamen Grundgedanken, und die Grundlagen dieses gemeinen Rechts erscheinen, je tiefer wir forschen, wieder bei Griechen und Germanen immer gleich-artiger. Aber auch die scharfe und zum Schaden der beiden Disziplinen entstandene Scheidung von germanischer und römi-scher rechtsgeschichtlicher Forschung, die geradezu zum Gegensatz von Germanisten und Romanisten ausschlug, darf wohl als überwunden gelten. Kein römischer Rechtshistoriker wird die Anfänge der römischen Rechtsgeschichte, die vor den zwölf Tafeln liegen, anders als auf rechtsvergleichendem Wege ergründen wollen, vor allem mit Hilfe der beiden verwandten Rechte, die uns auf jugendlicherer Entwicklungsstufe bekannt sind, des griechischen und germanischen Rechts. Solche Gedanken sind freilich heute nichts Neues, anders damals, als Z. seinen Vor-trag hielt. Da lehrte man noch in weitem Umfange, daß „jedes Recht eben als völlig historisches Produkt durchaus verschieden von dem anderen sein müsse" (S. 9).

Auch die ängstliche Scheu vor „naturrechtlichen" Gedanken ist heute, wo man auf anderen Wegen und unter anderen Namen doch wieder nach einem absoluten Rechtsideal sucht, wohl über-wunden. Ich möchte sogar noch weiter gehen, als es der Verf. S. 8 f. tut, indes ist hier nicht der Ort, sich darüber auseinander-zusetzen. Rechtsphilosophisch sind die Ausführungen und Andeu-tungen Z.s über die Möglichkeit einer einheitlichen Rechtslehre (S. 10 ff.). Auch Rechtsgeschichte und Rechtsvergleichung bestätigen, je weiter wir kommen, den Parallelismus der Denkformen. Gewisse einfache Kategorien: Dürfen, Sollen, Können, Zuständigkeit des subjektiven Rechts oder der Rechtspflicht an einen, an mehrere, an alle, begegnen immer wieder. Über der bunten Fülle der Einzelheiten erheben sich leitende einheitliche Gedanken. Auch hier meistert der denkende Menschengeist den scheinbar auseinander- und durcheinanderstrebenden Stoff.

Aber Z. ist vielzusehr Gegenwartsjurist und Mann der lebendigen Tat, als daß er sich mit rechtshistorischen und rechtsphilosophischen Gedanken allein begnügte. Mit all dem Rüstzeug der Geschichte und Philosophie bewehrt, tritt er schon in diesem Vortrag mutig an die Frage der praktischen Verwirklichung einer Rechtsvereinheitlichung heran. Wieweit ist diese praktisch zurzeit möglich? „Tatsächlich vorhandene allgemeine religiöse und ethische Ideen, Zweckmäßigkeitserwägungen und Vorstellungen über das, was die Konsequenz erfordert, das sind die Hauptfaktoren, welche die tatsächliche Rechtsproduktion beherrschen" — schreibt Zitelmann S. 17. Wer so denkt, wird sich nicht in Unerreichbares verlieren, wird nur dem zunächst Möglichen zustreben. Oder wollte man das Streben nach einem einheitlichen Recht Mitteleuropas etwa mit Versuchen einer Reform des Eherechts beginnen? Ich will gar nicht vom grundsätzlichen Gegensatz des islamischen und christlichen Eherechts sprechen: soll das österreichische Recht der Angleichung mit dem deutschen in weiterem Ausmaße, als dies jetzt schon durch die Novellengesetzgebung zum a. BGB. geschieht, zugeführt werden, so gibt es keinen verkehrteren Weg zu diesem Ziele zu gelangen, als die Ansetzung des Sturms auf den § 111 als ersten Programmpunkts. Wer österreichische Verhältnisse kennt und nicht nach dem Kampfruf politischer Parteien oder gar den Phrasen gewisser Tageszeitungen beurteilt, weiß, daß auch eine Lösung im Sinne der Ehegesetzgebung des Deutschen BGB. nicht möglich ist. Soweit ethische oder religiöse Ideen in Frage kommen, muß volle Freiheit der einzelnen Staaten, deren Rechtsangleichung erstrebt wird, gewahrt bleiben: andernfalls ist das Werk von vornherein gefährdet. Aber wer die neueren Privatrechtskodifikationen und Entwürfe des zunächst in Betracht kommenden „Mitteleuropa" auch nur flüchtig durchmustert, sieht, wie viel Gleiches sich findet und wie viel mehr einer Ausgleichung Fähiges. Ich stimme auch durchaus dem Optimismus des Verf.s bei, daß sehr viele Verschiedenheiten ohne alle Schwierigkeit sich beseitigen lassen, daß ein neuer Rechtssatz sich bald einlebt, daß unendlich oft „das tatsächliche Bestehen eines Rechtssatzes durch längere Zeit hindurch" „durch Gewöhnung das Bewußtsein von seiner Notwendigkeit" schafft oder wenigstens erhöht (S. 20). „Gewisse rechtliche Grundideen", schreibt Z. später (S. 22), „tauchen bei einem Volke auf und schreiten dann in geradezu unwiderstehlichem Siegeszug von Volk zu Volk vorwärts." Darin liegt ja, es ist fast banal, das Beispiel zu zitieren, die Größe des römischen Rechts. In den Köpfen der römischen Juristen tauchten solche welterobernde Rechtsideen auf. An einer Reihe von Beispielen zeigt nun Z. die schon vorhandene tatsächliche Rechtsgleichheit auf gleicher Kulturstufe stehender Staaten, um schließlich die beiden heute so aktuell gewordenen großen Fragen aufzuwerfen: wie weit ist Rechtsgleichheit wünschenswert und wie ist sie praktisch erreichbar (S. 34)? Es ist ein damals seherisch verkündetes Zukunftsprogramm, von dem kaum etwas abzustreichen sein wird, das aber auch zunächst als erreichbares Anfangsprogramm praktischer Verwirklichung der Rechtsausgleichung allein in Angriff genommen werden kann, wenn Z. S. 35 schreibt: „Der Verkehr der Nationen fordert eine Einheitlichkeit des Rechtes nicht überall in gleicher Weise: Einheitlichkeit fordert er eben für das Recht, welches gerade im Verkehre besonders zur Anwendung kommt, also für das Obligationen- und Mobiliarsachenrecht, ferner auch für das Ehegüterrecht, weil auch dies mit den Ehegatten von Ort zu Ort zu wandern bestimmt ist. Eine Gleichheit ist ferner erwünscht für alle Rechte an immateriellen Gütern, ferner für diejenigen erbrechtlichen Regeln, welche die Erwerbsformen, die Erwerbsfristen und die Schuldenhaftung betreffen."

Für die praktische Verwirklichung der Rechtsausgleichung gibt es drei Wege: „spontanes Gleichwerden, Rezeption, Vereinbarung" (S. 35). Auch ich glaube, daß, wie der Verf. schreibt, das spontane Gleichwerden sich allmählich vollziehen wird, sicher aber würden dazu Jahrtausende nötig sein. Eine bewußte Beschleunigung kann erfolgen durch Rezeption und Vereinbarung. Treffende Worte findet Z. dabei über die Rezeption des römischen Rechts. In höchst wichtigen Teilen r e z i p i e r t e n wir nicht fremdes, sondern a n t i z i p i e r t e n unser eigenes noch nicht herausentwickeltes Recht (S. 37). Bei dieser Auffassung verliert eine Rezeption fremden Rechts ihren, ich möchte sagen, demütigenden Charakter. Man muß diesen Gedanken auch heute stark hervorheben, wenn pseudonationalistischer Eifer sich gegen Aufnahme fremder Rechtssatzungen sträuben wollte. Wie wir einst bei der Rezeption des römischen Rechts die Nehmenden waren, so werden wir für die neu sich gestaltenden Privatrechte der Bruderstaaten Mitteleuropas die Gebenden sein. Freilich wird hierbei kaum mehr als materiell gleiches Recht erreichbar sein. Um auch ein formell gleiches Recht zu erreichen, das mit gleichen Worten den gleichen Inhalt widergibt, muß schon an Vereinbarung durch Staatenverträge gedacht werden. Wenn auch die warmen Worte von Weltrechtsvereinbarung, die so recht den deutschen Idealisten kennzeichnen (S. 38), in unserer furchtbaren Zeit als leerer Schall zu verklingen drohen, so muß man doch an eine Wiederkehr von Zeiten hoffen, in denen man solche Gedanken wird wieder äußern dürfen: dann, wenn die Formel vom „sacro egoismo" von den mißleiteten Völkern selbst einmal richtig mit „verfluchte Ichsucht" übersetzt werden wird.

Aber wir brauchen mit der Verwirklichung solcher Weltrechtspläne nicht zu warten, bis diese dämmernde Erkenntnis kommt. Wenn Z. damals auf ein Recht in Deutschland und Österreich hoffte, als das BGB. noch nicht da war, so ist zwar auch diese Hoffnung nicht verwirklicht worden, aber eine größere ist an ihre Stelle getreten: die Rechtsannäherung der Staaten von Mitteleuropa. Deutsche, österreichische, ungarische Juristen haben sich in Rechtsabteilungen von Waffenbrüderlichen Vereinigungen zur Vorarbeit zusammengetan, der Deutsche Juristentag hat das Programm der Rechtsausgleichung zum seinigen gemacht: was der Krieg geboren, wird der Frieden großziehen. Mitten in dieser Arbeit steht der Verfasser dieses vor bald drei Jahrzehnten gehaltenen Vortrags. Er hat an den neuen Bestrebungen regen Anteil, er hat mehr für sie getan, als die Öffentlichkeit erfahren sollte. Aber er hat dafür den schönsten Lohn, den ein geistiger Arbeiter sich wünschen kann: mitten in der Vollkraft der Jahre eine Saat aufgehen zu sehen, die er selbst gesät, und die die Dornen nicht ersticken konnten.

München. Leopold Wenger.

2. Leopold Stieglitz, Die Staatstheorie des Marsilius von Padua. Ein Beitrag zur Kenntnis der Staatslehre im Mittelalter. (Beiträge zur Kulturgeschichte des Mittelalters und der Renaissance, herausgeg. von Walter Goetz). Berlin und Leipzig 1914, Teubner. 56 S. Preis 2 Mk.
3. Hans Maier, Die geistesgeschichtlichen Grundlagen der konstitutionellen Theorie. Tübingen 1914, Mohr. 83 S. Preis 2 Mk.
4. Carl Schmitt, Der Wert des Staats und die Bedeutung des Einzelnen. Tübingen 1914, Mohr. 110 S. Preis 3 Mk.
5. Walter Köhler, Geist und Freiheit. Allgemeine Kritik des Gesetzesbegriffs in Natur und Geisteswissenschaften. Tübingen 1914, Mohr. 174 S. Preis 4.80 Mk.
6. Othmar Spann, Kurzgefaßtes System der Gesellschaftslehre. Berlin 1914, Guttentag. 384 S. Preis 9 Mk.

Es ist eine eigentümliche Sache mit dem Recht: Scheinbar das konkreteste, das man sich denken kann, und doch undenkbar ohne gewisse philosophische und geschichtliche Grundlagen. Positiver Buchstabe, auf das Leben der Gegenwart zugeschnitten, und doch toter Buchstabe ohne das belebende Element der Geistesgeschichte, das in ihm enthalten ist. Ganz besonders gilt das für das sog. öffentliche Recht. Wir können es niemals ohne das philosophische Problem des Staates erfassen. Und da dieses zugleich das Problem der menschlichen Gesellschaft ist, so muß der Publizist diesem vor allem nähertreten, und zwar sowohl in der Vergangenheit, wie in der Gegenwart.

I.

Die Untersuchungen von Stieglitz und Maier beschäftigen sich mit Fragen der Vergangenheit, die für die Gestaltung des modernen Staatswesens von weitgehender Bedeutung geworden sind.

1. Mit Marsilius von Padua haben sich schon eine ganze Reihe von neueren Schriften eingehend befaßt. Die vorliegende — Straßburger — Dissertation von Stieglitz faßt das hier Gesagte kritisch sichtend zusammen.

Verf. erkennt richtig dem Defensor pacis nur die Bedeutung einer Streit- oder politischen Gelegenheitsschrift zu. Im Schlußkapitel geht er allerdings von diesem Ausgangspunkt wieder ab. Er — ebenso die von ihm angerufene neuere Theorie — tut damit m. E. der alten Auffassung unrecht, die im Defensor pacis nur den mittelalterlichen Streit zwischen Kirche und Staat erblickt, und zwar gerade in der konkreten Gestalt zwischen Papst und Kaiser. Marsilius tritt für des Kaisers konkret-reale Sache gegen den Papst ein. Was er vorträgt, beruht überall auf praktischen Beobachtungen. Daraus formt er sein politisches System, das er mit großem Wagemut in den Kampf der Meinungen hineinwirft. Diese Auffassung tut dem Umstand keinen Abbruch, daß seine politische Streitschrift einen für alle Zeiten unvergänglichen Wert besitzt. Nur aus Freude am Philosophieren über den Staat sind ja die späteren, auf derselben Tendenz beruhenden Schriften ebenfalls nicht entstanden, mit denen sich Maier befaßt.

Bei Marsilius spricht weniger der Philosoph, denn der nüchterne Realpolitiker, der seine Beobachtungen aus dem Leben der — damaligen — Gegenwart schöpft. Bezeichnend ist hierfür seine Ablehnung der Universalmonarchie, obwohl er als Parteigänger des Kaisers eigentlich wie Dante auf diese hätte hinauskommen müssen. Es sei auch auf die Bemerkungen des Verf. S. 36 über die Stellung des Regenten bei Marsilius verwiesen (der von Verf. beliebte Vergleich mit Rousseau ist hier recht wenig am Platz).

Verf. bestreitet aus diesem Grunde gegenüber der h. M. wohl nicht mit Unrecht, daß die „Volkssouveränität" bei Marsilius auf „Vertrag" beruhe (S. 29). Aber aus demselben Grund scheint mir ein sehr großes Fragezeichen dahinter zu machen zu sein, ob man bei Marsilius überhaupt von einer „Volkssouveränität" im Sinne des späteren Wortbegriffs sprechen kann. Verf. begnügt sich, wie die h. M. auf den Widerspruch hinzuweisen, daß Marsilius einerseits die Volkssouveränität, andrerseits die Monarchie postuliere, und sucht diesen Widerspruch durch Hinweise auf Zweckmäßigkeitserwägungen und praktische Beobachtungen zu erklären. M. E. stellt die sog. „Volkssouveränität" bei Marsilius durchaus nicht das spätere welterschütternde Postulat dar, sondern was er nach dieser Richtung gibt, knüpft lediglich an ein damals öfter aufgestelltes politisches Schlagwort an, das nach Wegfall seines speziellen Anlasses für ein paar Jahrhunderte in der Versenkung verschwinden konnte. Auf ein bischen inneren Widerspruch kam es dabei wie bei allen politischen Schlagworten nicht an. Aber wie es so geht: Der im Streit aufgegriffene, an sich keineswegs neue, aber jetzt in eine staatstheoretische Form gegossene und damit selbständig lebensfähig gewordene Gedanke überlebt seinen augenblicklichen Anlaß, er haftet fest in der Staatslehre, um ein paar Jahrhunderte später seine politische Auferstehung auf neuer Grundlage und zu ganz anderen Zwecken zu finden. Was bei Marsilius das Recht des Kaisers begründen soll, wird jetzt gegen ihn ausgespielt! Es ist das eine gewisse Tragik, die indessen der überragenden Bedeutung des Marsilius gegenüber seinen Zeitgenossen keinen Abbruch tut. Die spätere „Volkssouveränität" ist ja wie bei ihm nur als Reaktion gegenüber einseitiger Überspannung politischer Machtbedürfnisse zu verstehen, um dann, einmal geweckt, ein selbständiges Dasein zu führen.

2. In der — erweiterten Marburger — Dissertation von Maier finden wir die Bestätigung dieser Auffassung. Für Verf. liegen die Quellen der „konstitutionellen Theorie" in der Lehre von der Volkssouveränität und in der naturrechtlichen Lehre vom Staatsvertrag. Bei ersterer handelt es sich aber um ein politisches Postulat, und ein solches fällt nicht vom Himmel, sondern es hat seinen Ursprung irgendwie in realen Machtverhältnissen. Verf. entwickelt uns ja selbst, wie die französischen Kalvinisten, obwohl sie an sich durchaus auf das Königtum gewiesen waren, zur Volkssouveränitätslehre griffen, um absolutistische Übergriffe abzuwehren, hier eben dieses Königtums (S. 23); also der gleiche Zusammenhang wie bei Marsilius. Derselbe religiöse Untergrund ist bei der englischen Revolution unter Cromwell nachzuweisen (S. 26); nur ist jetzt das Verhältnis gerade umgekehrt. Dieser religiöse Untergrund ist um so wichtiger, als er, worauf Verf. richtig hinweist (S. 27) zu der eigenartigen Verfassung der Neuenglandstaaten führte, die dann in der Folge wieder, und die Hervorhebung dieses Umstandes vermisse ich, die spätere europäische Doktrin rückwirkend beeinflußte. Die französischen Lehren — gut sind hier die Bemerkungen S. 48 über Sieyès — und späteren Experimente mit ihren Widersprüchen gegenüber dem angeblichen altenglischen Vorbild sind ja nur bei Berücksichtigung dieser neuenglischen Entwicklungslinie verständlich.

Aber ebenso wie dort die konstitutionellen Einrichtungen auf reale Verhältnisse und Faktoren zurückgehen, und in ihrer Entwicklung bedingt sind, so geschah es auch in Europa. Und daß gerade die vom Verf. als entscheidend für die Entwicklung angeführten Deutschen, Wolff und Kant, ausgerechnet in Preußen lehren mußten, ist m. E. ganz gewiß kein reiner Zufall; in demselben Preußen, dessen König Friedrich Wilhelm I. den vom Verf. S. 50 für Wolff hervorgehobenen Gedanken der Pflicht in den Mittelpunkt seiner Staatsauffassung stellte, und dessen großer Sohn durch die Tat dem Pflichtgedanken Kants den Boden bereitet hatte. Und gerade, wenn und weil Wolff und Kant für die Theorie so entscheidend waren, hätte der — m. E. bei ihnen genau so, wie bei allen diesen Lehren, sehr — realen Grundlage ihrer Auffassung[1]) ebensogut nachgespürt werden können, wie dies Verf. für England und Frankreich teilweise getan hat.

[1]) Seit der Niederschrift obiger Besprechung hat Wolzendorff im ArchÖffR. Bd. 34 S. 477 ff. eine Skizze veröffentlicht, in der er an Hand der (ganz ähnlich wie hier beurteilten) Maierschen Dissertation die Problemstellung nach derselben Richtung sucht, wie sie oben im Text angedeutet ist. In seinem tiefgründigen „Staatsrecht und Naturrecht in der Lehre vom Widerstandsrecht des Volks" (1916) ist Wolzendorff dann den maßgebenden Fragen, und zwar gerade nach der von ihm angedeuteten Richtung nachgegangen. Ein äußerst charakteristisches Ergebnis seiner Forschungen — es ist das der Grund, weshalb gerade an dieser Stelle auf seine Untersuchungen verwiesen wird — ist die Bestätigung des eigentümlichen Zusammenhangs zwischen Staatslehre und positivem Staatsrecht, die eigenartige Wechselwirkung zwischen beiden. Die konkrete Umwelt vermittelt eben stets die Anknüpfungspunkte für das abstrakte Denken. Um ein Beispiel aus jüngster Zeit zu geben, sei auf die Übereinstimmung der abstrakt-staatswissenschaftlich gewonnenen Theorie Spanns (unten III 2) über die Vorherrschaft des öffentlichen Rechts mit meinen (m. E. gleichermaßen für Österreich Geltung beanspruchenden), auf historischen Erwägungen beruhenden und ganz unabhängig von ihm gewonnenen Betrachtungen Annalen 1915 S. 293 ff. (speziell S. 342 Anm. 28) verwiesen. Ich führe dieses Beispiel um deswillen an, weil es zeigt, wie ich die hier geäußerte Ansicht verstanden wissen will: Das positive Staatsrecht, bzw. die in ihm bewußt oder unbewußt verwirklichten politischen Ideen, wirkt positiv oder negativ auf jede staatswissenschaftliche Abstraktion ein.

Aber wenn man also argumentiert, so muß man sich darüber im klaren sein, daß die in der Geschichte nachweisbare konstitutionelle Doktrin etwas ganz anderes ist, als die „konstitutionelle Theorie" des Verf., d. h. soweit zu erkennen ist, was Verf. eigentlich meint und will. Er befolgt nämlich eine neue Methode, die dem eigenen Werturteil, seiner „Weltanschauung" mit der Einseitigkeit ihres Standpunktes das Hauptargument zu entnehmen scheint. Ganz im Sinne dieses Subjektivismus wird die Bemerkung S. 54 N. 142 zu verstehen sein, es sei „erfreulich", daß die Rechtslehrer neuerdings stärker „von der historischen Schule abrücken"; denn im Text heißt es hierzu: „Der Kampf zwischen dem Vernunft- und dem Geschichtsprinzip ist auch der Kampf zwischen den Anhängern herrschender Autoritäten und denen, die nach aufwärts drängen". Niemand wird dem Verf. seine Weltanschauung verkümmern wollen; nicht die, vom Verf. ja betonte, Einseitigkeit des Werturteils erweckt Bedenken, sondern die Folgerung und Nutzanwendung, insofern an die Stelle des auf wissenschaftlicher Forschung beruhenden sachlichen Gesichtspunkts das — möglicherweise auf ungenügender Beherrschung des Stoffs und damit ungenügender Würdigung des Sachverhalts beruhende — subjektive Moment gesetzt wird, die persönliche Meinung des vielleicht nur Halb- oder Dreiviertelgebildeten. Und dieses Bedenken wird in erhöhtem Maße zu erheben sein, wenn es sich, wie hier, um eine geschichtliche Untersuchung handelt.

Tatsächlich scheint denn auch die neue Methode bei ihrer ersten Anwendung gründlich zu versagen. Verf. bezeichnet als „konstitutionelle Theorie" diejenige Auffassung, „die auf individualistischer Grundlage beruhend sich im übrigen durch das politische Schlagwort ‚alles für das Volk und alles durch das Volk' am umfassendsten kennzeichnen läßt". Er scheint also auf eine umfassende Begreifung aller politischen Ideen hinauszuwollen, die auf die Beteiligung des Volks an der Bildung des

Staatswillens hinstreben. Sonderbarer Weise schließt aber für Verf. die Entwicklung der „konstitutionellen Theorie“ als solcher mit der französischen Charte von 1814 ab, und hört mit der Darstellung der Ideen von Kant, Fichte und Fries die Untersuchung auf; eine Folge ist uns in Aussicht gestellt, die sich mit der Theorie des parlamentarischen und des monarchischen Konstitutionalismus seit 1814 befassen soll. Verf. scheint also die historische Verfolgung einer allgemein-geistesgeschichtlichen Entwicklungslinie vorzuschweben, die in zwei konkrete Erscheinungen des 19. Jahrhunderts ausmünden soll.

Wäre Verf. nicht in seinem subjektiven Urteil allzubefangen gewesen, hätte er die von ihm zit. Literatur besser ausgeschöpft, und schließlich obendrein die zahlreiche neuere Spezialliteratur beherrscht, so hätte er vielleicht gemerkt, daß die Erscheinungen des 19. Jahrhunderts außer an die realen Machtfaktoren anknüpfen an den Begriff der „konstitutionellen Theorie“, wie ihn seither die Staatslehre kannte, nämlich in der naturrechtlichen Lehre von der Beschränkung der Herrschergewalt durch Staatsgrundgesetze — welche politische Theorie unmittelbar jenen realen Machtverhältnissen gegenüber aufgestellt wurde. Das, was Verf. als „k. Th.“ begreift, ist nichts als eine Zusammenfassung der verschiedenartigsten politischen Ideen, die zu verschiedenen Zeiten ganz verschiedenartige Bedeutung hatten, und höchstens insofern Übereinstimmung zeigen, als sie in äußerlich ähnlicher Form auftreten konnten, weil sie sich eben in die gleichen oder doch verwandten staatstheoretischen Formen kleideten. Und wenn Verf. seine „k. Th.“ im Sinne eines Konstitutionalismus schlechthin dem monarchischen und parlamentarischen Konstitutionalismus des 19. Jahrhunderts in Gegensatz stellt, so verkennt er eben, daß die für die Entwickelung im 19. Jahrhundert letzten Endes entscheidend gewordenen politischen Ideen und staatstheoretischen Postulate zwar früher auch schon gespukt haben, aber unter den konkreten Lebensverhältnissen einen ganz anderen Inhalt hatten und haben mußten. Nur so wird es verständlich, daß Verf. einfach den herkömmlichen Begriff der „k. Th." mit dem von ihm aufgestellten Begriff zu verwechseln scheint; besonders deutlich zeigt sich das in dem oben hervorgehobenen Abschnitt von dem Einfluß des Kalvinismus, dessen Bedeutung ausgerechnet auf dem Gebiete der Entwickelung der Lehre von der durch die Grundgesetze beschränkten Herrschergewalt und damit von den Freiheitrechten liegt, also gerade der unmittelbaren Vorbereitung der Entwickelungslinie des 19. Jahrhunderts. Ganz genau so wirkt der Einfluß Lockes. Auf der Verbindung beider beruht der geistige Aufbau der französischen Revolution. Für Verf. ist das alles aber Geistesgeschichte seiner umfassenden „k. Th.", was ihm bei Kenntnis der Untersuchungen von Redslob und der sonstigen neuen Literatur, namentlich des Auslands, wohl kaum passiert wäre. Auch die Nebeneinanderstellung von Volkssouveränitätslehre und Naturrecht als Grundlagen der „k. Th." im Sinne des Verf. gibt zu denken; sie erweckt den Anschein, als handle es sich um zwei ganz verschiedene Dinge.

Man braucht sich bei diesem schwachen Fundament nicht zu wundern, wenn Verf. mit Windelband, Richard Schmidt und Wilbrandt in seiner längeren Betrachtung des Kantschen Vernunftrechts Kant gegen den Vorwurf des „Nachtwächterstaats" verteidigt. Es ist bei der Hervorhebung der „geistigen Untergründung" der „k. Th." des Verf. durch Kant nur übersehen, daß einmal sich diese angebliche Verkennung schon bei Kants Zeitgenossen Humboldt findet. Zum andern hätte Verf. den 4. Bd. von Gierkes Genossenschaftsrecht entnehmen können, daß nicht die „mißverstandene" Kantsche Lehre im 19. Jahrhundert die von ihm unterstellte unheilvolle Rolle spielte, sondern allerlei andere Momente, vor allem die Unfähigkeit jener extrem individualistischen Zeit, sich über eine andere als eine kollektive (Summen-) Einheit des Staats zu erheben, in der eben Kant genau so wie Fichte, Humboldt u. a. stecken geblieben ist. Verf. weiß nichts von dem gegenseitigen Einfluß zwischen Deutschland und Frankreich (Pufendorff, Wolff, Barbeyrac, Vattel), nichts von der Lehre vom Gemeinwesen und vom Staatsvertrag (Klüber, Rotteck), nichts von dem Einfluß der realen politischen Faktoren, die im 19. Jahrhundert die Reaktion nach der Rechtsseite und damit den Sieg des Liberalismus mit seiner extremen Betonung des „Nachtwächterstaats" zur Folge hatten, woneben die Lehre Kants eine sehr nebensächliche Rolle spielte, um erst sehr viel später „neuentdeckt" und „richtig verstanden" zu werden.

Alles in allem dürfte der vom Verf. als Urteiler angerufene Leser ein sehr großes Fragezeichen dahinter machen, ob die vom Verf. gewählte Methode mit Wissenschaftlichkeit zu vereinbaren ist. Und was den Gegenstand der Untersuchung anlangt, so ist nur soviel richtig, daß für den Juristen der Einfluß politischer Schlagworte mit dem Einwand darauf nicht abgetan werden kann, daß sie zu verschiedenen Zeiten verschiedene Bedeutung gehabt haben. Der Jurist muß einen tieferen Zusammenhang suchen. Dann muß aber in der Geschichte der Staatstheorien ein Umstand seither nicht oder nicht genügend berücksichtigt worden sein, nämlich daß eine Staatstheorie nur ein Gewand, die äußere Form darstellt, die keineswegs notwendig nur den ursprünglich hineingelegten Inhalt zu decken braucht, sondern in die sich die verschiedensten politischen Ideen zu kleiden vermögen, ohne daß diese Form für den der in ihr jeweils verkörperten Idee innewohnenden sachlichen Inhalt maßgebend zu sein braucht. Es sei an das erinnert, was oben über die „Volkssouveränität" bei Marsilius gesagt wurde. Man denke weiter daran, welche Wandlungen allein das wohl den Gegensatz zu der „k. Th." des Verf. darstellende „monarchische Prinzip" im 19. Jahrhundert durchgemacht hat. Da spukt die „Legitimität" neben theokratischen, absolutistischen, altständischen, repräsentativen usw. Vorstellungen; sie alle deckt das eine Wort Monarchie. Hinter dem Gegensatz des 19. Jahrh., monarchisch-konstitutionell, hat sich eben der Kampf um jeweils sehr verschiedene politische Theorien versteckt, wie sich ja bisher noch stets hinter die Staatsform alle möglichen politischen Tendenzen verkrochen und sich ihrer zu bedienen gewußt haben. Und je besser es ihnen gelang, diesen Unterschied zwischen Form und Inhalt zu vertuschen, um so besser pflegten sich die jeweiligen Machthaber dabei zu stehen. In diesem Sinne wäre die oben zitierte Äußerung des Verf. vom Kampf zwischen dem Vernunfts- und Geschichtsprinzip vielleicht besser zu verwerten gewesen. Gewiß wäre auch einmal ein echter politischer Widerstreit monarchisch-konstitutionell denkbar, und ebenso ist es eine Frage für sich, welche Folgerungen sich daraus ergeben, daß diese Antithese die äußere Form des Widerstreits im 19. Jahrhundert liefern mußte. Dann aber ergeben sich ganz andere Untersuchungen, als sie Verf. bietet. Und da sich diese vorliegend eben nicht finden, möchte ich füglich bezweifeln, ob Verf. auf dem hier angedeuteten Wege zu seiner Untersuchung gekommen ist. Für ihn scheint die Antithese: monarchisch-konstitutionell nicht eine Form zu sein, sondern einen Jahrhunderte zurück in seinen Wurzeln verfolgbaren materiellen Inhalt zu haben. Und so ist es ihm jedenfalls nicht gelungen, die sich ergebenden Folgerungen für einen wissenschaftlichen Neuaufbau oder eine Ausfüllung der fraglichen Lücke zu ziehen. Seine Weltanschauung oder Methode hätte ihn dann schon in der seiner Untersuchung die konkrete Richtung gebenden Antithese gründlich die Bedeutung des Gegenstands über dem äußeren Geschehen verkennen lassen. Es wäre ihm dasselbe Mißgeschick unterlaufen, wie seinerzeit van Krieken, der unter der Sammelbezeichnung „organische Staatstheorie" alle Theorien zusammenfaßte, die das äußerliche Merkmal gemeinsam hatten, den Staat mit einem organischen Naturprodukt zu vergleichen.

II.

Nur gestreift werden kann hier die tüchtige philosophische Betrachtung von Köhler über den Gesetzesbegriff. Verf. trägt nichts eigentlich Neues vor, sondern durchgängig begegnen wir lieben, alten Bekannten. Die Bedeutung der Schrift liegt vielmehr in der knappen, klaren Darstellung, und der folgerichtigen Durchführung des Gedankengangs. Verf. leugnet die metaphysische, schlechthin überweltliche Autorität des Gesetzes, das ihm weiter nichts als gewollte Denkform des menschlichen Geistes ist, aus dem allein es seine Macht schöpft. Verf. stützt sich hier vor allem auf Hegel, der ja überhaupt in jüngerer Zeit wieder eine merkwürdige Lebendigkeit zeigt, sowie die neuere Relativitätslehre, wenn er ihrer auch nur bei der Betrachtung des Naturgesetzes gedenkt, bei dem seine Auffassung am naheliegendsten ist. Schwieriger wird seine Theorie bei der den Juristen stärker interessierenden Frage nach dem historischen und sozialen Gesetz. Hier erkennt Verf. die subjektive Singularität, die geschichtliche Welt als Manifestation eines überlegenen Allgemeinen, des eigenlebenden Geistes als höchstes Prinzip, das er in der Freiheit findet. Das Innenwerk dieses Geistes ist die Weltgeschichte als Aufbau der geistigen Welt, in dem sich die Summe der Tätigkeit menschlichen Geistes zusammenfindet. Geschichtliche Erkenntnis richtet sich auf eben dieses Geschehen, historische und soziale Erkenntnis sind identisch. Diese Erkenntnis ist aber Wissen und Verstehen, und dieses Bewußtsein des Menschen am Ganzen der Geschichte ist fortschreitende Selbstbesinnung. Die Gesamtanschauung der Totalität der Wirkungszusammenhänge schafft die Übereinstimmung zwischen Denken und Sein, daß das, was der Sache inhaltlich zugrunde liegt, auch der Erkenntnis zugrunde liegt und, wie in der Sache durch den Lauf des Eigenlebens, so in der Erkenntnis durch den Lauf der Darstellung entwickelt wird. Es verschwindet der Gegensatz zwischen Objekt und Subjekt, zwischen Ursache und Wirkung, Notwendigkeit und Freiheit. Die geschichtliche Welt ist die unendliche Manifestation der Freiheit des Geistes, von einer objektiven Gesetzmäßigkeit ist hier keine Rede. Im Anfang war die Tat, sagt Faust — und die Tat ist alles, darin klingen alle Gedanken des Verf. aus.

Die Bedingtheit des Wesens der Zusammenhänge — das ist für die Juristen das Wesentliche, das ihn die sehr tüchtige Arbeit des leider allzu früh auf dem Felde der Ehre gebliebenen Verf. lehrt. Das Gesetz ist nichts als zwingende Form, die der Mensch sich selbst geschaffen hat. Ihr Inhalt, Wirken und Werden, Geschichte, die nur begreift und versteht, wer sich in den Geist der jeweiligen Zeit zu versetzen versteht.

III.

Auf das Gebiet des Aufbaus der menschlichen Gesellschaft führen uns die Schriften von Schmitt und Spann.

1. Schmitt setzt sich die rechtsphilosophische Erforschung des Verhältnisses zwischen Staat und Individuum zur Aufgabe. Staat ist ihm weder ein einzelner konkreter Gegenstand, noch eine empirisch gewonnene Abstraktion, sondern „der in seiner Idee erfaßte Staat" — also eine erkenntnistheoretische Vorstellung. Und da der Rechtsphilosoph spricht, so haben wir es hier zunächst mit dem Problem Staat und Recht zu tun. Recht und Macht werden uns vorgeführt als zwei nebeneinanderstehende Welten. Das Recht ist Norm, und kann demgemäß nur von der höchsten Gewalt ausgehen. Umgekehrt ist deshalb höchste Gewalt nur das, was vom Recht ausgeht. Damit ist für Verf. der Primat des Rechts begründet. Der Staat ist dann das Rechtsgebilde, dessen Sinn ausschließlich in der Aufgabe besteht, Recht zu verwirklichen. Der damit in die Definition des Staats aufgenommene Zweck ist aber das Recht selbst, das den Staat in eine Funktion des Rechts verwandelt. Aus der Aufgabe der Rechtsverwirklichung ergibt sich wieder, daß er die

höchste Gewalt sein muß. Erst der also gewonnene Staat bringt den Imperativ in das Recht; die Erzwingbarkeit einer Norm hat mit ihrem Rechtscharakter nichts zu tun. Der Zwang und die Macht zu ihrer Verwirklichung steht dem Staat zu als Mittler und Verwirklicher des Rechts; nur die empirische Erscheinung ist ein Staat, die diese Macht bewährt. Der Gegensatz zwischen zwingenden und dispositiven Rechtssätzen, polizeilichem und kriminellem Unrecht, veräußerlichen und unveräußerlichen Rechtsgütern usw. beruht ausschließlich auf dem Bestreben, diese beiden Dinge: Rechtsgedanken und Mittel seiner Verwirklichung, als verschiedene Kriterien anzunehmen. In Wahrheit bildet das den Staat beherrschende, originär-abstrakte Recht keinen Gegensatz zu dem dienenden, vermittelnden konkret-staatlichen Recht, das nicht Mittel zum Zweck ist, dessen Zweckhaftigkeit vielmehr in seiner Aufnahme der empirischen Welt als des Wirkungsfeldes beruht.

Mit der Anerkennung dieser überpersönlichen Dignität des Staats verschwindet das Individuum, dessen Wert innerhalb des Staats sich nur nach seiner Aufgabe richten kann. Das Individuum wird damit zum bloßen Funktionär, es ist für den Staat gleichgültig, es tritt in den Rhythmus des Staats ein. Dies gilt auch für den Herrscher; der Wille des absoluten Herrschers ist nur deshalb Gesetz, weil er seinem Amt nach nichts mehr wollen kann, als was Recht ist. Das Individuum ist aber nicht Spielball des Staates, sondern auf seiner Würde beruht die des Staates selbst. Politisch oder mechanisch ist die Frage der Freiheit des Individuums, nur der Staat als Machtkomplex oder Faktum kann in die Sphäre des Individuums als Faktum eingreifen. Ein Recht des Individuums auf Freiheit ist weder juristisch noch philosophisch anzuerkennen. Der Gegensatz heißt nicht Recht und Individuum oder Staat und Individuum, sondern Recht und Staat, und im Staat hat kein Individuum Autonomie.

Verf. verkennt selbst nicht die Gefahr, daß seine Theorie als „kulturfeindliches Chinesentum" aufgefaßt wird. Diese Selbsterkenntnis an dieser Stelle wirkt um so wohltuender, als Verf. sonst recht wegwerfende Bemerkungen über jedermann macht, der sich erlaubt, anderer Ansicht zu sein. Vorliegend hilft er sich durch den Satz, es unterlaufe dann eine Verwechselung mit dem, was die Tagespolitik unter „Regierung" verstehe. Wäre Verf. nicht in seinen Abstraktionen befangen, so hätte er erkennen müssen, daß hier die Probe aufs Exempel zu machen war. Leider hat er dies nicht getan. Damit ist der wunde Punkt seiner Deduktionen berührt: Der Staat, wie ihn Verf. vorführt, existiert nicht in der Realität. Die Theorie des Verf. stellt die Tatsachen des Lebens einfach auf den Kopf; bezeichnend sind zwei Sätze: Was die Menschen in der Öffentlichkeit als Gründe ausgeben und vorschützen, sei eben ein (wohl: der) Grund, nicht die bloße Angabe des Motivs (S. 97), und der Satz, daß Gott mit einem Amt auch den nötigen Verstand gebe, sei nicht nur soziologisch, sondern auch juristisch überall anerkannt (S. 103).

Verf. bewegt sich in den typischen Redewendungen des konstruierenden Begriffsjuristen naturrechtlichen Andenkens. Damals war maßgebend der absolute Staat und das absolute Individuum. Die Betrachtung des Staats und seines Verhältnisses zum Individuum mußte notwendig einen dieser beiden Faktoren für souverän erklären. Darüber ist Verf. nicht hinweggekommen; und da für ihn (S. 6) „unsere Zeit keine individualistische" ist, bleibt ihm nur der absolute Staat übrig, in dem folgerichtig der Einzelne verschwindet, zum Nichts wird, soweit ihn nicht der Staat oder das Recht zum Funktionär beruft. Der Feuilletonist der jüngsten Gegenwart könnte seine helle Freude an den Deduktionen des Verf. haben, die das Verhältnis zwischen Staat und Individuum in der jüngsten Gegenwart so richtig zu kennzeichnen scheinen. Und doch würde auch er vielleicht nachdenklich, wenn wirklich aus den gegenwärtigen

Ausnahmezuständen die Regel werden sollte. Es ist auch nicht recht zu begreifen, inwiefern die Utopie eines „Staats nur in der Idee" das uns Gemäße, oder gar der reine Rechtsstaat des Verf. überhaupt mit dem realen Leben zu vereinbaren sein soll. Und nur ein Erzeugnis des realen Lebens ist der Staat. Er ist nicht bloßer Nachtwächterstaat, will sagen ausschließlich Rechtsverwirklicher, sondern er ist zugleich, vielfach sogar in erster Linie ein eminent politisches Gebilde, was gerade seine rechtsphilosophische Behandlung so schwer macht. Es ist ja sehr bequem, die „Regierung" als politische Einrichtung dem rechtsphilosophischen Abstraktum Staat gegenüberzustellen, und damit das sehr schwierige Verhältnis Recht, Macht und Staat in der Weise zu vereinfachen, wie dies Verf. tut. Damit verliert man aber den Boden der Wirklichkeit unter den Füßen; es gibt nicht einen Staat schlechthin oder an sich, sondern nur sehr konkrete Staaten. Der Staat mit seinen Einrichtungen ist kein absoluter, sondern ein äußerst relativer Begriff. Und wenn Verf. wiederholt auf den Ausschließlichkeitsgedanken der katholischen Kirche zur Erläuterung seines Staatsbegriffs an sich zurückgeht, und denselben Ausschließlichkeitsgedanken für „den Staat" postuliert, so verfällt er folgerichtig in denselben Fehler, den der naturrechtlich geschulte Politiker des absoluten Staats machte, als er von seiner „Souveränität" träumte. Im Ergebnis führt diese längst überwunden geglaubte Gedankenreihe uns um Jahrhunderte zurück, sie führt nicht nur zum Recht des Stärkeren und zum bellum omnium contra omnes nach außen, sondern auch nach innen. Der Staat besteht nun einmal aus Individuen, ohne die er undenkbar ist. Und der individualistisch geschulte Denker vermag sich nicht anders zu helfen, als daß er einen Gegensatz zwischen dem Individuum oder den individualistisch gedachten Staat konstruiert; ihm ist entweder dieser Staat absolut oder das Individuum. Nur trägt dann der angebliche Universalismus des Staats ausgesprochen individualistische Züge. Und so erklärt es sich denn auch, daß der angeblich universalistische und jedem Individualismus abholde Staat des in einer „nichtindividualistischen Zeit" lebenden Verf. anscheinend so wundervoll auf die verschiedensten Erscheinungen des realen Lebens paßt — in dessen allerrauhester Gegenwart wir nur allzudeutlich merken, wie ungeheuer individualistisch die Staatsauffassung der Gegenwart ist und zu welchen Folgen sie führt.

In Wahrheit ist weder der Staat, noch das Individuum absolut. Beide bedingen sich gegenseitig. Ohne Individuum ist die Zusammenfassung „Staat" nicht denkbar, und ohne diese Zusammenfassung ist das Individuum dem Stärkeren preisgegeben. Und diese Zusammenfassung zum Staat ist eben die Aufgabe des Rechts; es will nicht das Individuum zugunsten eines allumfassenden Staats erdrücken, sondern im Gegenteil rettet es ihm seine Sphäre als Einzelner innerhalb und gegenüber der Gesamtheit sowohl, wie deren höheren Gliederungen. Nicht weiter ist das Individuum Funktionär, als es Teil und Glied einer umfassenderen, höheren Lebenseinheit ist. Deshalb hat es notwendig subjektive öffentliche Rechte, und zwar als wahre Rechte und objektive Schranken der Staatsgewalt, nicht nur als jederzeit wieder niederlegbare, aus Zweckmäßigkeitsgründen errichtete Selbstschranken des Staats. Tatfrage ist es dann, wie dieses Problem verwirklicht ist und wie sich diese subjektiven öffentlichen Rechte bemessen, welche Frage in den einzelnen Staaten unendlich verschieden beantwortet ist.

Die Arbeit krankt an dem Fehler, in den Abstraktion, Spekulation und begriffslogischer Aufbau nur zu leicht verfallen lassen; nämlich, den ursprünglichen Ausgangspunkt über dem einmal gewonnenen Begriff nicht mehr zu sehen. Nur so kann ich es mir erklären, daß Verf. nach Vaihinger der Fiktion solche Bedeutung einräumt, daß sie ihm geradezu das Wesen der Sache auszumachen scheint. Die dadurch entstehende

Einseitigkeit des Verf. ist um so bedauerlicher, als er z. T. recht gute Gedanken entwickelt; namentlich ist seine Fortführung der Kantschen Lehren gegen Stammler, Natorp und Cohen recht lesenswert. Nur darf Verf. nicht glauben, mit seinen Abstraktionen, Prämissen und Vereinfachungen das Ei des Kolumbus gefunden zu haben. Andere Leute haben eben andere Ansichten. Und wie mir scheint, sind die Ansichten des Verf. weder durchaus nicht so unbestreitbar richtig, wie Verf. offenbar annimmt, noch teilweise im Grunde sonderlich originell.

2. War hier das Verhältnis von Staat und Individuum untersucht, so beschäftigt sich Spann mit der Gesellschaftslehre schlechthin. Um das Ergebnis vorwegzunehmen: Es liegt hier eine der beachtlichsten Untersuchungen vor, die über dieses Gebiet in der letzten Zeit herausgekommen sind, nicht nur was die Art der Darstellung anlangt, sondern und vor allem in Hinblick auf die Gediegenheit des Inhalts. Mit Recht weist Verf. auf die Mängel der seitherigen psychogenetischen Betrachtungsweise hin. Er verlangt zunächst eine Zweiteilung des Ausgangspunkts: Beschreibung und Geschichte, Theorie und Genesis. Zum andern lehnt er die auf den Darwinismus zurückführende rein entwicklungsgeschichtliche Betrachtungsweise ab, auf die sich der historische Materialismus der Neukantianer stützt. Was er an deren Stelle setzen will — das ist der Inhalt des vorl. Systems: „Gesellschaftslehre oder Soziologie ist die allgemeine Gesellschaftswissenschaft, aber nicht als Synthese aller gesellschaftlichen Einzelwissenschaften gedacht, sondern als jene Wissenschaft, deren einheitlicher Gegenstand die menschliche Gesellschaft als Ganzes bildet.“ Verf. fragt nun zunächst, was ist Gesellschaft überhaupt, um neben diese allgemeinen oder formalen einen sachlichen, inhaltlichen oder materiellen Gesellschaftsbegriff zu stellen, den er in den Besonderungen der Gesellschaft nach den Arten ihrer Erscheinung (Wirtschaft, Recht, Staat, Politik, Religion) findet. Damit befassen sich Buch 1—4. Dieser Gesellschaftsbegriff ist

dann der Mittelpunkt der gesellschaftlichen Einzelwissenschaften (Buch 5).

Wie Verf. selbst einleitend bemerkt, ist der Aufbau seines „Systems" durchaus nicht gleichmäßig. Das Schwergewicht ist auf die Darstellung der Einheitstheorien (Individualismus, Universalismus, Abgeschiedenheit) gelegt, die Herausarbeitung des Gesamtaufbaus der menschlichen Gesellschaft und die Klärung des Systems der gesellschaftlichen Wissenschaften, also Buch 2, 3 und 5, während andere Gebiete wie Recht, Politik usw. mehr im Vorübergehen behandelt sind. Indessen ist auch hier alles Wesentliche gesagt; im Rahmen eines Systems, also eines Überblicks, verwendet man keine endlosen Aufzählungen an Einzelheiten, sondern Zusammenfassung und Anregung. Und diese werden auch in den angeblich stiefmütterlich behandelten Kapiteln in reichstem Maß geboten.

Was Verf. will — die Einzelheiten seines Systems hier vorführen, hieße wieder ein System im Kleinen schreiben —, und wie er seine Aufgabe löst, mag an dem uns Juristen am meisten interessenden Kapitel: Recht — Staat — Politik gezeigt werden. Verf. sucht überall die Einheit in einem Ganzen; nicht eine Summe von Sammelbegriffen oder ein Aggregat, sondern eine eigene, kollektive Einheit. Nun wird wahrscheinlich mancher sagen: Aha, weiß schon — Gierke. Tatsächlich wird Gierke auch sehr eingehend gewürdigt und sein Verdienst nach Gebühr hervorgehoben. Aber auch dem, für den damit der Fall erledigt ist, rate ich nicht, nunmehr getrost das Buch wegzulegen, sondern gerade ihn dürfte es besonders interessieren: Bietet es doch den Schlüssel für so unendlich Vieles, was bei Gierke mißverstanden worden ist (vgl. z. B. S. 277 f.). Und im übrigen ist es auch gar nicht so ganz Gierke, was Verf. vorträgt, er hat schon seine eigenen Ansichten. So schon für das Recht, das ihm kein objektives Prinzip oder objektive Lebensmacht ist, sondern Einheitsträger aller Satzung. „Recht heißt nicht, daß sich ein Wille durch den andern beschränke, vielmehr stärkt ein Wille den anderen; Maximum des Rechts heißt nicht: Jeder Wille verzichtet zugunsten des andern auf so wenig als möglich, sondern: Jeder verzichtet auf soviel als irgend möglich ist, um die größte Innigkeit und Allseitigkeit der Verbindung herzustellen. Ein solcher Verzicht heißt Hingabe. Recht ist so Ausdruck des eigenen idealen Wollens; dieselbe Idealität ist es, die auch die individuelle Moral konstituiert. Diese möglichste Steigerung des Allgemeinen als Bildungsmittel für den Einzelnen ist die Grundlage der Gerechtigkeit. Recht ist die Herstellung jener vollkommenen Gegenseitigkeit, in der der Wille (bzw. der dahinter stehende individuelle Geist) sich am vollkommensten entfaltet . . . Das Recht ist also weder Mittel noch Selbstzweck, sondern eine Norm des individuellen Daseins gleich der Moral" (S. 182). Die Satzungen aber, deren Einheitträger das Recht ist, bauen sich übereinander auf: Individuelle Moral, gesellschaftliche Moral, Konvention, Sitte, Brauch; Gewohnheitsrecht, ungeschriebenes Recht, gesetztes Recht. Der Unterschied zwischen dem Recht und seinen Vorstufen besteht nur darin, daß alle Satzungen des Staats Recht sind, die Satzungen aller anderen Organisationen dagegen nicht Recht (S. 183); nur der Träger entscheidet über den Charakter einer Satzung, und der Staat überläßt die Rechtsbildung anderen Anstalten, wenn und indem er Gewohnheitsrecht anerkennt. Der Staat aber ist als Einheitträger aller Veranstaltung oberste wie allgemeinste Organisation des geistigen Lebens und des Handelns, die oberste aller Anstalten, und deren ideelle Einheit ist die Summe aller Öffentlichkeit. Danach gibt es im Grunde nur öffentliches Recht, und Staatsgewalt ist die ausgleichende, zum Maximum geistiger Vergemeinschaftung und werktätiger Vergenossenschaftung der Glieder führende Gewalt.[2]) Die Entstehung des Staats sodann ist fortwährende Wiedererzeugung, liegt also auf tatsächlichem

[2]) Vgl. dazu oben S. 330 Note 1.

Gebiet, ein Volk ohne Staat gibt es nicht. Politik schließlich ist reines Handeln, und zwar gegensätzliches Handeln, gerichtet auf die Erlangung organisatorischer Bedingungen für jene Tätigkeiten, um derentwillen Politik getrieben wird, also ein Wettstreit der Parteien, Parteienkampf — nicht nur reine Staatspolitik. Staatsleitung ist aber nichts als Organisationstätigkeit. Erst wenn der Staat als selbständige Partei im Kampf um die neu zu begründende organisatorischen Maßregeln auftritt, wird seine Tätigkeit zur Politik, während die Tätigkeit des Staatsmanns in der inneren Verwaltung die des lediglich organisatorischen Arbeiters, gleich dem Vereinsobmann oder Fabrikdirektor ist (S. 361).

Auch wer die Ansichten des Verf. nicht billigt, wird eine Fülle der Anregung finden. So sind z. B. die Kapitel von Krieg und Nation wohl das Beste, was darüber in dieser aphoristischen Form gesagt worden ist, so daß das an sich rein theoretisch gehaltene Buch selbst gerade in der unmittelbarsten Gegenwart geradezu Aktualität beanspruchen darf.

Alles in allem: Eine äußerst erfreuliche Neuerscheinung, deren Gedankenfülle sich ihren Weg bahnen wird.

Charlottenburg. Privatdozent Dr. Waldecker.

II.

Rechtsgeschichte.

1. Kisch, Dr. iur. Guido, Der deutsche Arrestprozeß. In seiner geschichtlichen Entwicklung dargestellt. 8°. 196 S. Wien 1914, F. Tempsky. Leipzig 1914, G. Freytag.

Seit Wach in seinem italienischen Arrestprozeß die innige Verwandtschaft des deutschen Rechtes mit dem italienischen und die Verschmelzung beider Rechte durch die Rezeption proklamiert hat, ist die Frage der Entwicklungsgeschichte des deutschen Arrestprozeßrechtes nicht eingehend untersucht worden. Diese Lücke auszufüllen ist die Absicht der vorliegenden Abhandlung. Zu diesem Zweck wird neben dem älteren deutschen Rechte auch das mittelalterliche Stadtrecht herangezogen, soweit dessen Grundsätze aus den bisherigen Forschungen im Gebiete der stadtrechtlichen Entwicklung sich ergeben. Das Bestreben des Verf. ist nicht in erster Linie auf Sammlung neuen Quellenmaterials gerichtet, sondern auf Sichtung und Verwertung des bekannten, das nur dort durch neues ergänzt werden soll, wo dies zur Klärung einzelner Erscheinungen dienlich ist.

Die Wurzeln des Arrestrechts im älteren deutschen Rechte (S. 12 ff.) liegen in dem Institut der Privatpfändung des altgermanischen Rechtes, die im Laufe der Zeit unter gerichtliche Kontrolle gestellt wurde. Diese Kontrolle führte weiter dahin, daß das Gericht die Pfändung nur einstweilen bewilligte mit dem Vorbehalte nachträglicher Rechtfertigung der Maßregel durch den Gläubiger. Schließlich hört der Gläubiger auf, den Pfändungsakt vorzunehmen; dieser geht zuletzt vom Gerichte aus auf Gläubigerantrag. Trotzdem findet von hier aus eine Entwicklung zum Arrest als Sicherungsmaßregel nicht statt und zwar deshalb, weil das Ziel der einstweiligen Pfändung die zwangsweise Durchsetzung des Gläubigerrechtes war, also die endgültige Vollstreckung und überdies die Zulässigkeit gegen Mitbürger mehr und mehr beschränkt wurde.

Die Privatpfändung bzw. die einstweilige gerichtliche Pfändung wurde aber auch gegenüber Personen, die der Gerichtsgewalt des heimatlichen Gerichts ihres Gläubigers nicht unterworfen waren — und dies waren bei der territorialen Zersplitterung im Reiche ungemein zahlreiche Fälle — zu dem Zwecke gehandhabt, um die Einlassung des „ausländischen" Beklagten zu erzwingen, ein Zweck, dem in erster Linie freilich die Festhaltung der Person des Schuldners diente, sobald sie in den Bereich der fremden Gerichtsgewalt gelangt war, daneben aber auch die Beschlagnahme seiner in diesen Bereich gelangten Habe.

Während also der Arrest in Italien von Anfang an sich als Sicherungsmaßregel entwickelt hatte, findet er sich in Deutschland ursprünglich als Vollstreckungsmaßregel, die nur mittelbar die Einlassung des Beklagten zu sichern geeignet war. Die Notwendigkeit solcher Sicherung ergab sich aber gegenüber auswärtigen Schuldnern, die nach der Zuständigkeitsregel vor dem auswärtigen Gerichte hätten belangt werden müssen.

Insbesondere in den Städten mit ihrem Marktverkehr, an dem auswärtige Kaufleute in großer Menge beteiligt waren, ergab sich der Anlaß zur Ausbildung des geschilderten Zugriffsverfahrens gegen „Gäste". Es entwickelte sich so auf ausschließlich deutschrechtlicher Grundlage ein „Fremdenarrest" und ein „Repressalienarrest."

Der Fremdenarrest ist zulässig gegen die Person des sich im Stadtgebiete aufhaltenden fremden Schuldners bzw. gegen seine hier befindliche Habe. Die „Besetzung" seiner Person oder seiner Habe begründet für die Klage um Schuld gegen ihn den Gerichtsstand beim Stadtgericht, ursprünglich allerdings nur zugunsten der Stadtbürger. Diese Besetzung und ihre Wirkung wurden den Städten privilegienweise von den Stadtherren garantiert.

Gegen den eigenen Mitbürger ist die Besetzung ausgeschlossen, es sei denn, daß er Schulden halber flüchtig wird.

Der Repressalienarrest setzte voraus, daß einem Bürger im Auslande die Justiz verweigert worden war; da konnte nicht etwa nur der ausländische Schuldner, sondern jeder Landsmann dieses Schuldners im Inlande besetzt werden. Eine Ausnahme begründet die „Marktfreiheit", d. h. die Befreiung von der Besetzung wegen vor der Marktzeit auswärts kontrahierter Schulden während der Marktdauer.

Aus der Schilderung des Verfahrens nach der Besetzung ist hervorzuheben, daß die dem Besetzten zugestandene Sicherheitsleistung nicht wie im italienischen Arrestprozeß das Verfahren beendigt, daß vielmehr gerade auf der Basis der geleisteten Sicherheit das Rechtfertigungsverfahren und das Verfahren über die Schuld seinen Fortgang nimmt. Ein Grundsatz ähnlich dem des italienischen Rechtes, daß jedes durch die Vermögenslage oder durch den bösen Willen des Schuldners gefährdete Gläubigerrecht Anspruch auf Sicherung habe, hatte sich in Deutschland demgemäß noch keine Geltung verschafft.

Der Fremdenarrest und der Repressalienarrest sind übrigens, wie die rechtsvergleichenden Ausführungen des Verf.s (S. 44—60) zeigen, keineswegs charakteristische Bildungen des deutschen Rechtes; sie finden sich mit mehr oder weniger Abwandlungen auch im altfranzösischen, im westgotischen, spanischen, nordgermanischen Rechte, aber auch in Rechten, die germanischen Einflüssen entrückt sind, wie dem altgriechischen, dem keltischen, dem slawischen Rechte Polens und Serbiens; ob auch dem tschechischen Rechte der deutschrechtliche Einfluß fremd war, läßt Verfasser dahingestellt.

Keinesfalls war der Arrest des deutschen Rechtes — nach der Ansicht des Verfassers — der Ausgangspunkt eines die par conditio creditorum zum Prinzip erhebenden Verfahrens.

Der Arrest des modernen Prozeßrechts als eine auf Sicherung eines gefährdeten Anspruchs — nicht auf Anspruchsbefriedigung — gerichtete Maßregel ist erst durch die Rezeption der Fremdrechte in Deutschland vermittelt worden. Die Darlegung dieser Entwicklung bildet den Inhalt des zweiten Teiles der besprochenen Arbeit.

Zuförderst führt Verfasser aus, daß das römische Recht den Arrest nicht gekannt hat, daß insbesondere die sequestratio des römischen Rechtes mit dem Arreste nichts gemein hatte, daß Wach contra Muther durchaus im Rechte sei.

Sodann geht Verfasser zur Betrachtung des italienischen Sicherungsarrestes über, die die Ergebnisse der Wachschen Forschung kurz zusammenfaßt, von denen besonders hervorzuheben ist die Einflußlosigkeit der italienischen Doktrin auf die Ausbildung des Sicherungsarrestes, der seine Anerkennung ausschließlich dem Gewohnheitsrechte verdankt und nur nachträglich von der italienischen Doktrin an einzelne unzutreffende Stellen des corpus iuris anzuknüpfen versucht worden ist. Dabei verwendet sie zur Bezeichnung des Arrestes die Terminologie der sequestratio, unterscheidet jedoch den quellenmäßigen Begriff der sequestratio scharf von dem des Arrestes.

Der Verfasser zeigt weiter, daß in Italien nicht nur der Sicherungsarrest sich gewohnheitsrechtlich entwickelt hat, sondern daneben auch der Repressalienarrest unter ganz ähnlichen Voraussetzungen wie in Deutschland seit alter Zeit aus dem privaten Pfändungsrechte herausgewachsen war und unter der Autorität des Bartolus und seiner Schule fortbestanden hat. Mit dem Ende des 15. Jahrhunderts machte sich bereits eine starke Einwirkung der italienischen Rechtswissenschaft auf die deutsche Doktrin geltend. Diese Doktrin erachtete zwar das deutsche Gewohnheitsrecht für die Wurzel des Sicherungsarrestes, baute aber seine Theorie ganz und gar im Anschluß an und unter Berufung auf die italienische aus.

Dies wird im einzelnen weiter ausgeführt bezüglich des Verfahrens zur Erlangung des Arrestes, der Arrestanlegung und ihrer Wirkung, des Verfahrens nach der Arrestanlegung. Die Arrestanlegung setzt wie im italienischen Rechte eine **iusta causa arresti** voraus und als solche gilt wie im italienischen Rechte die **suspicio de dilapidatione bonorum seu de fuga** und die Tatsache, daß der Arrestbeklagte **non sit possessionatus sufficienter infra iurisdictionem iudicis arrestantis.** Beweisangebot über diese Umstände ist nicht nötig. Dafür muß der Arrestkläger unverzüglich die Ansetzung eines auf kürzeste Zeit zu bestimmenden Termines zur Rechtfertigung des Arrestes beantragen.

In späterer Entwicklung wurde vor dem Arrestschlag zwar noch nicht das Gehör des Gegners, jedoch **causae cognitio** über die **causa arresti** verlangt. Diese **cognitio** brauchte aber nur eine **summaria** zu sein. Im gemeinen Prozeß kam man wieder auf den Arrest ohne vorgängige **cognitio** zurück und erforderte in dem nachfolgenden Rechtfertigungsverfahren nur eine **summaria cognitio.**

Ein Pfandrecht für den Arrestkläger hatte der Arrest nicht zur Folge, er wirkte nur ein Verfügungsverbot gegen den Arrestbeklagten.

Das Rechtfertigungsverfahren ist im Gegensatz zu dem alten deutschrechtlichen ein selbstständiges, vom Verfahren über die Hauptsache getrenntes ganz nach italienischem Vorbild, wenn auch das Verfahren über die Hauptsache unmittelbar an das Rechtfertigungsverfahren sich anschließt.

So ergibt sich klar, daß in allen Richtungen die deutsche Doktrin den italienischen Arrestprozeß rezipiert hat.

Neben dem italienischen Sicherheitsarrest wurde auch der italienische Repressalienarrest, der ja in der deutschrechtlichen Entwicklung selbst begründet gewesen war, rezipiert, kam jedoch bald **in desuetudinem** und zwar zufolge „des günstigen Fortschrittes der allgemeinen Rechtskultur“.

Auch die Kameralisten schöpfen durchaus aus der italienischen Literatur. Ebenso der niederländische Jurist Peckius Ziricaeus dessen Tractatus de iure sistendi et manuum iniectione quam vulgo arrestationem vocant bis ins 19. Jahrhundert die Literatur über den Arrestprozeß beeinflußt hat.

Der Sicherungsarrest wird letztlich auch ins sächsische Recht aufgenommen. Der Ausgangspunkt war dort die Prozeßkautionspflicht, welche „unbesessenen" Leuten oblag. Die sächsische Prozeßrechtswissenschaft zeigt insoferne einen Rückschritt, als sie Arrest und Sequestration vermengt. Die sächsische Prozeß*praxis* aber hat einen Sicherungsarrest neuer Art, d. h. einen Arrest mit *dinglicher* Wirkung geschaffen, den sogen. *sächsischen* Arrest. Dessen Bedeutung für die Entwicklung des sächsischen Konkursprozeßrechts wird vom Verfasser in einem Exkurs dargelegt (S. 168—182).

Den Schluß der Arbeit bildet eine Betrachtung der Gesetzgebung des früheren deutschen Reiches, insbes. des Reichsabschieds zu Speyer von 1570 § 84 und zu Regensburg von 1594 § 82. Der Verfasser hat m. E. das gesteckte Ziel, die eingangs bezeichnete Lücke auszufüllen, vollkommen erreicht. Wir haben es mit einer außerordentlich gründlichen, den weiten Kreis der Quellen und der Literatur beherrschenden Arbeit zu tun, die auch an Klarheit und Übersichtlichkeit kaum etwas zu wünschen übrig läßt. Die Untersuchung hat meiner Ansicht nach auch den lückenlosen Nachweis erbracht, daß der gemeinrechtliche Arrestprozeß auf der Rezeption des italienischen aufgebaut wurde.

Hellmann.

2. **Syrische Rechtsbücher.** Herausgegeben und übersetzt von **Eduard Sachau.** 3 Bände. Berlin, Georg Reimer.

I. Band. Leges Constantini Theodosii Leonis. Aus der römischen Handschrift herausgegeben und übersetzt. 1907. 224 S.

II. Band. Richterliche Urteile des Patriarchen Chenânîschô. Gesetzbuch des Patriarchen Timotheos. Gesetzbuch des Patriarchen Jesubarnun. 1908. 212 S.

III. Band. Corpus juris des persischen Erzbischofs Jesubocht. Erbrecht oder Canones des persischen Erzbischofs Simeon. Eherecht des Patriarchen Mâr Abhâ. 1914. 385 S.

1.

Die Rechtswissenschaft verdankt dem ausgezeichneten Orientalisten, der diese neuen Quellenwerke vorlegt, schon die im Jahre 1880 zusammen mit Bruns unternommene Ausgabe des „Syrisch-römischen Rechtsbuchs aus dem fünften Jahrhundert", durch die dieses eigenartige und bedeutsame Quellenmaterial der rechtshistorischen Forschung recht eigentlich erst gewonnen wurde. Die bis dahin existierende Ausgabe und lateinische Übersetzung des holländischen Theologen Land (1862) war wenig brauchbar.[1]) Das Rechtsbuch war bis dahin zwar unter den Titeln Statuta imperatorum, Libri basilicωn, Leges Constantini Theodosii et Leonis bekannt und vielfach zitiert; von seinem Inhalt hatte man aber nur dunkle Vorstellungen. Bald wurde es für eine Sammlung Justinianischen Rechts angesehen, bald als Basilikenrecht behandelt u. a. m.

Im Jahre 1866 machte als Erster Rudorff der Berliner Akademie Mitteilungen über die Bedeutung des Werkes und kündigte eine im Verein mit zwei Orientalisten vorzunehmende neue Ausgabe an. Zu dieser kam es jedoch erst nach Rudorffs Tode durch die Initiative von Bruns und seine glückliche Verbindung mit Sachau. Das „Syrisch-römische Rechtsbuch" wurde in dieser Edition (1880) bald Gegenstand lebhaften rechtshistorischen Interesses. Mitteis baute seine Erkenntnisse vom Dasein und Wesen östlichen Volksrechts mit hauptsächlich auf diesem syrischen Rechtsspiegel auf, freilich nicht ohne an der Würdigung desselben durch Bruns scharfe Kritik üben zu müssen.[2])

---

[1]) Dazu R. Duval, Anciennes littératures chrétiennes, II. la litt. syriaque. 2. éd., Paris 1900, p. 184 f. Eingehend Bruns-Sachau a. a. O. Vorrede.

[2]) Mitteis, Reichsrecht und Volksrecht. 1891 S. 2 Anm. 1., S. 10 f., 29, 30 ff., 248 ff., 266 ff., 284, 290 ff., 313 ff., 365 ff., 382 f., 426 ff., 537 ff., 543 ff.

Seit jener Edition von 1880[3]) waren zunächst nur wenige andere Fragmente des Rechtsbuchs entdeckt worden, über die jetzt Sachau[4]) S I S. XVIII näher berichtet.

Der vorliegende erste Band (S I) enthält die Edition von drei weiteren in aramäischer Sprache verfaßten, in einer Handschrift der vatikanischen Bibliothek vereinten Redaktionen des syrisch-römischen Rechtsbuchs. Sachau verpflichtet die Rechtswissenschaft durch diese schöne Ausgabe, die sich schon äußerlich durch ausgezeichneten Druck des syrischen Textes sowie durch die daneben gesetzte Verdeutschung und sonstige übersichtliche Anordnung von früheren vorteilhaft abhebt, aufs Neue zu tiefem Dank.

Es fällt alsbald auf, daß der Herausgeber das Quellenwerk mit dem Titel „Leges Constantini Theodosii Leonis" versieht, während BS den Titel „Syrisch-römisches Rechtsbuch" trug. Lagen dafür, drei neue Handschriften des unter letzterem Titel eingebürgerten Werks unter einem abweichenden Titel herauszugeben und so die Zusammengehörigkeit zu zerreißen, zwingende Gründe vor? Nach einer späteren Erklärung Sachaus[5]) beruhte die damalige Wahl des alten Titels für BS auf einem persönlichen Entschluß von Bruns. Über seine Gründe spricht sich dieser Autor nirgends aus.[6]) Sie sind aber unschwer zu erkennen. Bruns sah, daß die Titulatur des Quellenwerks zunächst schon in den ihm vorliegenden Versionen selbst durchaus nicht

---

[3]) Diese von Bruns-Sachau bewirkte Edition wird im folgenden kurz mit BS bezeichnet.

[4]) Im folgenden wird die hier zur Besprechung vorliegende Ausgabe Sachaus kurz mit S bezeichnet.

[5]) Vgl. die Notiz von Mitteis in Abhandl. d. kgl. pr. Akad. d. Wiss. Berlin 1915 (im folgenden nach dem Sonderabzug als „Abh." zitiert) S. 3 Anm. 1. Auch hier wird nicht zutreffend gesagt, daß Handschriften und Zitate „den festen Namen Gesetze von C., Th. und L." führten.

[6]) Bemerkenswert sind aber Bruns gelegentliche Ausführungen BS 319, wo er die Titulierung „Gesetze der Könige K., Th., L." als „völlig sinnlos" bezeichnet.

übereinstimmend lautete. Die älteste Version L führt in der Eingangsformel nicht den Titel „Gesetze der Könige C, Th u. L“, sondern „Weltliche, aus dem Römischen in das Aramäische übersetzte Gesetze“; entsprechend die verwandte Version R III (S 149). Prüft man dagegen die Nachschrift von L (BS S. 40), so findet sich zuerst: „Es endigen die Gesetze und Befehle der siegreichen Könige.“ Dann folgt: „Vollendet sind in diesem Bande die Perikopen aus den Heiligen Schriften und die weltlichen Gesetze und Befehle, welche gegeben sind von Constantinus, Theodosius und Leo pp.“ Der erste Passus hat m. E. auf dem dem syrischen Redaktor vorliegenden Original gestanden; der zweite ist dagegen sein eigner Zusatz, der in dem die Perikopen erwähnenden Teil auf die beiden anderen mit dem syrischen Rechtsbuch in einen Band zusammengebundenen Handschriften (Canones und Lectionarium)[7]) Bezug nimmt und in dem zweiten Teil eine Wiederholung jenes Originalpassus enthält, freilich in anderer Fassung, indem hier zum erstenmal die drei römischen Kaiser als Urheber der „Gesetze und Befehle“ genannt werden. Derselbe Redaktor kann die erste Unterschrift „Es endigen die Gesetze . . .“ und die zweite „Vollendet sind . . .“ unmöglich verfaßt haben. Das Original, dem die Version L zeitlich ja am nächsten steht, hat also von „Gesetzen des C, Th u. L“ in der Titulatur überhaupt nicht, auch nicht in der Nachschrift, gesprochen. Damit würde sich übrigens die Meinung Sachaus,[8]) daß der älteste Komplex des Rechtsbuchs schon in vorkonstantinische Zeit hinaufreiche, gut vereinigen. Jener die drei Kaiser erwähnende Zusatz kann nur nachkonstantinisch sein. Weder das Original noch die älteren Handschriften haben von „Gesetzen des C, Th und L“ gesprochen. Von Interesse ist, daß jetzt in R III die beiden sich in L findenden

[7]) Darüber BS 153 ff. Die Herausgeber haben sich zu dem verschiedenen Ursprung der beiden Nachschriften von L nicht geäußert.

[8]) S S. X.

Unterschriften verschmolzen sind. Dort heißt es nach Sachaus allerdings konjekturaler[9]) Übersetzung: „Vollendet sind die Canones der illustren Könige Konstantin, Theodosius und Leo nach dem ersten (alten) Gesetz der Römer". Sachau sieht letztere Worte als eine Bezugnahme auf R II an. Man wird aber wohl eher geneigt sein müssen, sie als Hinweis auf das ursprüngliche Original zu deuten, das mit Sachau[10]) als in römischer Sprache abgefaßt zu denken ist. Die Bezugnahme einer der R-Versionen auf eine andere geschieht, wie aus der auf R I Bezug nehmenden Eingangsformel von R II erhellt (S S. 47), in wesentlich anderer Form.

Die jüngere Version P spricht, was Sachau auf Unverständnis des Schreibers beruhen läßt, nicht von Gesetzen oder leges, sondern von *δικαιώματα*[11]). Ebenso R II. In der angeblich den Versionen des Spiegels eigenen Titulatur „Leges C Th L" ist also das erste Wort inkorrekt wiedergegeben. Auch die neuen Versionen R I—III zeigen keinen festen Namen. So fällt alsbald auf, daß R I sich lediglich als „Gesetze und Urteile der christlichen Könige Konstantin und Leo" einführt. Entsprechend redet auch die Unterschrift dieser Version nur von diesen beiden Kaisern.

Bruns sah auch[12]) in der anschließenden mittelalterlichen Literatur keine einmütige Titulatur des Rechtsbuchs. Man zitierte es auch als „statuta imperatorum", Libri basilicῶon". Der Metropolit Ebedjeshu zitiert die ihm um die Wende des 13. Jahrhunderts vorliegenden Versionen als „leges imperatorum"[13]) Offenbar unter dem Eindruck dieser Umstände gab

9) Dazu S. 209.

10) BS S. 156. Dazu Mitteis Abh. 27. S. auch unten.

11) Dazu jetzt Sachau S I S. VII f. Dagegen unten S. 388 f.

12) BS Vorrede V und S. 177 ff. S. a. Ferrini, Ztschr. d. Sav. St. 23, 101 f.

13) Entsprechend der Patriarch Timotheos (um 800) in einem Briefe. Dazu Sachau, Mitteil. d. Semin. f. orient. Sprach. zu Berlin. Jhg. X Abt. II (1907), p. 14 des Sonderabdrucks.

Bruns der Ausgabe des Rechtsbuchs einen freien Titel, der Inhalt und Abkunft kenntlich machte. Der Titel „Leges C Th L" ist nicht derjenige, unter dem „das Gesetzbuch in der ganzen orientalischen Christenheit vom Kaukasus bis Ägypten und Abessinien, von Babylonien, Susiana und der Persis bis an das Mittelmeer bekannt und verbreitet" gewesen wäre.[14]) Am wenigsten hat das Rechtsbuch jenen lateinischen Titel getragen, und zwar weder das lateinische Original noch dessen verschiedene Übersetzungen. Er bezeichnet bekanntlich auch den Inhalt des Rechtsbuchs ganz unzutreffend, da die wenigsten Normen auf jene drei Kaiser zurückgehen.

Daß die Redaktoren das Rechtsbuch als Kaisergesetze bzw. Gesetze K., Th. u. L.s bezeichneten, beruhte wohl auf der den sonstigen noch zu erörternden klerikalen Bestrebungen dieses Werks entsprechenden Neigung, das in demselben enthaltene Recht mit dem durch den Titel und auch die Fassung der einzelnen Normen erzeugten Schein auf den Boden der Gesetzgebung der in dieser Hinsicht bahnbrechenden christlichen Kaiser zu stellen und andererseits seine stark im heidnischen Recht wurzelnde Abkunft zu verdecken. Nur in L 121 ist der heidnische Diokletian als Autor eines Gesetzes stehen geblieben. Die römischen Klassiker werden dagegen nirgends erwähnt.

2.

Gelegentlich dieser die Titulatur betreffenden Feststellungen ist hervorzuheben, daß die Behandlung der zahlreichen im syrischen Text vorhandenen Gräzismen und Latinismen in der Übersetzung ohne erkennbares methodisches Prinzip geschieht. Der Historiker will wegen der vielfachen Schlüsse, die aus den Gräzismen des Rechtsbuchs von jeher gezogen werden, zunächst volle Klarheit

[14]) So Sachau S S. VII. — In Bd. III p. 362 berichtet Sachau selbst darüber, daß auch die arabische Version des Rechtsbuches des persischen Metropoliten Simeon das syr.-röm. Rechtsbuch lediglich als das „der griechischen Könige" zitiere.

über den Wortlaut des Textes haben.[15]) Sachau gibt in der deutschen Übersetzung die im syrischen Text stehenden, dort lediglich in aramäische Schriftzeichen umgesetzten griechischen und lateinischen Worte meist in einfacher Transkription wieder: *φερνή* R I § 1, *ἐπίτροπος* § 2, *δωρεά* § 7, *τιμή* 13, *παραγγελία* 30, *προθεσμία* 50, *οὐσία* 55 a, agnatus R II 1,[16]) emancipatus 21, curator 2, 4, 7, 67, peculium 24, officialis 50 und dazu die Anm. S. 193. In anderen Fällen wird jedoch in der Übersetzung einfach die Verdeutschung des griechischen Terminus vorgenommen. So läßt z. B. die Übersetzung von R I 49 (S. 27) das *τιμή* des aramäischen Textes vermissen. Ebenso R II 134. Korrekt dagegen L 96. In R II 118 ist *τιμή* wieder verdeutscht.[17])

R I 49 spricht an der erwähnten Stelle am Ende von der „*τιμή* des Pfandes", was die Übersetzung nicht zum Ausdruck bringt. Sie spricht dagegen von einem „Plus", das zwar dem Sinne nach zutrifft, in dem Wortlaut des Textes aber keinen Anhalt hat. Freie Übersetzungen können, wenn der Historiker sich an sie als seine Erkenntnisquelle halten muß, bisweilen verhängnisvoll werden. In erster Linie muß die wörtliche Übersetzung gegeben und müssen freie und konjekturale Übersetzungen als solche gekennzeichnet werden. Der Herausgeber befolgt meist auch diesen Grundsatz, indem er konjekturale Zusätze, zu denen er sich infolge der häufigen und wesentlichen Mängel des Textes veranlaßt sieht, entweder neben die wörtliche Übersetzung stellt (vgl. z. B. R I 50, 52, R II 58 und 52) oder auf erläuternde Anmerkungen verweist (R I 2, 20, 55 b, R II 125 und Anm. S. 194, R III 56 und S. 205).

---

[15]) In direkten Fragen des aramäischen und arabischen Textes gab mir Herr Kollege Schwally-Königsberg i. Pr. in liebenswürdiger Bereitwilligkeit Auskunft, wofür ich ihm auch an dieser Stelle meinen verbindlichsten Dank ausspreche.

[16]) Übrigens ist hier in der Übersetzung p. 51 vor „agnatus" noch einzuschalten „auf Römisch", da dies der Originaltext enthält.

[17]) Gelegentlich erfährt man allerdings, daß „Kaufpreis" immer durch *τιμή* ausgedrückt sei. Vgl. S. 192 zu § 37.

Inkorrekt ist es dagegen wieder, wenn es in Bd. III p. 145 § 4 in der Übersetzung „patria potestas" heißt, was den Anschein erweckt, als ob der Originaltext dieses Institut dort so nennt. Der letztere enthält aber keine lateinische Vokabel, sondern gebraucht hier das aramäische Wort (= Botmäßigkeit).

Bei R III § 3 ist zu bemerken, daß der syrische Text nur von „Freilassen" spricht, daß der Herausgeber mit: („emanzipieren") also nur einen eignen Zusatz macht, der aber alsbald die Frage hervorruft, ob der zugrunde liegende aramäische Terminus zugleich wirklich etwas über die in der römischen emancipatio liegende Freilassungsart aussagt.

Jene Methode war auch schon bei BS nicht durchweg befolgt. Vgl. etwa den wichtigen Text von L 1 (BS S. 3). Der Herausgeber nimmt in dieser Erkenntnis jetzt bei R II 1 Anm. S. 189 Gelegenheit, „eine möglichst wörtliche Übersetzung" von L 1 nachzuholen. Die teilweise bessere Lesart der R-Versionen ermöglichte auch sonst mehrfache dankenswerte Korrekturen, besonders der Übersetzung von L. Vgl. etwa L 90: S. 193 (S), L 97: S. 194, L 55: S. 205, L 63: S. 205, L 82: S. 206, L 111: S. 208.

Um noch ein anderes Beispiel für die Handhabung der Übersetzung in S beizubringen, sei auf R II § 10 verwiesen, wo die Übersetzung das im syrischen Text stehende, dort transkribierte Wort διαθήκη einfach verdeutscht, während es an anderen Stellen in der Übersetzung griechisch wiedergegeben wird. Vgl. R I 70. In der Übersetzung von L 36 Abs. 3 ist dagegen sowohl διαθήκη wie φερνή der Verdeutschung anheimgefallen. Mit ersterem Ausdruck scheint dies in der Übersetzung von L konsequent geschehen zu sein. Vgl. §§ 1, 2, 3 ff. und dazu Ferrinis lateinische Übersetzung a. a. O. S. 114 ff.

So konnte das am Ende der Versionen zusammengestellte Verzeichnis der Gräzismen natürlich nicht ganz vollständig ausfallen; denn es enthält nur die nicht verdeutschten Gräzismen.[18]) Ich würde diese einfache Verdeutschung der Gräzismen selbst in den Fällen als einen vom Rechtshistoriker als Mangel zu empfindenden Umstand ansehen, wo sich die betreffenden syrischen Sprachbegriffe allein aus dem Griechischen herleiten und dem Syrer kein anderes Wort geläufig ist als das hellenische Lehnwort.

Beobachten wir also, daß Sachau im Text seiner deutschen Übersetzung griechische und lateinische Termini gebraucht, wo diese sich im syrischen Text selbst finden, so trifft dies bei der Titulatur, die er den Versionen gibt, durchaus nicht zu. Auf dem der Version R I vorgestellten Titelblatt schreibt er: „Leges Constantini et Leonis“, was die Meinung erweckt, daß diese Titulatur dem Text entnommen sei. Es liegt aber eine vom Herausgeber vorgenommene Latinisierung und Verkürzung der Titulatur des Textes vor. Die vor dem § 1 stehenden Einführungsworte (S. 5) des syrischen Textes enthalten keine Latina, sondern verwenden allein aramäische Worte, und unter diesen für „Gesetze“ und „Urteile“ die aus allen syrischen Rechtsbüchern bekannten Worte nâmôsâ und dînâ.[19]) Die Inscriptio stellt also jedenfalls „Gesetze“ und „Urteile“ der beiden Kaiser in Aussicht.

Das Entsprechende ist gegenüber dem Titelblatt von R II (S. 40) zu bemerken, wenn man es mit dem S. 47 übersetzten Eingang des Textes selbst vergleicht. Ferner muß die Übersetzung des Eingangs von R III (p. 149): „Leges laicae“ . . . bis „timore dei“ die Meinung erzeugen, daß der Originaltext

[18]) Auch das in BS p. 157 gegebene Verzeichnis der Gräzismen und Latina erregt Bedenken. In L § 15 steht nicht „repudium“, sondern gräzistisch repudion; im § 16 nicht legatum, sondern legaton; in § 21 nicht peculium, sondern peculion; in § 121 nicht jugum, sondern jugon. Gerade wegen der dort von Sachau vorgenommenen Argumentation ist dies erheblich.

[19]) Zu diesen beiden auch im Rechtsbuch des persischen Erzbischofs Jesubocht vorkommenden Worten jetzt eingehend Sachau S III S. 291 u. 289.

hier lateinisch abgefaßt sei; denn aramäische Vokabeln werden bei Sachau sonst durchweg verdeutscht. Jene Meinung ist aber unrichtig. Der Originaltext enthält hier durchaus keine Latina. Methodisch wäre also auch an dieser Stelle nur die Verdeutschung gewesen. So ist hier auch festzustellen, daß der Originaltext nicht etwa „Ambrosius confessor" enthält, woraus, wie unten noch zu berühren, Verschiedenes geschlossen worden ist, sondern aramäisch „Ambrosius maudjana", d. h. Bekenner. Sachau hat auch hier durch die Latinisierung irregeführt. Er hat ferner den Originaltitel auf dem der Version vorgesetzten Titelblatt (S. 143) verändert; denn die Eingangsworte des syrischen Textes sprechen von „weltlichen Gesetzen der Römer", die Ambrosius im Auftrage Valentinians geschrieben hätte. Das Titelblatt des Herausgebers führt die Version dagegen ein als „Leges C Th L" usw. Auch das ist irreführend.

Entsprechend muß erinnert werden, daß die von Sachau im III. Bande vorgesetzte Titulatur „Corpus iuris des Jesubocht" eine von ihm selbst vorgenommene Latinisierung ist. Der Originaltext spricht nicht von Corpus iuris, sondern führt sich p. 2 als „Schrift über die Rechte" ein. Vgl. auch p. 23, 69, 73 u. a. Auch hier erweckt Sachaus Titulierung den Anschein, als ob sie dem Originaltext eigen wäre.

Auch in den Texten selbst ist die entsprechende, nicht streng methodische Handhabung von Gräzismen zu beobachten. In Bd. III p. 77 § 7 spricht die Übersetzung von δωρεά während der aramäische Text dieses Wort nicht enthält, sondern von mahra (= Gabe des Bräutigams) redet. (Vgl. dazu R I 31.)

Im Zusammenhang mit diesen Beobachtungen kann ein die Methodik orientalistischer Editionen betreffender Wunsch nicht unterdrückt werden. Es ist für den Rechtshistoriker, der einerseits die aramäische oder arabische Sprache nicht kennt, andrerseits aber die Übersetzung des Orientalisten nicht kritiklos benutzen will, heute unentbehrlich geworden, daß eine sorgfältige Transkription der orientalischen Schriftzeichen in die unsrigen vorgenommen und mit publiziert wird. Wir sehen den großen Nutzen solcher Transkriptionen heute z. B. bei den assyrisch-babylonischen Texten, wo sie wegen der andersartigen Urschrift sogar noch viel schwieriger ist[20]) als etwa bei den aramäischen oder arabischen. Die Herausgabe der babylonischen Texte, die das Interesse des Rechtshistorikers immer mehr herausfordern, haben dem letzteren mit der Transkription ein äußerst wichtiges Mittel kritischer Nachprüfung und Auslegung geschaffen.[21])

Eine beigegebene Transkription würde dem Forschenden manche überraschende Feststellung erleichtert haben. Sucht man z. B. für die BS II p. 75 gegebene Übersetzung der ersten Vorrede von Ar den Originaltext, so findet man, daß dieser I p. 68 überhaupt nicht abgedruckt ist, daß der arabische Text vielmehr mit dem in der Übersetzung II p. 76 als „zweite Vorrede" bezeichneten Text beginnt!

Aus einer beigegebenen Transkription würde man ferner z. B. in B I § 49 (letzter Satz) leicht ersehen können, daß hier im Original das Wort τιμή steht, und daß von „τιμή des Pfandes" die Rede ist. Freilich darf nicht verkannt werden, daß die Transkribierung der vorliegenden Versionen des syrischen Rechtsbuchs wegen des gerade sprachlich so mangelhaften Textes nicht geringe Schwierigkeiten bieten würde. Dennoch bleibt sie für die von Sachau selbst der Zukunft überlassene (S. 185) kritische Textausgabe des Rechtsbuchs zu wünschen.

Gelegentlich einer Spezialuntersuchung über das Vorkommen von pfandloser Antichresis ging Referent[22]) auch das vorliegende Material durch und vermißte die Transkription, die

---

[20]) Vgl. etwa Ed. Meyer, Gesch. d. Altert. I, 2 (1909) p. X ff. über Transkription von Bilderschrift und Keilschrift.

[21]) Dazu Manigk, Ztschr. d. Sav. St. 27, 394 ff. Jetzt Koschaker, assyr.-babylon. Bürgschaftsrecht S. X f. Dazu Ztschr. f. Hand. R. 79, 299.

[22]) Gläuberbefriedigung durch Nutzung (1910) S. 66 ff.

über das Auftreten des Wortes mashkân = Pfand unterrichtet hätte. Es tritt z. B. in R II § 154 (Abs. 3) auf. Die Übersetzung konnte den Forschenden hier schon deswegen nicht beruhigen, weil die Antichresis aus gewissen Gründen leicht ohne weiteres mit Pfandrecht verknüpft wird. Übrigens ist, wie mir auf meine Darstellung Sachau erklärte, seine Ergänzung in R II § 154 Abs. 4 („Und der Zuwachs wird berechnet ...") nicht ganz richtig. Es müsse heißen: „(Und der Zuwachs wird berechnet. Beträgt er mehr als die Schuld, so wird das Plus) den Waisen zugewendet." Sachau berief sich mir für seine S. 139 gegebene Ergänzung („mehr als die Verzinsung der Schuld") auf P 78. Vielleicht liege hier ein sehr alter Textfehler vor, der schon in die griechische Vorlage zurückgehe. Dies wird man aber deswegen nicht annehmen können, weil der entsprechende, anscheinend lückenlose Text von Arm 144 an der fraglichen Stelle von Sachau so übersetzt wird: „Wenn dies mehr beträgt, als die Schuld ..."

Bei dieser Gelegenheit ist auch in R II 32 ein Übersetzungsfehler zu notieren. Hier steht im syrischen Text des letzten Satzes nichts von Pfand. Die Übersetzung muß, wie mir Sachau freundlich erklärt, lauten: „Wenn aber der Käufer, der die Arrha gegeben hat, zurücktritt, verliert er seine Arrha." Würde der Jurist die Transkription des Textes haben, die an der fraglichen Stelle etwa rhabônâ zu lauten hätte, so würde er nicht nur sofort das Fehlen eines Pfandrechts bemerken, sondern in jenem Wort zugleich ein syrisches Lehnwort des bekannten griechischen ἀρραβών wiedererkennen können.

Die drei R-Handschriften befinden sich jetzt in der Bibliothek des Vatikans unter der Signatur Siriaco Borgiano no. 81. Mitteis hatte die Versionen 1905 in der zitierten Abhandlung besprochen und diejenigen Textpartien derselben, die aus L, P, Ar und Arm noch nicht bekannt waren, mit einer Übersetzung

Sachaus[23]) publiziert. Er nimmt daselbst an, daß das Originalwerk vor 381 n. Chr. abgefaßt worden sei.[24]) Sachau geht, wie gesagt, darüber hinaus und setzt den ältesten Bestandteil des Werkes in vorkonstantinische Zeit hinauf, in der es in der Patriarchatskanzlei zu Antiochien bereits vorhanden gewesen sei.[25])

3.

Weit erheblicher und nicht ganz einfach ist es, die Meinungsverschiedenheit der beiden Gelehrten in der Frage nach dem Zweck der Abfassung des Rechtsbuchs zu präzisieren, die auf das eigentliche Wesen dieser Rechtsquelle hinausläuft. Gerade wenn wir das gesamte Quellenmaterial der vorliegenden drei Bände überschauen, das uns einen tieferen Einblick in das Rechtsleben der nestorianischen Christenheit gestattet als jemals früher möglich war, drängt sich die Frage nach Wert und Geltungskreis der verschiedenen dort vereinigten Quellenkomplexe auf. Müssen wir in den Rechtsbüchern der Patriarchen bzw. Metropoliten Chenânîschô, Timotheos, Jesubarnun, Jesubocht, Simeon und Mâr Abhâ einen Niederschlag des in der Jurisdiktion der orientalischen Kirche nestorianischen Glaubens bzw. einzelner Gebiete derselben angewandten Rechts erblicken, so muß m. E. die parallele Frage in aller Schärfe gestellt werden, ob das sog. syrisch-römische Rechtsbuch in dieser Hinsicht auf die gleiche Stufe mit jenen Spiegeln kirchlichen Rechts zu stellen ist, oder ob es sich im Gegensatz dazu als allein in der staatlichen Gerichtsbarkeit angewandtes Recht darstellt. Das Volksrecht des Rechtsbuchs würde, wenn es lediglich das von der

---

23) Die dortige Übersetzung hat Sachau in der jetzt vorliegenden Edition in S I häufig abgeändert, was man aber erst beim Gebrauch feststellt.

24) Abh. S. 21.

25) S. X. Dieser Meinung tritt jetzt Lenel in Holtzendorffs Enzykl. 7. Aufl. I S. 380 bei; ebenso schon Kipp, Gesch. d. Quellen (1909) S. 152. P. Krüger, Gesch. d. Quellen und Lit. 2. Aufl. (1912) S. 365 bei 23, nimmt zu Sachaus Auffassung nicht Stellung.

audientia episcopalis anerkannte geistliche Recht Syriens enthielte, jedenfalls in anderem Lichte erscheinen, als wenn es dem römischen Reichsrecht gegenübertretendes, staatlich geübtes Lokalrecht wäre.

Mitteis, der für die ihm in „Reichsrecht und Volksrecht" vorliegende Frage das Rechtsbuch als eine historische Quelle ersten Ranges[26]) ansah und zu einer starken Verwertung der Normen dieses Spiegels schritt, äußerte sich dort zu dieser Frage nicht. Er behandelte diese Normen mit den ägyptischen Papyri und anderen weltlichen Rechtsdokumenten auf einer Stufe, während bei Bruns-Sachau[27]) der kirchliche Charakter des Rechtsbuchs stark betont war.

Sachau[28]) kennzeichnete das Rechtsbuch a. a. O. S. 174 nicht nur für die Zeit, wo in das der römischen Herrschaft entrissene Syrien der Islam Einzug gehalten hatte, sondern auch für die vorangehende Epoche bis zum 7. Jahrhundert als Quelle kirchlichen Rechts. Er lehrte einmal: „Nach dem Aufhören der Römischen Herrschaft über Syrien bedurften die syrischen Bischöfe als höchste Richter über Leben und Tod — neben den vorhandenen kanonischen Rechtsbüchern — eines bürgerlichen Gesetzbuchs, und als solches adoptierten sie das vorliegende Buch. . ." — Und er sagte von der früheren Epoche: „Die vorhandene Übersetzung des Gesetzbuches hatte in denjenigen Materien, die der episcopalis audientia vorzugsweise angehörten, bereits als Rechtsbuch der Geistlichkeit gedient und war als solches bekannt; indem man die Fremdwörter aus derselben ausmerzte[29]) und die stilistischen Härten der alten Über-

[26]) Reichsrecht S. 10.

[27]) BS 173 ff. (Sachau) und 328 ff. (Bruns).

[28]) Bruns äußert sich S. 328 ff. dazu nur insofern, als er den syrisch klerikalen Ursprung des Rechtsbuchs betont (330). Dagegen ist nicht sicher zu entnehmen, ob er sich das Rechtsbuch auch als die der von ihm S. 328 f. behandelten bischöflichen Jurisdiktion zugrundeliegende Rechtsordnung denkt.

[29]) Dies bezieht sich offenbar auf die späteren Redaktionen, wie P (dazu

setzung milderte, erhielt man ein Gesetzbuch, das von jedem Presbyter verstanden und als Norm gebraucht werden konnte."

Zu der Frage übergehend, was die erste syrische Übersetzung des Rechtsbuchs veranlaßt haben könnte, meinte Sachau: „Die Arbeit ist eine rein kirchliche und dürfte durch kirchliche Verhältnisse veranlaßt sein." Er sah den Hauptantrieb zu der Übersetzung in der im 5. Jahrhdt. vollzogenen Spaltung der Kirche in das nestorianische und monophysitische Lager. Auch der Umstand, daß die Handschrift des am Anfange des 6. Jahrhunderts verfaßten Londoniensis sich mit einer Sammlung kirchlicher Canones und einem biblischen Lectionarium zusammengebunden vorfand, legte die Vermutung nahe, daß das Ganze für den presbyterialen Gebrauch bestimmt war.[30])

In der Akademie-Abhandlung bezeichnet dagegen Mitteis die Meinung als unwahrscheinlich, daß das Rechtsbuch in seiner ursprünglichen Gestalt von einem christlichen Kleriker etwa zum Gebrauch in der bischöflichen Gerichtsbarkeit hergestellt worden sei.[31]) Nur für das 5. und die folgenden Jahrhunderte hält Mitteis es keineswegs für ausgeschlossen, daß das Rechtsbuch wirklich in der episcopalis audientia Verwendung gefunden habe und danach neu bearbeitet sei. Er hebt nur hervor, daß „die klerikale Herkunft jetzt nicht mehr glaublich" sei.[32])

Sachau beharrt, ohne auf den abweichenden Standpunkt von Mitteis einzugehen, und ohne daher den Streitpunkt genau zu präzisieren, in der vorliegenden Edition der R-Versionen im wesentlichen auf seinem alten Standpunkt: „Die Leges, sowohl das griechische Original[33]) wie die syrische Übersetzung,

BS 166) und R III (dazu S XII), während Sachau vorher anscheinend an Redaktionen wie L denkt.

[30]) BS S. 155.

[31]) Abh. S. 28.

[32]) S. 29.

[33]) Auf dieses hatte Sachau bei BS seine Lehre ausdrücklich noch nicht bezogen.

waren nach meiner Ansicht ein lediglich praktischen Zwecken dienendes Rechtsbuch, das in den Kanzleien der Patriarchen und Bischöfe wie in den kleineren Gemeinden von den Priestern als Rechtsnorm gebraucht wurde.[34]) Ursprünglich angelegt von einem nicht sehr rechtskundigen Kleriker, ist es von Gemeinde zu Gemeinde gewandert und überall, da eine bestimmte Buchausgabe nie stattgefunden hat, mit großer Willkür behandelt worden; man hat je nach Zeit und Ort Zusätze oder Auslassungen gemacht und die Ordnung beliebig geändert. Der älteste Bestandteil scheint mir einer Zeit anzugehören, in der das offizielle Christentum an den bürgerlichen Verhältnissen der Reichsangehörigen noch nichts Wesentliches geändert hatte."[35])

Sachau fixiert seinen Standpunkt des weiteren dahin, daß der älteste, vorkonstantinische Teil des Rechtsbuchs wie das gesamte Christentum der Länder des Euphrat und Tigris wohl aus Antiochien, dem Sitze des Patriarchen, stamme und von dort mit alten kanonischen Satzungen der Kirche dem Lauf der christlichen Mission gefolgt und als in den Fragen des bürgerlichen Rechts entscheidend aufgenommen worden sei.[36]) Allerdings glaubt Sachau hinsichtlich dieses ältesten Bestandteils annehmen zu sollen, daß man sich desselben in Antiochia dazu bediente, um den Mitgliedern der Kirche in ihren Beziehungen zu den heidnischen Reichsbehörden in solchen Angelegenheiten, die sie am nächsten angingen, Rat zu erteilen.[37]) — Den ältesten vorkonstantinischen Komplex würde Sachau mit dieser Wendung also außerhalb der eigentlichen episcopalis audientia stellen, denn er scheint in dieser ältesten Redaktion lediglich Rechtsnormen anzunehmen, die vor den staatlich-römischen Be-

[34]) Hierbei bleibt zweifelhaft, ob dieser Gebrauch als in den Rahmen der eigentlichen kirchlichen Gerichtsbarkeit fallend gedacht ist. Er könnte auch wie unten verstanden sein.

[35]) S VIII.

[36]) S IX.

[37]) S X. Dies erinnert an die Auffassung von Bruns BS 330.

hörden Anwendung fanden, wobei allerdings zu beachten bleibt, daß Sachau für jene Epoche zwischen den kirchlichen und weltlichen Verhältnissen im wesentlichen Konkordanz annimmt.[38])

Die Frage nach der Einschätzung der so oder so ausfallenden Bewertung des Rechtsbuchs für die Volksrechtsfrage kann hier nicht näher untersucht werden. Das syrisch-römische Rechtsbuch würde den Wert als Erkenntnismittel östlichen Volksrechts dadurch durchaus nicht einbüßen, daß der kirchliche Charakter der uns bekannten Versionen festgestellt würde. Es würde nur der volle Gegensatz von staatlich gesetztem Reichsrecht und staatlich geübtem Volksrecht verloren gehen, soweit nicht etwa nachgewiesen wird, daß solche vom Reichsrecht divergierende Normen des Rechtsbuchs zugleich auch dem staatlichen Rechtsleben Syriens entsprachen. Die Möglichkeit weitgehender Konkordanz der provinziellen staatlichen und kirchlichen Rechtsauffassung wäre wohl auch für das 5. und 6. Jahrhundert kaum von der Hand zu weisen, wenn auch mit der Verselbständigung der kirchlichen Rechtsideen in dieser Zeit schon gerechnet werden muß.[39])

Über den ursprünglichen Charakter des Rechtsbuchs in seiner ältesten Fassung gehen die Ansichten, wie sich zeigte, auseinander. Es lassen sich den bisher bekannten Quellen keine Wahrscheinlichkeitsschlüsse abgewinnen. Die Meinung, daß die Herstellung des Rechtsbuchs von Anfang an kirchlichen Zwecken gedient habe, hat aber m. E. ungleich mehr Gründe für sich als die andere. Die von Mitteis gegen die klerikale Herkunft

[38]) S VIII.

[39]) Nachdem sich i. J. 410 das Christentum verfassungsmäßig zusammengeschlossen hatte, kann von hier ab das bewußte Schaffen einer spezifisch kirchlichen Rechtsgrundlage datiert werden, was im Laufe des 5. Jahrhunderts in zahlreichen dem Ausbau der Episkopalverfassung gewidmeten Konzilien zum Ausdruck kommt. Vgl. Sachau, S III p. XXIII. Im Rechtsbuch des persischen Metropoliten Jesubocht (s. u.) gegen Ende des 8. Jahrh. treten bereits starke Verschiedenheiten des kirchlichen und staatlichen Rechts hervor, die dort mehrfach gegenübergestellt werden.

angeführten Gründe beruhen einerseits auf Schlußfolgerungen aus dem merkwürdigen Titel von R III, andrerseits auf der angeblichen Erwähnung heidnischer Priester in L 17. Mitteis neigt in ersterer Hinsicht dazu, in dem R III erwähnten Ambrosius den berühmten Mailänder Bischof zu erblicken,[40]) der wahrscheinlich noch vor seinem Übertritt zur christlichen Kirche von Valentinian I. den Auftrag zur Abfassung des Rechtsbuchs erhalten hätte. Aber jene Identifizierung des in R III genannten Ambrosius werden wir gemäß Sachaus Darlegungen[41]) als nicht zutreffend ansehen müssen. Auch Lenel bemerkt dazu jüngst, daß das Werk unter dem steht, was einem Mann von der Bildung des heiligen Ambrosius zuzutrauen ist.[42]) Sehen wir aber in dem in R III genannten Ambrosius einen Mann der Kirche, wozu allein das beigefügte Prädikat als „Bekenner" nötigt, so weist dies, trotz des kaiserlichen Auftrags, jedenfalls eher auf kirchliche als staatliche Zwecke des Unternehmens. Es darf bei allen Schlußfolgerungen aus dem Titel nicht übersehen werden, daß der syrische Text das Wort „confessor" nicht enthält, dieses vielmehr gemäß den obigen Ausführungen (S. 359 f.) eine Latinisierung Sachaus ist.

In der Argumentation von Mitteis ist sodann aber das sich auf Ferrini stützende Operieren mit den in L 17 angeblich

[40]) Abh. S. 28 u. 22. In dem Titel von R III haben wir den Text vor Augen, der schon öfters irregeführt hat. So kam schon der Metropolit Ebedjesu (13. u. 14. Jhd.) zu der Annahme, daß das Rechtsbuch durch den hl. Ambrosius verfaßt sei. Dazu BS 175 und S XI. Die Notiz bei Ebedjesu führte wieder Rudorff (Abh. Akad. Berl. 1868 S. 265) zu der irrtümlichen Annahme, jene Arbeit des Ambrosius sei mit der Collatio leg. Mos. et Rom. identisch. Vgl. auch Karlowa, Rechtsgesch. I, 969 A. 1. P. Krüger, Gesch. d. Quell. S. 365 A. 23. Bruns BS 314.

[41]) S XI.

[42]) A. a. O. S. 380. Wenn Lenel hier allerdings sagt: „Als Verfasser nennt eine Redaktion den Ambrosius confessor, d. h. den hl. Ambrosius", so bleibt zu beachten, daß „A. confessor" durchaus nicht zwingend auf den hl. A. hindeutet. S. ferner u.

vorkommenden heidnischen Priestern nicht begründet. Gemäß der von Ferrini angenommenen Bedeutung jenes Wortes meint Mitteis, daß die dortige Erwähnung der heidnischen ἱερεῖς die Bestimmung des Buches für spezifisch christliche Zwecke sehr bedenklich erscheinen ließe.[43]) Die Meinung Ferrinis[44]) läßt sich aber nicht halten. Zunächst ist es nicht richtig, wenn dieser Autor das fragliche in L 17 stehende syrische Wort mit ἱερεῖς identifiziert. Es lautet in Transkription: kâhnē. Dies bedeutet allgemein: Priester, gewöhnlich: christlicher Priester. Payne Smith, Thesaur. Syriacus Tom. I, p. 1683. Das spezielle Wort für heidnische Priester heißt: kumrâ.[45]) Es findet sich in unsrem Rechtsbuch für den christlichen Priester zwar meist der syrische Ausdruck: qašîšâ = Alter, Presbyter; die Behauptung, jener Ausdruck von L 17 finde sich hier sonst nirgends, ist jedoch insofern schon einzuschränken, als z. B. in R II 49 (S S. 78 oben) das davon entlehnte Abstraktum kahnûtâ = Priesterschaft gebraucht wird, wo nur an christliche Priester gedacht sein kann. Und im Rechtsbuch des Patriarchen Timotheus (II p. 65) werden in § 5 die beiden interessierenden syrischen Vokabeln promiscue für christliche Priester gebraucht. Zuerst stehen dafür die qašîšê = Presbyter, dann die kahne. Die von Mitteis[46]) auch für die Frage der Entstehungszeit des Rechtsbuchs herangezogene Behauptung Ferrinis erscheint daher unzutreffend.

Eine Antwort auf die Frage, welches der ursprüngliche

---

[43]) Abh. 28 u. 20.

[44]) Sav. Ztschr. 23 S. 106.

[45]) Auf eine phonetisch korrekte Transkription der syrischen Vokabeln verzichten wir. Für die Bedeutung von Kumra = heidnischer Priester kann jetzt auf den ungefähr zur gleichen Zeit schreibenden nestorianischen Patriarchen Mâr Abhâ verwiesen werden und auf die einschlägigen Ausführungen von Sachau S III p. 366 oben.

[46]) A. a. O. S. 20.

Zweck des Rechtsbuchs in seiner ältesten Fassung[47]) gewesen sei, können wir solange nicht geben, als wir nicht ein Bild von dieser ältesten Fassung selbst haben. Schon deswegen ist es bedenklich, aus jenem Wort in L 17 einen Schluß auf die Herkunft des Rechtsbuchs zu ziehen; denn L 17 kann eine von der ursprünglichen abweichende Fassung haben und hat sie wohl auch gehabt. Aber die ganze Frage, welches der ursprüngliche Zweck des Spiegels gewesen sei, ist m. E. heute von untergeordneterer Bedeutung. Im Vordergrund unseres Interesses muß die greifbarere Frage stehen, welchem Zweck die uns vorliegenden Versionen des Rechtsbuchs dienten, und welches Recht sie überhaupt enthielten. Insbesondere werden wir zu fragen haben, ob die schon aus dem Beginn des 6. Jahrhunderts stammenden Versionen L und R II nicht als ein Rechtsbuch der Kirche anzusehen sind. Diese Frage würde auch Mitteis allem Anschein nach bejahen, denn er hält es nach dem obigen Zitat keineswegs für ausgeschlossen, daß im 5. und den folgenden Jahrhunderten die Arbeit wirklich in der episcopalis audientia ihre Verwendung gefunden hat.

Die Gerichtsbarkeit der Kirche[48]) konnte sich in den römischen Ostprovinzen unter dem starken Schutz der christlichen Kaiser des römischen Orients vom 4. Jahrhundert an vorteilhaft entwickeln. Das lehren die constitutiones de episcopali iudicio[49]) und

[47]) Mitteis hält a. a. O. S. 27 sowohl den okzidentalen wie den orientalischen Ursprung des Rechtsbuchs für möglich.

[48]) Darüber eingehend E. Loening, Gesch. d. deutsch. Kirchenrechts I (1878) S. 260 ff., 289 ff. B. Matthiaß in Rost. Festschr. f. Windscheid (1888) S. 132 ff. Jetzt Stutz in Holtzendorfs Enzykl. Bd. 5 (1914) S. 298 mit Lit. S. auch Preuschen-Krüger, Handbuch d. Kirchengeschichte I (1911) S. 156 ff.

[49]) Über die Frage der Echtheit dieser sog. Sirmondschen Konstitutionen vgl. Haenel, Vorrede der Edition der letzteren § 136; Bruns PS. 328; Puchta, Instit. (1893) I S. 350 Anm. c; Karlowa, Rechtsgesch. I, 966; P. Krüger, Gesch. d. Quell. 334; E. Loening, Gesch. d. d. Kirchenr. I, 290 A. 1. Ich halte auch die Bedenken gegen die Echtheit der bedeutsamen c. 1 für nicht durchgreifend, und nehme an, daß die spätere einschlägige

die Gesetze von Arkadius, Honorius und Theodosius aus den Jahren 398 und 408. C. 1, 4, 7 und 8. Nach den letzteren ist Voraussetzung für die Zuständigkeit des geistlichen Gerichts ein Schiedsvertrag der streitenden Parteien. Auch die übrigen, die bischöfliche Gerichtsbarkeit unter Bedingungen stellenden Bestimmungen dieser Gesetze stellen sich offenbar als Einschränkungen stärkerer Freiheiten dar, die der Kirche hier durch die frühere Gesetzgebung, vorzüglich Konstantins, eingeräumt waren. Insbesondere trat, um die kirchliche Zuständigkeit zu erzeugen, an die Stelle des nach Konstantins Erlaß (c. 1. Sirmond.) genügenden einseitigen Begehrens der Vertrag. Dies wurde in sichtlichem Gegensatz zur früheren Regelung auch später immer wieder eingeschärft. C. 1, 4, 13, 1 (456). Hiernach konnte niemand wider Willen als Beklagter vor das Bischofsgericht gezwungen werden.[50]) In c. 8 h. t. wird aber ausdrücklich betont, daß die iudicia episcopalia demselben Gehorsam zu begegnen hätten wie die staatlichen Gerichtsurteile. Jene wären durch die staatlichen Gerichte (per iudicum officia) zu vollstrecken und seien inappellabel.[51]) Manche Einschränkung mochte auch den eigenen Wünschen der Kleriker entsprechen, die infolge des ihr in der Christenheit entgegengebrachten Vertrauens außer-

---

Kirchengesetzgebung, auch die in den Cod. Iust. aufgenommene, sich als eine gewollte Abschwächung der früheren kirchlichen Jurisdiktionsbefugnisse darstellt. Dazu oben. Gegen Übergriffe der kirchlichen Macht reagiert C 1, 4, 6 (398). 6, 23, 23 (524). Anderseits wird in manchen Fragen die Zuständigkeit der Bischöfe durch Kirchengesetze begründet C 1, 14, 12. 30. 33.

[50]) Die bei zivilrechtlichen Angelegenheiten (vgl. auch c. 7: in civili negotio) bestehende Freiheit der Wahl zwischen staatlichem und kirchlichem Gericht betont noch Justinian i. J. 530 in c. 29, 11 h. t. Ausschließlich soll hiernach das staatliche Gericht nur in Kriminalsachen, das geistliche dagegen in rein kirchlichen Angelegenheiten sein. S. a. C. Th. 16, 11, 1. Nov. Valent. III. 34, 1 pr. (452). Vgl. auch Loening a. a. O. S. 302 f. u. 261. Matthiaß a. a. O. S. 137 ff., 142 ff.

[51]) Letzteres erklärte sich aus ihrem Wesen als reine Schiedssprüche. S. a. Loening a. a. O. S. 292. Anders Matthiaß S. 144.

ordentlich stark durch die jurisdiktive Tätigkeit in Anspruch genommen und ihren rein kirchlichen Interessen entzogen wurden.[52]) Daher war nach c. 7 selbst bei vorliegendem Kompromiß die Bereitwilligkeit des angegangenen Geistlichen zur Rechtshängigkeit nötig. Justinian griff in die Entwicklung mehrfach ein. Er entzog durch die für das ganze Reich geltenden Nov. 79 u. 83 gewisse Prozesse dem iudex civilis und übertrug sie dem episcopus, wobei nicht ohne Interesse ist, daß dieser secundum leges nostras et sacratissimas regulas[53]) zu entscheiden hätte. S. ferner Nov. 86.

Daß das klassische römische Recht die Grundpfeiler des syrisch-römischen Rechtsbuchs bildet, darf bei der Annahme des klerikalen Zwecks desselben nicht wundernehmen. Als L und R II geschrieben wurde, gehörte Syrien dem römischen Reich nahezu 6 Jahrhunderte an. Währenddessen galt das römische Recht dort allem Anschein nach nicht nur formell und prinzipiell; es waren durch die später von Justinian gerühmte Rechtsschule von Berytos auch griechische Bearbeitungen der Schriften der römischen Klassiker und der Kaisergesetze dort bekannt geworden.[54]) Die Provinz Syrien hat am Reichsrecht sichtlich stärker teilgenommen und festgehalten als etwa das bald nach ihr dem Reich angegliederte Ägypten. Der Grund dafür liegt offenbar in dem in jener Provinz so mächtigen Wirken der christlichen Kirche selbst, andrerseits in dem System des Cäsaropapismus,[55]) das eine starke Wechselbeziehung zwischen

---

[52]) Dazu Puchta a. a. O. S. 350 mit Quellenmaterial. Ferner Loening a. a. O. S. 302. Matthiaß S. 145 f.

[53]) Der entsprechende Gegensatz dieser beiden Rechtsmaterien z. B. in nov. 137 pr.: πολιτικοὶ νόμοι und ἱεροὶ κανόνες καὶ θεῖοι νόμοι.

[54]) Dazu Bruns, BS 325, 327, 330. Vgl. auch P. Krüger, Gesch. d. Quell. S. 361 f. (§ 41).

[55]) Dazu Loening a. a. O. S. 67 und 77, Gelzer, Verh. v. Staat u. Kirche in Byzanz. (Ausg. kl. Schriften 1907 S. 57 ff.). Stutz a. a. O. S. 298. Preuschen-Krüger a. a. O. S. 240.

Reichsrecht und Christentum erzeugte.[56]) Die christlichen Kaiser stellten entsprechend der Konstantinischen Politik ihre Gesetzgebung vom 4. Jahrhundert ab auf den kirchlichen Gesichtspunkt ein und zogen die Rechtsverhältnisse der Kirche und der Geistlichen immer stärker in den Bereich der staatlich geregelten Gegenstände.[57])

Und wenn wir das Rechtsbuch mit seinem ganzen römischrechtlichen Fundament auch über die Trennung Syriens vom römischen Reich hinaus dort in Geltung sehen, so liegt das wieder am Wirken der Kirche und wird durch dieses erklärlich.[58]) Die arabische Herrschaft verdrängte zwar die römischen Provinzialbehörden; der Islam ließ aber den christlichen Bischöfen ihre Macht und ihre Gerichtsbarkeit, ja er übertrug ihnen im Bereich der Christenheit die gesamte innere Verwaltung.[59]) So gab es im dortigen Chalifat vom 7. Jahrhundert ab neben den mohammedanischen Behörden die christlichen. Die Christen konnten ihre Angelegenheiten, wenn sie dieselben nicht nach islamitischem Recht behandelt wissen wollten, nach wie vor vor den Bischof

---

[56]) Das gute Verhältnis der Kirche zur Reichsregierung leuchtet in dem Rechtssatz R II 49 mit folgendem Schlußpassus durch: „Und sie sollen alle zusammen beten, daß Gott das ganze Reich der Römer bestehen lasse . . .“

[57]) So kam es, daß die Kirche und die Geistlichen selbst in den germanischen Staaten des früheren Mittelalters nach römischem Recht behandelt wurden. Dies entsprach dem eigenen Interesse der Kleriker. Dazu Savigny, Gesch. d. r. R. i. M.A. I S. 115 ff.; II S. 262 u. 101.

[58]) Der Redaktor von R II sagt in der Einleitung (p. 47) ganz zutreffend, daß den christlichen Königen der Römer durch die Kirche alle Völker „unterworfen“ seien. Über den Einfluß der Kirche auf die syrische Literatur überhaupt vgl. R. Duval, Litt. chrét. l. c. p. 3 ff.

[59]) Dazu BS 173. Ganz andere Verhältnisse herrschten in dem alten, im vorderasiatischen Christentum eine Sonderstellung einnehmenden Erzbistum der Persis, das, abseits des Schutzes des römischen Kaisertums und stark emanzipiert selbst vom babylonischen Patriarchat in erheblichen Konflikten mit der persischen Reichsregierung stand. Wir hören, daß die letztere soweit ging, dem Patriarchen Mâr Abhâ in der ersten Hälfte des 6. Jhd. die dortige bürgerliche Gerichtsbarkeit streitig zu machen. Dazu unten.

bringen. So war das Interesse der christlichen Kirche Syriens vom 7. Jahrhundert ab noch stärker als vorher darauf gerichtet, eine Rechtssammlung für die kirchliche Jurisdiktion zu haben, um diese dem Islam entgegenzustellen. Der Grund, warum man jetzt ebensowenig wie im 6. Jahrhundert zum Corpus iuris Justinians griff, ist wohl nicht so sehr darin zu sehen, daß dieses Werk nicht ins Syrische übersetzt war. Hätte man das C. i. als geeignete Kodifikation des im Chalifat geltenden Christenrechts angesehen, so wäre man von einer Übersetzung ins Aramäische kaum zurückgeschreckt. Aber das C. i. war eine rein staatliche und dazu wenig übersichtliche Gesetzgebung, während man im syrisch-römischen Rechtsbuch eine durch Jahrhunderte erprobte, aus den Bedürfnissen der Kirche und allein für diese geschaffene Rechtssammlung vor sich hatte, die im übrigen nicht nur im Römerreich, sondern ebenso im benachbarten Sasanidenreich festen Fuß gefaßt hatte, was bei einem spezifisch römisch-reichsrechtlichen Unternehmen kaum erklärbar wäre.[60])

Es ist deutlich zu sehen, wie sehr auch die Patriarchen und Bischöfe in der Folgezeit darauf bedacht waren, der alten Lehre entsprechend die Christen zur Anrufung ihrer Behörden anzuhalten.[61]) Darüber schon Sachau BS 174. Weiteres Material hierzu bieten jetzt die Patriarchenbücher. Vgl. Timotheus §§ 12 u. 13 (S II p. 67 f.). Hier wird das Angehen der nichtchristlichen Behörden und das Bevorzugen deren Rechts unter kirchliche Strafen gestellt. Derselbe Patriarch betont am Eingang seines Rechtsbuchs (p. 57 Abs. 2) als Zweck desselben, „denjenigen, welche in Ermanglung richterlicher Entscheidungen und Gesetze (unter den Christen) beständig in die Höfe und Gerichte der

---

[60]) Vgl. dazu auch Sachau I p. IX.

[61]) Die Grundlage für diese Rechtsanschauung lag in der Vorschrift des Apostels Paulus I. Cor. 6, 1—7. Die Constit. Apost. II c. 46 aus dem 3. Jhd. verbieten gleichfalls die Klage bei dem heidnischen Gericht. Dazu Loening a. a. O. 260.

Nichtchristen laufen", jede Entschuldigung zu nehmen. Bisweilen mochte wohl eine christliche Partei den mohammedanischen Richter wegen der ihr dort in concreto vorteilhafteren Rechtslage aufsuchen. Entsprechend Jesubarnun § 115. S II p. 169; Simeon S III p. 228 Z. 30 ff. unter Berufung auf 1. Korinth. 6, 1; Jesubocht Buch VI, Kapitel 1 § 2 (p. 185) mit Androhung der Strafe des Kirchenbanns und der Ausschließung. Derselbe nimmt p. 19 Z. 25 ff. gleichfalls Bezug auf 1. Korinth. 6.

Es kann nun kaum bezweifelt werden, daß schon die ältesten uns bekannten Versionen L und R II kirchliche Tendenzen haben und Zwecken der geistlichen Gerichtsbarkeit dienten. Schon die breitere Behandlung derjenigen Materien (Sklaverei, Ehe, Familie, Vormundschaft, Erbfolge), für die die episcopalis audientia besonders angegangen wurde, zeigt jenen Zweck deutlich an. Wenn L 117 und R II 49 die allgemeine Steuerfreiheit der Geistlichen feststellen — wobei in letzterer Version die religiösen Grundlagen der Norm stark betont und ausgeschmückt werden —,[62]) und wenn jene Normen dort auf ein Gesetz Konstantins gegründet werden, so ist dies schon von Bruns[63]) als unrichtig erkannt worden; ebenso die dort behauptete Befreiung der Geistlichen von der patria potestas. Diese Entstellung staatlichen Rechts kann nur durch jenen Zweck der ganzen Rechtssammlung erklärt werden. Der Verfasser des Rechtsbuchs hatte die schon seit Konstantin bestehende Steuerfreiheit der Ärzte und Lehrer und deren sonstige Privilegien vor Augen, die in dem in L gerade vorhergehenden Paragraphen 116 aufgenommen sind.[64]) Er formulierte den folgenden Paragraphen zugunsten der Kleriker sichtlich ganz im Stile von 116.

Denselben Eindruck erzeugt L 118 = R II 50, wo zwar

---

[62]) Das kehrt in Ar 49 wieder. Zu R II 49 vgl. auch Sachau XVI.

[63]) BS 284. Vgl. auch Loening a. a. O. S. 172 f. Konstantin befreite die Kleriker i. J. 343 aus gewissen Gründen nur von der Gewerbesteuer.

[64]) Dazu BS 283.

die dortige Regelung der Sonntagsheiligung richtig auf Kaiser Leo zurückgeführt wird, das ganze aber mit einer von diesem beabsichtigten Ehrung der Kleriker und mit den Interessen und Gesichtspunkten der Kirche verknüpft wird. Hierher gehört ferner L 21 mit der Hervorhebung der freilich gemäß Kaiserrecht eintretenden „besseren" Wirkung der Sklavenfreilassung vor dem Bischof.[65]) Dann L 95, nach der die Testamentsöffnung in gewissen Fällen vor den Ortsgeistlichen und Dorfältesten vorgenommen und eine Abschrift des Testaments in der Kirche aufbewahrt werden soll, während Kaiser Justinus im Jahre 524 gemäß C 6, 23, 23 ausdrücklich einschärft, daß die Testamentseröffnung vor Geistlichen nicht stattzufinden habe, mit der besonderen Wendung: ac praecipue clericis, quibus opprobrium est, si peritos se velint disceptationum esse forensium. Dieselbe Bestimmung auch in R III 96.

Die dem römischen Recht unbekannte Bestimmung von L 106, wonach zum Zeugenbeweis „nach den Gesetzen" „zwei oder drei Zeugen" gehören, ist biblischen Ursprungs;[66]) auch die übrigen dortigen die Zeugenqualität bedingenden Voraussetzungen zeigen die kirchliche Richtung der Norm an. Entsprechend R II 150, R III 107.

[65]) Es ist bezeichnend, daß in den späteren Versionen dieser Norm die bischöfliche Freilassung immer mehr in den Vordergrund geschoben wird. Vgl. zunächst P 24 b. Die Parallelstelle Ar 43 schließt so: „Wenn aber die Priester nicht zugegen sind, so ist dort keine Freilassung, und seine Freiheit ist nicht vollgültig, sondern er wird angesehen als ein Sklave seines Herrn. Dies gebietet unser Gesetz. — Preis der heiligen Trinität. Amen!" — Entsprechend Arm 38. Vgl. damit R I 16 („Es ist aber noch schöner..."). In R II 23 wird die Wirkung der nichtkirchlichen Freilassung sichtlich umgangen.

[66]) BS 276. Auch die von Wenger zu P. Mon. no. 6 (Heisenberg-Wenger, Münch. byzant. Papyri I. 1914 S. 66 f.) angezogenen Stellen, deren wichtigste schon Bruns a. a. O. vor Augen hatte, beweisen nicht, daß L 106 römischen Ursprungs ist. Cod. 4, 2, 17 verlangt 3 Zeugen und nov. 1, 2, 1 mindestens 3 Zeugen. Dagegen wies schon Bruns a. a. O. nach, daß die Phrase „zwei oder drei Zeugen" durchaus biblisch ist.

Die für die späteren Titulaturen vorbildliche Unterschrift hinter L 127 „Es endigen die Gesetze und Befehle der siegreichen Könige", beruht offenbar durchaus nicht auf einem Mißverständnis des Verfassers der Version, sondern auf dessen oder seines Gewährsmanns Neigung, die Gesamtheit der von ihm aus allen möglichen Quellen zusammengetragenen Normen als auf der Autorität der nach der damals herrschenden Auffassung die oberste Kirchengewalt innehabenden christlichen Kaiser beruhen zu lassen, ihren häufig im heidnischen römischen, hellenischen und anderweiten Recht liegenden Ursprung zu tilgen und das Ganze als Christenrecht zu proklamieren.[67])

Daß die Überschrift von L von „Weltlichen Gesetzen" spricht, weist — entsprechend der Überschrift von R III — nicht etwa auf den staatlichen Zweck des Werkes, sondern auf den Gegenstand der Normen im Gegensatz zu den innerkirchlichen Rechtsverhältnissen, die hier nicht geregelt werden.[68]) Die episcopalis audientia erstreckte sich auch auf jene weltlichen Rechtsverhältnisse, wie oben festgestellt wurde.[69]) Oben (S. 356)

[67]) In welches Verhältnis der Redaktor von R II den Inhalt des Rechtsbuchs zu den „christlichen Königen" bringt, ergibt sich auch aus der Einleitung (p. 47): „Durch seine Kirche hat er (der Messias) sein Gnadengeschenk den christlichen Königen des Volkes der Römer gegeben . . ., damit sie nach der Ordnung des Gesetzes des Messias die Menschen regieren nach den Gesetzen, welche diese Könige von der Kirche, dem Geschenke Gottes, empfangen haben." S. a. Fr. L u. P Einl. — Hierin drückt sich deutlich die Grundauffassung des Cäsaropapismus aus, wenn dabei auch schon der später siegreiche kirchliche Primat anklingt.

[68]) Dieser Gegensatz zeigt sich deutlich in der zweiten Unterschrift von L, wo die „weltlichen Gesetze" die „Perikopen aus der heiligen Schrift" zu einem in der Hand des Geistlichen brauchbaren Ganzen ergänzen. Dazu Sachau BS 154 f. Oben [354] wurde schon hervorgehoben, daß die zweite Unterschrift, die zum ersten Mal die drei Kaiser als die Rechtsschöpfer hervorhebt, offenbar von dem syrischen Übersetzer zu der ersten originalen Unterschrift hinzugefügt wurde. Über den Begriff des „weltlichen Rechts" als kirchlicher Rechtsnorm vgl. auch Jesubocht S. III p. 230 Z. 38 und p. 232 Z. 33.

[69]) Vgl. über die verschiedenen Arten des kirchlichen Rechts auch Jesubocht S. III p. 5 f., 9, 15 ff., 23.

wurde auch schon bemerkt, daß auch der sich in späteren Versionen einfindende Titel „Gesetze C. Th. L." jene klerikale Neigung zum Ausdruck bringt. Dieselbe Neigung, die Normen des Rechtsbuchs als christliches Kaiserrecht hinzustellen, drückt sich offenbar auch in dem in zahlreichen Paragraphen beliebten Anziehen der „Gesetze" aus.

Die Version L hat wahrscheinlich einen der Einleitung von Fr. L[70]) entsprechenden Kopf gehabt. Auch dessen Inhalt ist in gleicher Richtung bezeichnend und drückt deutlich den kirchlichen Zweck der Sammlung aus. Der Autor stellt die „Gesetze der christlichen Könige K. Th. L." als auf den Gesetzen Christi wie denen der Kirche beruhend und das staatliche Recht als aus dem geistlichen fließend dar.[71]) Wenn hierbei als der letzte Ursprung alles staatlichen Rechts das mosaische Gesetz hingestellt ist,[72]) so erinnert man sich hierbei der entsprechenden Tendenz der Collatio legum Mos. et Rom., die auch von einem der Kirche nahestehenden Autor in der Absicht geschaffen wurde, den Gegensatz zwischen dem geltenden heidnischen römischen Recht und den christlichen Grundideen durch den Nachweis aufzuheben, daß jenes auf das biblische Recht zurückginge.[73]) Vgl. auch Jesubocht S III p. 195 5. Kap. § 1; p. 197, 6. Kap. §§ 1 ff. und Simeon S III p. 222 u. 224, wo dieselbe Absicht hervortritt.

Auch noch in anderen Einzelheiten verraten sich kirchliche Gesichtspunkte des Werks, so in der „dämonischen Krankheit" als Sklavenmangel (L 113), aber auch als Ehehindernis (L 114),

---

[70]) BS 41 ff. Entsprechend der Kopf von P: „Durch das Gesetz, das sie von der Kirche Gottes . . . entlehnt haben." Ähnlich R II.

[71]) S. a. den Schluß: „Alle Gesetze sind aufgehoben durch die Ankunft unseres Herrn, und für alle Völker ist das eine Gesetz des Messias gegeben durch die christlichen Könige, angefangen von dem seligen christlichen Könige Konstantin, dem Erwählten Gottes".

[72]) Besonders deutlich die zweite Vorrede von Ar BS S. 77.

[73]) Siehe in dieser Richtung auch die Notiz bei P. Krüger, Gesch. d. Quell. S. 343 A. 46, zu Tertullian. Dazu auch Loening a. a. O. S. 28 f.

womit wohl die neutestamentliche Besessenheit gemeint ist.[74]) — Während L 107 davon nichts erwähnt,[75]) stellt Ar 45 ferner bei der rein zivilen 30 jährigen Klagenverjährung die Voraussetzung an die Spitze: „Wenn ein Mann Christ ist ...“ Entsprechend Arm 53 unter ausdrücklicher Berufung auf Theodosius als Autor, was hinsichtlich jener Voraussetzung natürlich falsch ist. Daß in Ar und Arm die kirchliche Tendenz noch bewußter zum Ausdruck kommt als in den anderen Versionen, ist auch sonst durchweg zu beobachten. Vgl. ferner die Hineinziehung der „Häresis des Nestorius“ und deren Beseitigung durch Leo in R II 50.

Daß wir im Rechtsbuch durchweg die in den Machtbefugnissen der Behörden zum Ausdruck kommenden staatlichen Hoheitsrechte anerkannt sehen, spricht in jener Zeit, die den Kaiser als den Inhaber der obersten Kirchengewalt ansah, nicht gegen den kirchlichen Charakter des Buchs. R II 34 schreibt z. B. vor, daß der Herr den verbrecherischen Sklaven nicht selbst töten dürfe, sondern ihn den „Machthabern“ übergeben müsse, „damit diese ihn nach seinen Missetaten bestrafen“. Und es heißt weiter: „Wenn sich aber jemand, der nicht die Macht vom Reiche hat, erfrecht, einen Räuber ... zu töten, soll nach den Gesetzen derjenige ... selbst getötet werden.“ Vgl. etwa noch R II 106 und 107. Ebensowenig spricht gegen jenen Charakter des Buchs der Umstand, daß es nur von weltlichen Strafen spricht: Tod, Geldbuße, Verbannung, Infamie, *ζημία*. Vgl. etwa R II 119 ff., 122, 123, 124, 125, 108, 129.[76]) Denn die kirchlichen Strafen

[74]) BS 282. — In der Parallelstelle Arm 81 ist ausdrücklich von „besessen sein“ die Rede, während in Ar 85 schon die „Epilepsie“ erscheint, als welche wir heute auch die *ἱερὰ νόσος* in den Garantieversprechen der Papyri ansehen. Gerade L zeigt aber die naivere Vorstellung. Vgl. auch L 39, wo vom Nachweis des „Teufels“ die Rede ist, und dazu BS S. 210.

[75]) Bruns führt BS 278 erhebliche Gründe dafür an, daß der Verfasser von L 107 wahrscheinlich das Originalgesetz von Theodosios vor sich hatte, das im Cod. Th. und J. bereits verändert sei.

[76]) Vgl. auch Bruns BS 244 zu L 77 ff.

(Ausschluß, Buße, Almosen, Steinigung, Exkommunikation) konnten natürlich, wie wir an den Patriarchenbüchern sehen,[77]) nur für innerkirchliche Vergehen in Frage kommen, die das das „weltliche" Recht enthaltende syrisch-römische Rechtsbuch nicht behandelt.[78]) Die Kriminalgerichtsbarkeit selbst war im übrigen durch Reichsgesetz dem Staat vorbehalten. C 1, 4, 29, 11 i. f. (530 n. Chr.).[79]) Daher sind die im syrischen Rechtsbuch behandelten Straffolgen prinzipiell andere als die der Patriarchenbücher.

Daß das syrisch-römische Rechtsbuch nicht nur eine sich erheblichen Ansehens und weiter Verbreitung erfreuende private Aufzeichnung von weltlich-kirchlichem Recht, sondern kirchliche Rechtsquelle im formellen Sinne war, geht mit Sicherheit aus einer Notiz hervor, die sich in den auch in anderer Hinsicht bedeutsamen Briefen des Patriarchen Timotheos (780—820) findet.[80]) Danach seien die „königlichen Gesetze", womit das syrisch-römische Rechtsbuch bezeichnet wird, durch die heiligen Synoden und die Väter befolgt und angenommen worden. Das seien „die reinen Gesetze der Christenheit".[81]) Auch damit rückt dieses Rechtsbuch

---

[77]) Vgl. das Register S II p. 211, S III p. 384.

[78]) Daher mußte die Handschrift L mit einer Sammlung der kirchlichen Canones zusammengebunden werden (dazu BS 153 f.), um ein Rechtsbuch des gesamten Kirchenrechts zu schaffen.

[79]) Der Staat griff andrerseits auch nicht in das kirchliche Strafrecht ein. Vgl. etwa C 1, 4, 29, 10 wo Justinian in gewissem Falle auf die kirchliche Strafe verweist.

[80]) Diese Briefe sind ediert und übersetzt von O. Braun in Oriens Christianus I u. II. Dazu Sachau II p. XVIII f. und speziell über die Notiz derselbe in Mitteilg. d. oriental. Sem. X (1907) 2. Abt. p. 14 des S. A. S. a. Partsch, Ztschr. d. Sav. St. 30, 357.

[81]) Braun a. a. O. II 31. Partsch a. a. O. benutzt diese Notiz bei Timotheos nur dazu, um die auffällige Tatsache zu erklären, daß Simeon an einer Stelle nach dem Ursprung der kirchlichen Gesetze fragt. Ich schätze die Bedeutung der Notiz im obigen Zusammenhang höher ein und erachte jene Tatsache andrerseits weder als auffallend noch durch die Notiz bei Timotheos erklärt. Denn die meisten syrischen Rechtsbücher beschäftigen sich mit

in eine Stufe mit den Patriarchenbüchern. Wir hören, daß auch Jesubarnun sein Rechtsbuch durch ein Konzil bestätigen und annehmen ließ.[82])

Hier soll nur noch, da die vorliegenden Editionen neues Material bringen, die Einwirkung des kirchlichen Zinsverbots auf das Rechtsbuch berührt werden, die die Literatur schon beschäftigt hat.[83]) In R I 53[84]) und R II 147 taucht jetzt eine Norm auf, die die Zulässigkeit der klassischen römischen Darlehnszinsen von 12% jährlich fixierte. Die früher bekannten Versionen enthielten diese Norm nicht. Die Nichtaufnahme der Zinsgestattung in L und den anderen Versionen dürfte auf kirchlicher Anschauung beruhen. Aber diese steigerte sich doch nicht zu einem dem kirchlichen entsprechenden ausdrücklichen Zinsverbot des Rechtsbuchs. Die Redaktoren dieser Versionen wollten die Frage durch Fortlassung der Norm offenbar umgehen. Prinzipiell rechnet L mit der Zulässigkeit des Zinsennehmens. Dies zeigt sich in einer Reihe von Normen: 98 (Verzinsung von Auslagen), 99 (Antichresis), 100 (Kreditauftrag). Man kann also nicht behaupten, daß L auf dem Standpunkt der Unzulässigkeit der Zinsabrede stehe. Diesen Standpunkt hat auch P kaum

---

der Frage des Woher? und sind bestrebt, den Ursprung ihrer Sätze möglichst tief im Ursprung der Kirche selbst zu verankern. Siehe Einl. von Fr. L (BS p. 41); von P (BS p. 44); von R II (S I p. 47); Tim. S II p. 55 ff. Jesub. Einl. p. 121, § 26 p. 127 f., § 27 p. 129, § 51 p. 139 f.; sehr eingehend Jesubocht Einl. S III p. 3 ff., p. 5 f., p. 7 ff. bis zum Schluß des I. Buchs (p. 23); Simeon Einl. p. 208 ff., 212 ff. bis 234; Mâr Abhâ Einl. p. 259. Ganz besonders hat auch Jesubarnun sein Rechtsbuch durch ein Konzil bestätigen lassen und fragt in demselben doch nach dem Ursprung der Rechtssätze. Seine Einleitung (S II p. 121), die nur lückenhaft überliefert ist, behandelte offenbar wie die andern Rechtsbücher auch gerade dieses Thema.

[82]) Sachau II p. XXII.

[83]) Braßloff, Sav. Ztschr. 25, 306 ff., insbes. 309. Mitteis, Abh. 40.

[84]) Die Nummer hat sich gegenüber Mitteis, Abh. 39 jetzt geändert.

verlassen,[85]) selbst wenn man die Erwähnung der Zinsen in P 78 als auf einem Textfehler beruhend erkennt.[83])

Diese Auffassung wird durch Bestimmungen der Patriarchenbücher wesentlich gestützt. Denn auch Jesubarnun (S II p. 157 § 88) erwähnt zwar in erster Linie das kirchliche Zinsverbot, spricht aber als kirchliche Folge von dessen Übertretung nur aus, der Betreffende sei „nicht würdig der heiligen Kirche", was keine eigentliche Pönalfolge bedeuten würde, und bringt im Anschluß daran die Zulässigkeit der Abrede von 12% Zinsen zum Ausdruck, über die aber noch bis zum Maximum von 20% hinausgegangen werden könne.[87]) Das in dieser Bestimmung sich spiegelnde Rechtsleben der nestorianischen Kirche in der Zeit des Islams zeigt also zwar einerseits noch immer die Spuren des klassischen römischen Rechts, andrerseits dagegen den Mangel jeden Einflusses des justinianischen Rechts, das mit seiner starken Herabsetzung des Zinsfußes der kirchlichen Grundauffassung doch gerade näher gestanden hätte.

Einen noch deutlicheren Einblick in die praktische Handhabung des Zinsenrechts in der Kirche der Persis im 8. Jahrhundert gewährt jetzt Jesubocht S III p. 167 IX. Kap., §§ 1 ff. Hier wird eingehend motiviert, warum die praktische Rechtsauffassung der Kirche selbst bei dem biblischen Zinsverbot nicht hätte stehen bleiben können. Es wird in der dort skizzierten Entwicklung der Frage im § 1 ebenfalls das von der Kirche anerkannt gewesene Zinsmaximum von 12% erwähnt. Damit ist

[85]) Anders Braßloff, der a. a. O. 309 f. einen noch stärkeren Einfluß des kirchlichen Zinsverbots annimmt und meint, P erachte das Zinsversprechen für unzulässig. Das erscheint nicht begründet. Ich erblicke daher auch in P 82 Abs. 3 nicht ein Mittel zur Umgehung des Zinsverbots. Gegenüber Braßloff siehe auch die Bedenken von Mitteis a. a. O.

[86]) So Manigk, Gläubigerbefr. d. Nutzung S. 74.

[87]) Sachau berichtet S II p. 195 (zu § 147), daß sogar die Mitglieder der Schule zu Nisibis 1% jährliche Zinsen nehmen durften. Strenger dachte später der Jakobit Barhebräus (13. Jhd.), der in seinem Nomocanon gegen das in R II zugelassene Zinsennehmen protestiert. Sachau X Anm. 1.

sichtlich das noch in R I 53 und R II 147 des syrisch-römischen Rechtsbuchs normierte Recht gemeint. In § 2 wird aber als späteres Recht das Maximum von 20% angegeben:[88]) „Und bis jetzt bedienen sich gottesfürchtige Menschen dieses Zinsfußes. Wir aber belehren die Gläubigen, daß niemand mehr nehmen soll als dies." — Die kirchliche Rechtsauffassung berührt sich hier sichtlich mit dem babylonischen Recht. Die babylonischen Verträge zeigen fast durchweg den Darlehnszins von 20% mit der typischen Abrede: „Im Monat wird auf 1 Mine 1 Schekel zu seinen Ungunsten anwachsen."[89]) Aber Jesubocht betont in jenem Text auch noch zwei andere Gesichtspunkte, die mit dem babylonischen Recht im Einklang stehen. Einmal nämlich soll mit den 20% kein gesetzlich ausschließendes Zinsmaximum gegeben werden, eine weitere Steigerung vielmehr gesetzlich zulässig sein. Andrerseits wird keinem Kreditgewährenden zugemutet, unter das Minimum von 10% herunterzugehen. Zusammenhänge der syrisch-persischen Rechtskultur mit der baby-

[88]) Dazu Sachau Anm. 331.

[89]) Vgl. die Urkunden bei Peiser, Babyl. Verträge d. Berl. Mus (1890) p. 5 I, 11 VIII, 21 XV, 41 XXVIII, 43 XXX, 51 XXXV, 93 LXVII 95 LXIX, 111 LXXXI, 147 CIII, 145 CII, 149 CV, 151 CVI, 159 CXII, 167 CXVI. Peiser, Texte (Schraders keilschr. Bibl. Bd. IV, 1896) p. 9 I, 91, 97, 179 II, 183 IV, 185 VII, 231 XXV, 277 XVI, 295 XIV und I, 301 III (die letzteren aus der Perserzeit). Aus derselben Zeit reden die Urkunden p. 263 IV und 275 XIV nur von „Zins", ohne den Betrag zu bestimmen, so daß der Zinsfuß von 20% wohl zu einer Art gesetzlichem geworden war. Derselbe Zinsfuß auch in den babylonischen Verträgen bei Kohler-Peiser, Aus d. babyl. Rechtsleben Heft II p. 28, III p. 13, p. 16, 20, IV p. 52 (3 Urkunden), 53, 58, 61, 86. Nur vereinzelt findet sich in diesen Urkunden ein anderer Prozentsatz, so 25% Peiser, Verträge p. 5 II, 10%: p. 91 LXVI. Der Satz von 25% ist besonders den assyrischen Vertragsurkunden eigen: Peiser, Texte p. 119 VII, 121 VIII, 141 VIII, 149 XVI, 157 XXIV, 169 III. Hier ist aber im übrigen ein ziemlicher Wechsel des Zinssatzes zu betrachten: 20%: 135 II, 167 I; $16^2/_3$%: 53 IV; 21%: 51 II; 30%: 51 III; $33^1/_3$%: 111 III, 127 V; 50%: 133 XI, 151 XVII. Unter 10% sank der Zinsfuß danach anscheinend nicht herab.

lonischen sind auch sonst zu verzeichnen[90]) und werden den Rechtshistoriker mit Anwachsen des Quellenmaterials noch mehr beschäftigen. Für die der römischen Zeit angehörenden Versionen L und R II des syrisch-römischen Rechtsbuchs wird die Frage, ob die letzterwähnten, offenbar kirchlich orientierten Bestimmungen auch vor dem staatlichen Forum der syrischen Provinzialgerichte anerkannt waren, wohl verneinend entschieden werden müssen. Die Steuerfreiheit der Geistlichen, ihre Befreiung von der patria potestas, die gerade um die Zeit der Entstehung von L und R II reichsgesetzlich verbotene kirchliche Testamentseröffnung und -verwahrung, die Forderung von 2—3 Zeugen waren ohne Zweifel vor dem staatlichen Gericht nicht anerkannt. Die im Anschluß daran entstehende weitere Frage, ob auch andere vom römischen Reichsrecht abweichende, im griechischen und andern Rechtskreisen wurzelnde Bestimmungen des Rechtsbuchs lediglich dem Bereich der audientia episcopalis angehörten, muß hier offen bleiben. Es wäre prinzipiell denkbar, daß z. B. das stark ins hellenische und andere Rechte des Orients zurückgreifende Intestaterbrecht des Rechtsbuchs zwar das kirchliche Rechtsleben Syriens spiegelte, daß dagegen die schon seit vorchristlicher Zeit in dieser Provinz wirkenden staatlichen Gerichte mehr oder weniger in den Bahnen des in dieser Materie durchaus abweichenden Reichsrechts verharrten.

4.

Was die vorliegenden R-Versionen betrifft, so besteht eine nahe Verwandtschaft zwischen R III und L, was schon Mitteis

[90]) Dazu Manigk, Sav. Ztschr. 27, 398 ff. hinsichtlich der auch im babylonischen Recht hervortretenden Parentelenerbfolge, des Rechts der dos und der donatio u. a. Es sei auch auf das Vorkommen der assyrischen Monatsnamen Tammuz und Tischrin (Juli und Oktober) in L 75 und R II 47 hingewiesen. Dazu BS 238. Auch Nisan (April) R II 151 ist ein babylonischer Monatsname, wie sein häufiges Vorkommen in den oben angegebenen Vertragsurkunden lehrt. Allerdings sind diese Namen im Syrischen allgemein gebräuchlich.

a. a. O. S. 12 festgestellt hatte. R I ist eine verkürzte Ausgabe von R II, stammt jedoch offenbar nicht direkt aus der letzteren, sondern aus einem anderen Exemplar derselben Redaktion, das mehrfache Mißverständnisse des Schreibers aufweist. Besonders stießen sich die Verfasser der späteren Redaktionen an den syrischen Gräzismen, deren Sinn und Bedeutung allmählich abhanden kam. Ein Beispiel zeigt sich gleich in R I § 7, wo der Schreiber das Wort *δωρεά* nicht kennt und daher einen irrtümlichen Text herstellt, den aber Sachau S. 7 in treffender Erkenntnis zu korrigieren weiß.

R II ist die umfangreichste Redaktion des Rechtsbuchs, die wir bis jetzt haben. Sie zählt 158 Paragraphen, während L deren nur 127 hat. Aber L bleibt die der editio princeps am nächsten stehende Redaktion. Der Verfasser von R II kennt das Griechische auch nur mangelhaft, z. B. erkennt er *ζημία* in § 125 überhaupt nicht, und Sachau hat S. 119 daher alle Mühe, den „völlig sinnlosen" (S. 194) syrischen Text in der Übersetzung wiederzugeben.

Sachau nimmt mit gutem Grunde an, daß es im Orient noch andere syrische Redaktionen als die uns jetzt bekannten gegeben haben müsse (S. XVIII). Gegenüber der durch Hube[91]) aufgestellten, seitdem allgemein, auch von Sachau[92]) S. IX Anm. 1 angenommenen Meinung, daß das Rechtsbuch bis ins 17. Jahrhundert bei den Georgiern in Geltung gewesen sei, ist auf die Darstellung von Holldack in „Zwei Grundsteine zu einer grusinischen Staats- und Rechtsgeschichte" S. 99 ff. zu verweisen. Siehe denselben Autor in der Festgabe für Güterbock (1910) S. 516 ff.[93])

[91]) Ztschr. d. Sav. St. 3 S. 17 ff.

[92]) Als Erster hatte aber schon Sachau BS S. 164 festgestellt, daß es auch eine grusinische Version des Rechtsbuchs gäbe, die vermutlich aus der armenischen geflossen sei. Der Meinung Hubes trat auch Karst, Gesch. d. armenischen Rs., Ztschr. f. vergl. Rechtswiss. Bd. 19 S. 357 bei.

[93]) Nicht ganz zutreffend ist es allerdings, wenn hier S. 518 die Theorie

Auch zum Problem des Reichs- und Volksrechts steuern die neuen Editionen manches bei. Es darf nicht vergessen werden, daß Bruns, wenn er 1880 auch jene erst 1891 von Mitteis bahnbrechend behandelte Frage in ihrem Umfang und prinzipiellen Bedeutung noch nicht übersah, das Verhältnis des Rechtsbuchs zum Reichsrecht doch nicht verkannt hat. Daß er überall und in erster Linie die Beziehung des Rechtsbuchs zum römischen Reichsrechte untersuchte, ist dadurch gerechtfertigt, daß die Grundlagen des Spiegels auf dem Reichsrecht ruhen (BS S. 316), was m. E. auch noch heute aufrecht zu erhalten ist.[94]) Bruns verfiel in seinen Erläuterungen durchaus nicht etwa in den damaliger Anschauung naheliegenden Fehler, alle Abweichungen des Spiegels vom römischen Recht als Mißverständnisse des Spieglers zu brandmarken, so als ob der letztere seine Aufgabe darin erblickt hätte, das römische Reichsrecht darzustellen, und dieser Aufgabe infolge Unverständnisses der Quellen nicht gewachsen gewesen wäre.[95]) Vor diesem Fehler mußte den Leser des Rechtsbuchs schon der Umstand schützen, daß die Sätze des Spiegels bisweilen ausdrücklich auf abweichende Rechtsgewohnheiten des Ostens und des Westens hinweisen. So

---

Hubes so wiedergegeben wird, als ob er die Herrschaft des „römischen Rechts" über das grusinische Volk behauptet hätte.

[94]) S. dagegen die Bemerkung von Mitteis, Reichsr. S. 32, daß das syrische Rechtsbuch auf vorwiegend griechischer Grundlage ruhe.

[95]) Man vergleiche in dieser Hinsicht etwa die Darlegung von Bruns BS S. 188 (zu L 9): „Das Mißverständnis wäre gar zu grob". Oder S. 187 zu L 7. S. ferner unten. — Wie richtig Bruns das im Rechtsbuch verkörperte Prinzip im allgemeinen erkannt und formuliert hatte, geht auch daraus hervor, daß auf Grund dieser Untersuchungen auch schon Karlowa in seiner Rechtsgeschichte (I, 1885) zutreffend über die im Rechtsbuch enthaltenen „partikulären Rechtsbildungen oder Gewohnheiten" berichtete und sagte: „Es zeigt sich, daß die Haltung des römischen Rechts doch auch in dieser Zeit nicht überall ganz gleichförmig durchgeführt war, sondern partikulare Verschiedenheiten freiwillig zuließ oder doch dulden mußte; denn auch die kaiserliche Allmacht dringt mit ihren Konstitutionen nicht überall gegenüber hartnäckig widerstrebenden partikularen Rechtsbildungen durch." (S. 990).

etwa in P 40, wonach im Orient der Ehemann als δωρεά nur die Hälfte der φερνή einbringt, während im Okzident δωρεά und φερνή gleich hoch sein mußten, womit auf die uns aus dem römischen Reichsrecht bekannte Äquivalenz von dos und donatio propter nuptias hingewiesen wird.[96]) Oder in L 93, wo im ausdrücklichen Gegensatz zu den Völkern, die schriftliche Eheverträge nicht für wesentlich halten, für den syrischen Orient deren Schriftlichkeit fixiert wird. Hier verkannte schon Bruns nicht den volksrechtlichen Charakter der Norm. „Daß trotzdem im Orient das Erfordernis der Schrift festgehalten ist, ist sehr eigentümlich und bestätigt wieder, daß die Allmacht der kaiserlichen Gesetze doch ihre Grenzen hatte.“[97]) So deutete er zutreffend daselbst auch die das „consensus facit nuptias“ fixierenden Gesetze von Theodosius II. und Valentinian III. vom Jahre 428 (vgl. auch C 5, 4, 22), in denen das Fehlen von donationis vel dotis instrumenta sowie der dos selbst als unerheblich bezeichnet wird, als ein Zeichen des Kampfes zwischen Reichsrecht und Volksrecht. Dabei ergab sich ihm allgemein die Frage, ob die im Rechtsbuch im Gegensatz zum römischen Recht bei allen Kontrakten hervortretende Bedeutung der Schrift aus griechischer oder orientalischer Sitte herrühre.[98])

Das Intestaterbrecht des Spiegels erkannte Bruns sofort als dem römischen wesensverschieden (S. 181) und widmete, weit entfernt davon, dies etwa als Mißverständnis des Spieglers anzusehen, der Aufklärung der anderweiten Provenienz dieser Regelung eine eigene Untersuchung.[99]) Dabei lehnte schon er

---

[96]) Jetzt liegt in R I 31 ein ausdrücklicher Hinweis auf die römische Sitte dieser Art vor. Dagegen erwähnt derselbe Text in Abweichung von P 40, daß nach der Sitte des Orients zuweilen der Mann auch mehr brächte als die Frau, zuweilen nichts, ebenso wie die Frau. Siehe ferner R II 64. Dazu unten Abschn. 5.

[97]) BS S. 268.

[98]) BS S. 205.

[99]) S. 303—316.

gegen Rudorff den jüdischen Ursprung ab.[100]) Irrte Bruns hier auch prinzipiell darin, daß er sich die einheimische Rechtskultur Griechenlands als durch die römische beseitigt denkt,[101]) so zieht er insofern doch zutreffend für die Syrer einen „Kampf nur zwischen ihrem eignen und dem römischen Recht" in Frage, als Syrien nicht etwa zwischen dem römischen und einem dritten ortsfremden Recht zu wählen gehabt hätte, sondern es sich vielmehr nur um den Kampf zwischen römischem und einem in Syrien bereits eingebürgerten Recht handeln konnte. Bruns berücksichtigte zwar nicht, daß dieses letztere kein enchorisches und autochthones zu sein brauchte; aber er sah im Gegensatz zu allen früheren in gleicher Richtung Forschenden doch schon den Grundzug des siegreichen Kampfes des Volksrechts gegen das Reichsrecht. So nahm er für das Intestaterbrecht syrisches „Volksrecht" an.[102]) So zog er zu seiner der Vorarbeit auf diesem Gebiet stark entbehrenden Zeit[103]) in anderen abweichend geregelten Materien des Rechtsbuchs „unbekannte Quellen" in Betracht,[104]) aber auch „selbständige provinziale Rechtsbildung",[105]) „griechische Spekulation",[106]) „eigene Bemerkungen und Erfahrungen des Verfassers",[107]) der „unmittelbar aus dem praktischen Leben geschöpft",[108]) oder in anderem Falle kein

---

[100]) S. 314 ff. Daß Bruns hier bloß zu einem non liquet gekommen wäre, wie Mitteis, Reichsrecht S. 313, meint, kann ich nicht finden.

[101]) S. 315.

[102]) Mitteis nimmt bekanntlich griechischen Ursprung an. Wie sehr aber auch im Intestaterbrecht des Rechtsbuchs römischrechtliche Vorbilder wirksam sind, darüber Ferrini, Sav. Ztschr. 23, 104 ff. Über babylonische Konkordanzen vgl. Manigk, Sav. Ztschr. 27, 398 f. Letztere Beziehung bedarf noch eingehender Untersuchung.

[103]) Auch das Recht von Gortyn, das Mitteis zu wichtigen Aufschlüssen über die hellenische Provenienz des östlichen Volksrechts verwerten konnte, lag Bruns noch nicht vor.

[104]) S. 303.

[105]) S. 303. „Lokalsitte" S. 276 bei L 105.

[106]) S. 311.

[107]) S. 321.

[108]) S. 323.

Gesetz, sondern nur Sitte und Gewohnheit angeführt hätte.[109]) So ist ihm in einem andern Falle keine andere Erklärung möglich,[110]) als daß sich im Orient altes Recht provinziell erhalten hat. Und es ergab sich ihm schließlich, „daß unser Rechtsbuch der ganzen Justinianischen Gesetzgebung, auch den Pandekten und dem Kodex, einen unüberwindlichen Widerstand entgegengesetzt hat".[111]) So unglaublich es klänge, sei es doch unzweifelhaft richtig, daß das Rechtsbuch wenn nicht das Eindringen, doch jedenfalls die Fortdauer des Justinianischen Gesetzbuchs im Orient von Armenien bis nach Ägypten „vollständig vernichtet hat".[112])

Es war Bruns prinzipiell zwar klar, daß „natürlich Justinian seine Gesetzbücher für Syrien nicht weniger publiziert als für Armenien und überhaupt für alle Provinzen des Reiches, und sie haben daher zunächst jedenfalls volle gesetzliche Geltung daselbst erlangt".[113]) Aber Bruns sah hier doch als Erster den Kampf der Rechte.[114]) Er stellt schließlich neben die Ungenauigkeiten und Mißverständnisse des Verfassers, an denen es in jeder Version in der Tat nicht mangelt, als Grund für die Abweichungen vom römischen Recht die „partikularen, provinzialen oder lokalen Rechtsbildungen oder Gewohnheiten" und sagt, „daß die große Rechtseinheit des römischen Reichs doch selbst noch im 5. Jahrhundert allerlei partikulare Verschiedenheiten im Rechte zuließ, und mehr als man sich in der Regel denkt".[115])

[109]) S. 323.

[110]) S. 269. Dagegen hier jedoch Mitteis, Reichsr. 226 A. 2 (C 6, 23, 5).

[111]) S. 331.

[112]) S. 331. Es sei ferner noch verwiesen auf gelegentliche Bemerkungen wie S. 189 Abs. 2, 226 zu § 58, 268, 270.

[113]) S. 332.

[114]) S. dagegen Mitteis, Reichsrecht S. 10 u. 2 Anm. 1. Vgl. auch den Satz von Bruns S. 331 unten: „In dieser Zeit schon muß es sich im praktischen Gebrauch fest eingebürgert haben, sonst hätte es durch Justinians Gesetze vollständig erdrückt werden müssen".

[115]) BS 336.

Dagegen hat neuerdings Mitteis in der die drei R-Versionen einführenden Abhandlung[116]) die Meinung von Bruns, daß das Rechtsbuch sich dem justinianischen Recht gegenüber unverändert[117]) behauptet hätte, als sehr kühn bezeichnet. Aber Mitteis warf in „Reichsrecht und Volksrecht" Bruns doch vor, daß er den eigentlichen volksrechtlichen Charakter des Rechtsbuchs lange nicht genügend gewürdigt (S. 10), und daß er sich das Gebiet des Partikularismus zu gering gedacht hätte. Mitteis erwähnte dort unter den rühmenswerten Ausnahmeerscheinungen, die im Gegensatz zur herrschenden Lehre einen Schritt zur Erkenntnis der Volksrechte getan hätten, in dem Abschnitt „Literatur" die Vorarbeit von Bruns überhaupt nicht.[118]) Damit schwer zu vereinen ist es, wenn Mitteis jetzt Bruns bei seiner Stellungnahme zum Volksrechtsproblem zu große Kühnheit vorwirft und sagt: „Man mag vom Bestand volksrechtlicher Anschauung und Praxis im römischen Reich noch so sehr überzeugt sein, so wird man es doch nicht glauben können, daß es ganze Landstriche gegeben habe, für welche Justinian einfach nicht geschrieben hatte. Auf einen solchen Zustand, der die reine juristische Anarchie bedeuten würde, führen keinerlei Spuren; im Gegenteil gewinnt man durchaus den Eindruck, daß die Gesetzgebungsmaschine überall hin, wenn auch gewiß nicht tadellos, so doch recht erträglich zu wirken vermocht hat."[119]) Von letzterer Auffassung war m. E. niemand mehr durchdrungen als Bruns. Vgl. insbesondere seine oben (389 bei A. 113) zitierte

---

[116]) Abh. S. 36.

[117]) Mitteis gibt keine Ortsangabe dieses Zitats aus Bruns. So wie es Mitteis formuliert, habe ich die Ansicht von Bruns nirgends ausgedrückt gefunden. S. dagegen die obigen Zitate.

[118]) Reichsrecht S. 6 f. Vorher S. 2 Anm. 1 tritt diese Beurteilung der Brunsschen Leistung ausdrücklich hervor. Mitteis sieht die Lehre von der ausschließlichen Geltung der römischen Gesetze gerade in Bruns Kommentar deutlich hervortreten. Siehe dagegen oben (386 A. 95).

[119]) Ak. Abh. 36 f.

Äußerung. So zaghaft Bruns in der Konsequenz der Anerkennung des Partikularismus gewesen ist, so wenig kühn scheint er mit seiner Volksrechtstheorie gewesen zu sein.

5.

Sachau war in BS von der Meinung ausgegangen, daß die damals vorliegenden, aus verschiedenen Jahrhunderten stammenden Versionen, wenn auch jeder ihrer Verfasser bis zu einem gewissen Grade „ein neuer Redaktor" wäre,[120]) inhaltlich dasselbe Recht wiedergäben und „hauptsächlich nur in zwei Punkten von einander abwichen", nämlich in Umfang und Art der Übersetzung. „Dagegen von solchen Differenzen, welche aus einer Entwicklung der betreffenden Rechtssätze erklärt werden müßten, findet sich kaum eine Spur. Der materielle Inhalt des Buches ist durch alle Versionen, durch alle Jahrhunderte hindurch derselbe geblieben."[121]) Diese Meinung des philologischen Herausgebers war natürlich[122]) auf den durch Bruns verfaßten rechtshistorischen Erläuterungen aufgebaut. Unter dem Eindruck der verschiedenen Einwände, die Mitteis gegen diese Kennzeichnung der Versionen gemacht hat, bekennt sich Sachau jetzt zu der Anschauung, daß sich in den jüngeren Bearbeitungen Spuren des Corpus iuris Justinians fänden,[123]) allerdings mit dem Zusatz „aber nur sehr geringe". Mit seiner sonstigen Auffassung scheint jenes Zugeständnis nicht sehr zu harmonieren; denn Sachau fügt daran die Bemerkung, daß das Corpus iuris niemals ins Syrische übersetzt worden und ein Jahrhundert nach der Publikation des Corpus iuris die Herrlichkeit des Römischen Reichs vom Boden Syriens weggefegt gewesen wäre.

---

[120]) BS 172.

[121]) S. 164.

[122]) S. 165 beruft sich Sachau ausdrücklich auf den juristischen Kommentar.

[123]) S S. X.

Ich muß gestehen, daß ich den von Mitteis angeführten Argumenten dafür, daß das Rechtsbuch auch justinianische Rechtssätze enthalte, schon früher bedenklich gegenüberstand, wenn sich auch die Möglichkeit eines späteren Übergangs solcher Rechtssätze in das Rechtsbuch prinzipiell natürlich nicht bestreiten ließ. Jene Bedenken wurden durch einige Beobachtungen an den vorliegenden neuen Versionen gestützt. Mitteis[124]) ging von der Feststellung Sachaus aus, daß L aus dem Anfang des 6. Jahrhunderts, P, Ar und Arm dagegen aus dem 12. Jahrhundert stammten. Er glaubte daher, daß Rechtssätze, die sich nicht in L, dagegen in der jüngeren Gruppe fänden, hier auf dem Einfluß selbständiger Rechtsquellen beruhen müßten. Ohne daß wir hier in die Würdigung aller dort beigebrachten Argumente eintreten können, erweist sich das auf P 40 und L 93 beruhende Hauptargument, auf das Mitteis auch jüngst in der Akadem. Abhandlung[125]) wiederholt zurückkommt, als nicht stichhaltig und seine frühere Polemik[126]) gegen Bruns, der den angeblichen inhaltlichen Widerspruch zwischen L 93 und P 40 übersehen hätte, als nicht begründet.

Zunächst ist ein inhaltlicher Widerspruch zwischen jenen beisen Texten m. E. nicht zu erkennen. In L 93 wird, wenn wir zur Klärung des Inhalts die Parallelstellen P 41 b, Ar 52 und Arm 52 heranziehen und uns an die Hauptsache halten, im Anschluß an eine zunächst geschilderte, bei vielen Völkern bestehende consuetudo, gemäß deren die Ehe ohne schriftlichen Vertrag über dos und donatio p. n. lediglich durch *παρρησία* zustandekäme, diese formlose Art auch für den Bereich des Rechtsbuchs rechtlich zugelassen.[127]) In P 40 wird dagegen

[124]) Reichsrecht S. 544.

[125]) Abh. S. 31 insbesondere bezeichnet Mitteis es als sicher, daß die P-Gruppe zum Teil nachjustinianisch ist. P 40 können nur auf nov. 97 Justinians beruhen.

[126]) Reichsr. S. 291 ff.

[127]) In dem Zitat von L 93 läßt Mitteis a. a. O. S. 290 den letzteres fixierenden Passus aus.

sichtlich nur die Verschiedenheit der orientalischen und der okzidentalen (römischen) Gewohnheit hinsichtlich des Wertverhältnisses von dos und donatio festgestellt und anerkannt.[128]) Bruns hat darin m. E. mit Recht nichts Anstößiges gefunden. Die orientalische Sitte der Errichtung von schriftlichen Eheverträgen über dos und donatio liegt sichtlich auch der in L 93 enthaltenen Norm zugrunde. Im Gegensatz zu dieser dem Spiegler zunächst liegenden Sitte wird in L 93 aber auch eine abweichende anerkannt und zugelassen. Wenn nun in P 40 näheres über das — Abweichungen zulassende — Verhältnis von dos und donatio angegeben wird, so widerspricht dies nicht jenem Rechtssatz, ebensowenig wie es sich etwa widerspricht, wenn Justinian in Nov. 97 die aequalitas von dos und donatio anordnet, dagegen in C 5, 3, 20, 5 oder 5, 27, 10, 11 und sonst das Fehlen der donatio beim Eheschluß für zulässig erachtet und den Satz consensus facit nuptias durchführt.

Der Gegensatz, den Mitteis zwischen jenen beiden Rechtssätzen verschiedener Versionen des Spiegels erblickt, und durch den er die Ansicht stützt, daß diese Versionen einen zeitlich aufeinanderfolgenden Rechtszustand ausdrücken, bestünde im übrigen schon innerhalb derselben Version; denn P 41 b und 40 wären ebenso unversöhnlich miteinander; entsprechend jetzt R II 51 und 52.

R II läßt uns jetzt überdies erkennen, daß auch die vorjustinianische Version L beide Bestimmungen nebeneinander enthalten hat. In L 92, also dem der interessierenden Bestimmung vorausgehenden Paragraphen, fällt die Notiz des Herausgebers auf: „Anfang fehlt."[129]) Der Anfang ist uns jetzt vollständig in R II 51 überliefert. Die hier gegebenen Bestimmungen ent-

---

[128]) Daß jetzt überdies P 40 durch R I 31 erheblich korrigiert wird, wurde schon oben A. 96 hervorgehoben. Danach enthielt das angegebene Recht des Ostens keine zwingende Norm.

[129]) BS S. 26.

sprechen aber ganz P 40 und enthalten auch die angegebene Schilderung des verschiedenen Verhältnisses von dos und donatio im Osten und Westen. Schon die vorjustinianische Version L enthielt also beide Bestimmungen nebeneinander.

Freilich wäre auch hier der Einwand möglich, daß in L wie in P später Justinianisches Recht nachgetragen und dort unbekümmert neben das alte Recht gestellt wäre. Mitteis geht sogar noch weiter und hält es, ohne eine sichere Entscheidung geben zu wollen, für möglich, daß L überhaupt erst zur Zeit Justinians verfaßt sei.[130] Er sucht dies aus dem Verhältnis von L 3 und 6 zum Justinianischen Recht zu erhärten. Es wird aber die Möglichkeit, daß orientalische Gewohnheiten der vorjustinianischen Zeit in die Justinianische Gesetzgebung lediglich übergegangen sind, und diese kein neues Recht schafft, überall offen gehalten werden müssen. Wo wir einen Satz des syrischen Rechtsbuchs aus dem klassischen Recht nicht belegen können und erst bei Justinian finden, sind wir, was auch Mitteis zugeben wird, nicht ohne weiteres zu der Annahme berechtigt, daß jener syrische Satz unter dem Einfluß Justinians steht. Es kann auch umgekehrt sein; es kann sich aber auch um anderweit beeinflußte Rechtsbildungen handeln. So enthält L 3, wozu schon Mitteis selbst[131] neigt, kaum erst durch Justinian geschaffenes Recht. Vielleicht ist der dortige „Freibrief" sogar etwas ganz anderes als die in C 8, 47, 11 fixierte Form: actis intervenientibus apud competentem iudicem manifestare. Ersterer wird anscheinend dem Emanzipanden ausgehändigt, letztere besteht dagegen in mündlichen Erklärungen, die der Richter zu Protokoll nimmt. Daß der „Freibrief" bei der Freilassung nicht mit dem richterlichen Protokoll identisch ist, lehrt auch R II 36.

Was dagegen L 6 betrifft, so ist gegenüber der Argumen-

---

[130]) Abh. 35.

[131]) S. 33 f.

tation von Mitteis[132]) zunächst zu bemerken, daß das syrische Rechtsbuch auch den tutor dativus kautionspflichtig macht, und zwar bedingungslos, was durch R I 4 Abs. 2 und R II 4 Abs. 7 erwiesen wird. An sich könnte also auch in L 6 an tutela dativa des mütterlichen Großvaters über die Enkel gedacht sein. Dennoch möchte ich dies auch im Gegensatz zu Bruns[133]) nicht stark in Betracht ziehen. Die kurze Rechtsnorm L 6 erscheint jetzt nämlich als Teil von R I 3, wo offenbar nur Fälle der tutela legitima behandelt werden, während die tutela dativa in R I 4 getrennt behandelt und als solche ausdrücklich gekennzeichnet wird. Aber einerseits ist die Möglichkeit, daß Justinian auch in Nov. 118, 5 nicht neues Recht schafft, nicht von der Hand zu weisen. Das Kognationsprinzip ergriff auch das Vormundschaftsrecht allmählich und parallel dem Erbrecht. Z. B. hat das von Justinian in C 5, 35, 3 fixierte Recht der Mutter auf tutela über ihre liberi naturales seinen Ursprung mindestens schon in einem Gesetz Valentians vom Jahre 390: C 5, 35, 2, welches die Mutter allgemein zur Vormundschaft berief. Und der emanzipierte Bruder gelangt schon nach C 5, 30, 4 (a. 498) zur Vormundschaft über Brüder, Schwestern und die Kinder seiner Brüder. — Andererseits muß die Möglichkeit, daß der in L 6 erteilte Bescheid auf anderer als römischer Rechtsprovenienz beruht, berücksichtigt werden; weicht doch das Vormundschaftsrecht des Spiegels auch sonst vielfach vom römischen Recht ab.

Was nun P § 40 und sein Verhältnis zu Justinians Nov. 97 betrifft, so scheinen auch hier die Gründe dafür, daß die syrische Norm durch die letztere beeinflußt und daher jünger sei als diese, nicht zwingend.[134]) Die Nov. 97 nimmt in praef. selbst

[132]) S. 34 bei b.

[133]) BS 186 f.

[134]) Auch der Meinung von Mitteis, Reichsr. S. 226, daß nach L 93 und P 40 Mitgift und Eheschenkung „zur Gültigkeit der Ehe erforderlich" seien, ist nicht beizutreten. Die Folgen des Mangels von φερνή und δωρεά sind beschränkter Natur. Jetzt trägt Mitteis, Abh. 20, übrigens Bedenken,

auf eine antiqua lex dieses Gegenstandes Bezug und stellt sich die Aufgabe zu ermitteln,

> quid volens nobis antiqua lex super dotis instrumentis mensuram quidam pactionum nuptialium inter alterutros aequam esse et masculos et feminas vult et aequalitatem pensat...

Dieses ius aequalitatis, nach dem dem Mann durch die dos kein größerer Gewinn zufallen solle als der Frau durch die donatio, hat die vorjustinianische Gesetzgebung mehrfach beschäftigt. Die praefatio berichtet weiterhin über eine der genannten vorhergehende Gesetzgebung:

> Hoc autem non multum prius quaesivit, ut ipsorum, quae dantur, aequae sint mensurae,

wobei die Feststellung des Unterschiedes dieser sich folgenden Gesetzgebung trotz der vielen Worte, die auch diese Novelle darüber macht, unmöglich ist. Offenbar beschäftigte sich aber auch diese ältere Gesetzgebung mit derselben Frage der aequa mensura beider Gaben.

In welchem Verhältnis die hier von Justinian erwähnten früheren Gesetze zur Leoninischen Dotalgesetzgebung standen, kann hier nicht näher untersucht werden. Sicher befaßt sich aber auch die letztere schon mit dem ius aequalitatis, worauf Justinian in Nov. 22, 20 ausdrücklich hinweist. In Übereinstimmung damit führt die arabische Version des Spiegels in dem auch sonst beachtlichen § 51 (entsprechend Arm 45) die die aequalitas regelnde Norm gerade auf Leo zurück, wodurch allein schon die Ansicht, daß P 40 justinianisches Recht enthalte, erschüttert wird.

Daß Leo das ius aequalitatis gesetzlich behandelt hat, sehen wir bereits an C 5, 14, 9 (a. 468); es müssen aber offenbar noch andere Gesetze dieses Kaisers über diesen Gegenstand vorgelegen haben, die der Cod. Just. nicht aufweist; denn Justinian

---

die Kinder einer Frau ohne φερνή (L 36) als uneheliche anzusehen, und bezeichnet eine Frau ohne φερνή als eine solche mit einem ἄγραφος γάμος.

bezieht sich C 5, 14, 10 auf ein Gesetz Leos, das die Folgen eines gegen das ius aequalitatis verstoßenden Ehevertrages nicht festgesetzt hätte, und fixiert dessen Nichtigkeit. Das in c. 9 vorliegende Gesetz Leos kann damit kaum gemeint sein, denn es sieht in § 2 die Nichtigkeit eines solchen Ehevertrages ausdrücklich vor. Oder sollte Justinian dies übersehen haben? Da mit einer derartigen Flüchtigkeit kaum zu rechnen ist, hat Justinian wohl auch in C 5, 3, 20, 7 nicht die genannte Constitutio Leonina von 468 im Auge, wie zwar bisweilen angenommen wird.

So stehen auch die von Mitteis[135]) erwähnten Gesetze Valentinians und Majorians, durch die in den Jahren 452 und 458 die aequalitas von dos und donatio im Westreich angeordnet wurde,[136]) im Einklang mit den Angaben des Spiegels. S. unten. Nur eine des gesetzlichen Eingriffs bedürftige ambiguitas scheint die vorjustinianische Gesetzgebung aufgewiesen zu haben, insofern als die vorgeschriebene aequalitas dadurch umgangen werden konnte, daß die Parteien im Ehevertrage für den Fall der Lösung der Ehe zwar den beiderseitigen Verfall gleicher Teile von dos und donatio stipulierten, daß aber beiderseits verschiedene Beträge bei der datio dotis et donationis gewählt wurden. Sagte der Mann für den Lösungsfall der Frau etwa 1/4 zu, und ebenso — das ius aequalitatis scheinbar einhaltend — die Frau dem Manne, so war das Ergebnis ein ungleiches. Diese Möglichkeit will Justinian verschließen und den ursprünglichen Zweck der früheren einschlägigen Gesetzgebung lediglich besser durchführen. Leos Gesetz steht nach C 5, 14, 9, 1 anscheinend auf dem Standpunkt der Freiheit des Maßes der Gaben bei der Bestellung,[137])

[135]) Reichsr. 294 A. 1. P 40 spricht übrigens vom Westen als dem Bezirk der aequalitas, und Arm 45 und R II 51 rechnet dazu Konstantinopel. Jetzt s. R I 31 und oben Anm. 96.

[136]) Nov. Valent. III 34 §§ 8, 9. Nov. Maior. 6 § 9.

[137]) Bei dieser Annahme stören nur die wieder die aequalitas betonenden Worte: et marito similiter ante nuptias donationem.

die nur für den eigentlichen Fall des Gewinnes vom Prinzip der aequalitas ergriffen werden sollen. Ist dies zutreffend, so wäre das alte Gesetz, das Justinian in Nov. 97 pr. in dem Sinn erwähnt, daß es das Maß der Gabenbestellung (quae dantur aequae sint mensurae) geregelt hätte, offenbar nicht diese const. Leon. Jedenfalls erscheint die Justinianische Regelung bei der ziemlichen Unklarheit der früheren Ordnung des Gegenstandes[138]) von dem Zweck getragen, effektive aequalitas zu erzielen, und Justinian scheint insofern bei Bruns im ganzen richtig beurteilt worden zu sein.[139]) Daß es Justinian nicht gelang, mit seinem Gesetz die andere consuetudo des Orients zu beseitigen, zeigt uns gerade das Rechtsbuch. Auch hier traf der oben bei Anm. 97 erwähnte Satz von Bruns zu, „daß die Allmacht der kaiserlichen Gesetze doch ihre Grenzen hatte". Das Rechtsbuch läßt jedem Kreise sein lokales Recht. So ausdrücklich R II 51 Abs. 4. Gegenüber der Angabe des Abs. 5 ist jetzt aber auf Timotheos (S II) § 62 zu verweisen, wonach sich das ius aequalitatis auch im Orient einbürgerte. Dazu unten S. 412. S. aber auch R II 64 = L 13 und dazu Bruns BS 191.

Auch R II § 127, den Mitteis[140]) den vielleicht interessantesten in dem gesamten Inhalt der neuen Handschriften nennt, beweist nicht Justinianische Abkunft. Der dortige Rechtssatz bestimmt dem Testamentserben ein spatium deliberandi von 11 Monaten. L 12, P 5, Ar 6 und Arm 7 erwähnen dieses spatium nicht. Mitteis erblickt in R II 127 einen so gut wie unumstößlichen Beweis dafür, daß R II nachjustinianischer Herkunft ist. Zunächst will er dies aus der veränderten Natur der Justinianischen Frist von C 6, 30, 22, 13 folgern. Das spatium

[138]) Justinian berichtet in nov. 22, 20 über den jüngsten Rechtszustand dahin, daß inaequales oblationes secundum quantitatem nicht verboten, nur inaequalia pacta verboten seien.

[139]) BS 295 f. S. a. S. 201. Dagegen Mitteis, Reichsr. 292.

[140]) Abh. 48.

deliberandi reicht aber doch weit in die Entwicklung des römischen Erbrechts zurück.[141]) Justinian selbst nimmt in pr., §§ 1, 13a, 14 und 14a jener Konstitution auf die früheren das Deliberationsrecht des Erben regelnden Gesetze Bezug. Es ist kaum zu bezweifeln, daß sich dabei gewohnheits- und satzungsgemäß Deliberationsfristen ausgebildet hatten. Auch Justinian gibt aber mit der a. a. O. fixierten Frist von 9 Monaten bzw. 1 Jahr „keine absolut bestimmte Frist". Es sollen damit gemäß § 13a nur gesetzliche Maxima fixiert werden,[142]) unter die je nach Lage des Falles Kaiser oder Richter heruntergehen können. Beide Instanzen sind auch beliebig zur Wahl gestellt. Wer die Frist von 1 Jahr wünschte, mußte vor den Kaiser gehen. Dieser Weg erscheint nicht als außerordentlicher.[143]) In welcher Natur dieser Deliberationsfrist das „sachlich wahrhaft Neue" liegen solle, ist danach nicht ersichtlich.

Die 11monatige Frist des Spiegels sucht Mitteis nun als aus der „ordentlichen" Justinianischen Deliberationsfrist von 9 Monaten und der Inventarfrist von 60 Tagen zusammengesetzt zu erklären. Aber diese Berechnung[144]) scheitert doch daran, daß die Justinianische Inventarfrist nicht auf 60 Tage, sondern auf drei Monate zu fixieren ist. C 6, 30, 22, 11. Und es wäre ferner nicht einzusehen, aus welchem Grunde R II 127 noch zu

---

[141]) Vgl. etwa Karlowa, Röm. Rsgesch. II 896 ff. Und Gai II 170.

[142]) . . . non tamen amplius ab imperiali quidem culmine uno anno, a nostris vero iudicibus novem mensibus, ut neque ex imperiali largitate aliud tempus eis indulgeatur.

[143]) Vgl. die Darstellung in § 13a c. c.

[144]) Die Angabe von 60 Tagen oder 2 Monaten findet sich zwar auch sonst. Vgl. Girard-v. Mayr, Gesch. u. Syst. II S. 973. Justinian fixiert aber in C 6, 30, 22, 11 in Übereinstimmung mit § 1b die Frist ausdrücklich auf 3 Monate (bzw. 1 Jahr). Er erklärt in § 2a, daß die dortigen 60 Tage „alii" seien, d. h. zu den in § 2 fixierten 30 Tagen hinzukämen. S. dagegen Mitteis S. 49. Übrigens hat Sachau jetzt auch seine Übersetzung von R II 127 an der von Mitteis dort verwerteten Stelle gegen früher geändert.

einer Addition der beiden Fristen kommen sollte. Justinian betont § 13 ausdrücklich, daß die 9monatliche bzw. jährige Frist um nichts verlängert werden dürfe, und verläßt diesen Grundsatz sichtlich auch nicht für den in § 14 behandelten Fall einer nebenhergehenden Inventarerrichtung.[145]) Wie wenig der Spiegler hier Justinians Neuerungen vor Augen hatte, ergibt sich daraus, daß das syrische Rechtsbuch das beneficium inventarii überhaupt nicht kennt, sondern die unbedingte Schuldenhaftung des Erben, der einmal angetreten hat, ausspricht. L 83, R I 45.

6.

Sachau hat von jeher[146]) die Meinung vertreten, daß der syrische Spiegler nicht aus dem lateinischen Original, sondern aus einer griechischen Vorlage übersetzt habe. Diese Meinung wurde durch den Londoniensis nahegelegt. Woher sollten die fast in jedem Paragraphen sich findenden Gräzismen stammen als aus einer griechischen Version? Mitteis[147]) hat diese Annahme inzwischen auf Grund der R-Versionen weiter gestützt, und Sachau betont sie in der vorliegenden Edition[148]) aufs neue.

Diesem von so gewichtiger Seite vertretenen Standpunkt soll hier nicht widersprochen werden. Es scheint in der Tat manches für die Annahme einer griechischen Vorlage zu sprechen. Nur dürfte von einem sicheren Nachweis derselben, wie er meist behauptet wird, nicht die Rede sein. Es können verschiedene

---

[145]) Gegenüber der anderen Auffassung von Mitteis a. a. O. S. 49 [unten] ist zu bemerken, daß im § 14 c. c. bei erbetenem spat. delib. zwar weder die in § 2 fixierten 30 Tage in Frage kommen, aber ebensowenig die weiteren 60 Tage, die der § 14 gleichfalls nicht erwähnt. Die 3-monatliche und die 9-monatliche Frist schließen sich aber nach den ihnen zugrunde liegenden Voraussetzungen dieser Konstitution aus, die von § 13 ab einen ganz anderen Fall regelt.

[146]) BS 155 ff. Ihm folgte Bruns 324 f. und seitdem die gesamte Literatur.

[147]) Abh. 27 f.

[148]) S. VIII.

Bedenken nicht unterdrückt werden, die sich gegen die Begründung jener Annahme aufdrängen, und die eine Revision der bisher üblichen Begründung wünschenswert machen.

Zunächst fragt man, welchem Bedürfnis in der hierfür anzusetzenden Zeit eine griechische Gesamtversion zu entsprechen gehabt hätte. Sachau[149]) datiert die Entstehung der ältesten Bestandteile des Rechtsbuchs in vorkonstantinische Zeit hinauf. Nehmen wir ihm folgend[150]) weiter an, daß jener älteste Kern in der Patriarchatskanzlei zu Antiochia entstand, so fragt es sich sofort, ob dieser Kern mit dem Original identisch ist, das Sachau immer schon seither als lateinisch abgefaßt kennzeichnete.[151]) Andrerseits würde die Entstehung einer griechischen Ausgabe des Rechtsbuchs in Syrien den hellenisierenden Neigungen dieser Provinz nur entsprochen haben. Man braucht nicht mit Mommsen[152]) seit Beginn der Kaiserzeit geradezu die sprachliche Alleinherrschaft des Griechischen in Syrien anzunehmen; aber die hellenischen Einflüsse in diesem „asiatischen Makedonien" lassen sich nicht verkennen. Mommsen übersah auch nicht das spätere Wiedererstehen des syrischen Idioms, das sich auch in dem stärkeren Betonen der aramäischen Schriftsprache ausdrückt. Er schrieb diese Erscheinung aber nicht einer Ermannung des syrischen Nationalgefühls zu, sondern — was uns gerade angesichts der vorliegenden Rechtsquellen interessieren muß — dem unmittelbaren Bedürfnis der christlichen Propaganda.[153])

---

[149]) S S. IX.

[150]) S. VIII.

[151]) BS S. 156.

[152]) Mommsen, Röm. Gesch. V, 451. Gegen Nöldekes abweichende Grundauffassung in der Frage der Hellenisierung Syriens Mitteis, Reichsrecht S. 26, 29. Wie unselbständig und fremden Einflüssen stark zugänglich die syrische Kultur in früheren Epochen immer gewesen ist, darüber vgl. Ed. Meyer, Gesch. d. Altert.[3] (1909) I, 2 S. 389 f. u. 601 ff.

[153]) A. a. O. S. 453 mit näherer Ausführung. Vgl. zum Charakter der

Kommt dazu, daß direkt aus dem Lateinischen geflossene Übersetzungen ins Syrische in der älteren Literatur dieser Zeit sonst nicht vorkommen,[154]) so scheint von diesen festen Punkten aus die Annahme einer griechischen Version des Rechtsbuchs recht nahe zu liegen. Von diesem Standpunkt ergibt sich aber die Frage, was den syrischen Übersetzer veranlaßt haben sollte, die zahlreichen sich in seinem aramäischen Text findenden Gräzismen unübersetzt stehen zu lassen. Davon, daß er sie nicht verstanden hätte, kann nicht die Rede sein. Wer sich an eine derartige Gesamtübersetzung eines juristischen Werkes aus dem Griechischen machte, hätte die Bedeutung von Worten wie *τιμή*, *φερνή*, *δωρεά* usw. natürlich gekannt. Es ist auch nicht zu verkennen, daß die Gräzismen in der Übersetzung in der Regel auch mit Verständnis verwendet werden. War aber eine griechische Version des Rechtsbuchs im 5. und 6. Jahrhundert[155]) nicht mehr brauchbar und bedurfte sie der Übersetzung, so ist nicht begreiflich, warum so zahlreiche Gräzismen stehen blieben. Sie wären dann auch übersetzt worden.

Die Version L beginnt mit den Worten: „Weltliche aus dem Römischen in das Aramäische übersetzte Gesetze.“ Dieser bedeutsame Umstand kann nicht einfach dadurch beiseite geschoben werden, daß damit nicht das Lateinische, sondern das Griechische gemeint sei.[156]) Der Autor von L hält die Begriffe der römischen und griechischen Sprache sonst streng auseinander. Das zeigt sich deutlich z. B. § 1 Abs. 8 und 9: „Römisch heißt er

syrischen Literatur überhaupt auch R. Duval, Litt. chrét. l. c. p. 13 f., 190, 308 ff.

[154]) BS 156.

[155]) Die älteste uns bekannte syrische Version L ist 510—520 entstanden. Sie ist aber nicht die älteste syrische überhaupt. Auch Sachau S I. XVII nimmt an, daß L noch durch eine gewisse Spanne Zeit von der ersten Übersetzung des griechischen Originals getrennt sein müsse.

[156]) BS 155. Im allgemeinen ist der aramäische Ausdruck Romaïa = Romanus allerdings doppelsinnig, da er entsprechend dem späteren und bis heute nachwirkenden allgemeinen Sprachgebrauch soviel heißt wie byzantinisch.

agnatus" und dann „Römisch heißt er cognatus". Andererseits § 39 Abs. 3: „... was griechisch genannt wird ἁπλῆ ὠνή." S. a. §§ 11, 94 Abs. 3, 121. Wenn die Canones, die mit dem Londoniensis unter Bl. 1—151 zusammengebunden überliefert sind, nach der Unterschrift aus dem Griechischen ins Aramäische übersetzt sind,[157]) so scheint hier also ein bewußter Gegensatz zu der entsprechenden Notiz am Eingange von L vorzuliegen.

Als speziellen Beweis für die Annahme einer griechischen Vorlage führt Sachau die im Text von L vorkommenden gräzisierten Latina wie λεγατόν, ἰουγόν, πεκούλιον, ῥεπούδιον, ἐμαγκίπατοι, ἐνδικτίων[158]) an. Außer diesen kämen noch andere lateinische Wörter vor, deren Form für den Durchgang durchs Griechische nach Sachau aber nicht strikt beweisend sei.[159]) Ist aber der Durchgang jener Worte durchs Griechische allein durch die Annahme einer griechischen Gesamtversion des Rechtsbuchs erklärlich?

Es wäre eine andere Erklärung dieser und der zahlreichen anderen Gräzismen ohne Annahme einer griechischen Vorlage aus der syrischen Sprache selbst möglich, die den erwähnten hellenischen Einflüssen ganz besonders zuneigte. Das Gemeinsyrische ist stark mit Gräzismen aller Art durchsetzt. Das griechische Sprachidiom lag nicht etwa nur dem schriftgelehrten Syrer nahe, auch die populäre Ausdrucksweise weist eine starke Neigung zu griechischen Entlehnungen auf.[160]) Finden wir im Text des Rechtsbuchs Worte wie legaton, peculion u. a., so ist zu beachten, daß entsprechend z. B. ein Wort wie balneon = Bad

---

[157]) BS 153.

[158]) Sachau hätte diese Worte in seiner Übersetzung natürlich auch lateinisch schreiben können: legaton, repudion etc., da sie in seiner Vorlage in aramäischen Buchstaben stehen.

[159]) BS 156.

[160]) Vgl. etwa Brockelmann, Lexicon syriacum. S. a. Nöldeke, Die semitischen Sprachen (1887) S. 39.

dem gemein-aramäischen Sprachschatz angehört. Der gemeinsame Stamm von nâmôsâ = Gesetz und νόμος, um nur zwei in allen syrischen Rechtsbüchern beiderseits oft vorkommende Worte zu wählen, ist unverkennbar. Oben (S. 362) wurde ferner bei R II 32 schon auf das aramäische rhabôna (von ἀρραβῶν) hingewiesen. Wir haben auch in den syrischen Rechtsbüchern des 2. Bandes der vorliegenden Edition Sachaus ein ausgezeichnetes Erkenntnismittel dafür, daß das juristische Aramäisch selbst noch des 8. und 9. Jahrhunderts ohne griechische Lehnworte nicht auskommt, wenn diese hier auch schon — ähnlich wie in den jüngeren Versionen des syrisch-römischen Rechtsbuchs — weit spärlicher zu finden sind. Der Text der Rechtsbücher der Patriarchen Chenanischo, Timotheus und Jesubarnun weist häufig die Worte φερνή und δωρεά auf, die danach gebräuchliche termini der aramäischen Rechtssprache geworden zu sein scheinen; es finden sich aber auch oft νομή, ferner ἐπίτροπος, δικαστήριον, τιμή, und kirchenrechtliche Ausdrücke wie χειροτονία, ἐπισκοπεῖον, εὐχαριστία u. a. m. Eine griechische Vorlage kommt bei diesen Schriften nicht in Frage. Die Gräzismen beruhen auf der eignen Ausdrucksweise ihrer Autoren.[161]) Auch die Rechtsbücher des 3. Bandes weisen vereinzelt Gräzismen auf, die hier auch nur der Feder des syrischen Redaktors entstammen können. Der Patriarch Mâr Abhâ spricht in § 18 (p. 281) insbesondere von φερνή, der Metropolit Jesubocht von προθεσμία (p. 183 bei VII); νόμοι kommt öfters vor: p. 5, 9, 15.[162])

---

[161]) Die Erklärung Partschs, Sav. Ztschr. 30, 368, daß der Gebrauch von δωρεά, φερνή, νομή bei den Patriarchen immerhin auf die Benützung des syrisch-römischen Rechtsbuchs zurückgehen könne, ist unwahrscheinlich. Dazu sind die Patriarchenschriften inhaltlich zu selbständig. Die Gräzismen treten hier in anderen Sätzen und Gedankenzügen auf. Ihr Kreis ist auch ein abweichender.

[162]) Dagegen mußte Sachaus Übersetzung von p. 77 § 7 schon oben dahin richtig gestellt werden, daß der Originaltext Jesubochts hier nicht das Wort δωρεά führt, dies vielmehr von Sachau in der Übersetzung eingeführt wird.

So taucht die Möglichkeit auf, daß auch der syrische Übersetzer unseres Rechtsbuchs die Gräzismen selbst geschaffen hat. Vielleicht wollte er gewisse Worte des lateinischen Urtextes dem Verständnis der syrischen Kleriker und sonstigen Leser näher bringen, zumal da, wo die syrische Sprache keinen treffenden juristischen Terminus aufwies. Sachau selbst berichtet,[163]) daß die syrische Literatur der fraglichen Zeit eine im Detail ausgebildete juristische Terminologie nicht aufzuweisen hätte. Hier half man sich mit griechischen Lehnworten. Dem entspricht es, daß sich in unserem Rechtsbuch Gräzismen gerade bei juristischen Termini einstellen. Aus possessio wurde *νομή*, aus pretium *τιμή*, aus donatio *δωρεά*, aus dos *φερνή*, aus tutor *ἐπίτροπος*, aus depositum *παραθήκη*, aus simplaria venditio (D 21, 1, 48, 8 und dazu Bruns in BS 207 f.) *ἁπλῆ ὠνή* usw.[164]) Das Wort legatum des Originals wird wie auch andere Latina, wie oben angegeben, regelmäßig mit der gräzistischen Endung, die dem Syrer vertrauter war, wiedergegeben. Ein entsprechendes Wort hatte seine Sprache nicht aufzuweisen. Sie kannte nur eine hereditas und legatum zugleich bedeutende Vokabel.[165])

Manche Bedenklichkeit des Textes, die Sachau mit der später eintretenden mangelhaften Kenntnis des Griechischen begründet, würde sich von unserem Standpunkt auch erklären lassen. So z. B. R II § 2, wo die Zusätze „Befehlshaber" und „inquisitor" durch Schwierigkeiten erklärt werden könnten, die das lateinische Original bzw. eine spätere syrische Übersetzung machten.[166]) Auch wo gewisse Stellen späterer Redaktionen auf offenbarer Unkenntnis griechischer Termini beruhen, sind wir nicht genötigt, eine griechische Version als Urtext anzunehmen; es kann sich um eingestreute Gräzismen älterer syrischer Ver-

[163]) BS 158.

[164]) Vgl. die Verzeichnisse BS 156 f., 160 und jetzt S I 210 f. S. aber auch oben S. [359 A. 18].

[165]) Sachau S I 186.

[166]) Anders Sachau S I Anm. S. 190.

sionen handeln, die der spätere Redaktor nicht mehr verstand. So kann es sich z. B. mit ζημια in R II 125 (dazu Sachau Anm. S. 194) verhalten, das der Schreiber dieser Version in der aramäischen Vorlage nicht verstand. Entsprechend z. B. R I 56, wo der Übersetzer οἱ τοῦ ταμιείου ganz mißversteht.[167])

Sachau[168]) führt den Gebrauch von δικαιώματα im Titel von R II und P auf die Unkenntnis eines Syrers über die Bedeutung des Wortes zurück, scheint dasselbe also hier nicht der griechischen Vorlage zuzuschreiben. Aber bei der allgemeinen Bedeutung jenes Wortes (= Recht) braucht man hier nicht gerade einen unrichtigen Gebrauch desselben anzunehmen, mit Ferrini[169]) auch nicht eine Verwechslung mit διατάξεις. Der Titel von P würde der Auffassung Sachaus überhaupt entgegenstehen, da dort δικαιώματα allein steht. In R II scheint sein Gebrauch aber jedenfalls eher ein Indiz dafür zu sein, daß der syrische Übersetzer gewisse Begriffe des lateinischen Originals neben aramäischen Ausdrücken auch durch geläufige griechische Termini verdeutlichen wollte und dabei durch Häufung von „Urteilen", „δικαιώματα" und „canones" des Guten etwas zu viel getan hat. Eine aus einem lateinischen Urtext hergestellte griechische Gesamtübersetzung liegt dem schwerlich zugrunde. Im übrigen erscheint Sachaus[170]) Meinung, daß nur in R II 158 δικαίωμα in der richtigen Bedeutung „Rechtsurkunde" vorkäme, bedenklich. In dieser Bedeutung wird δικαίωμα wohl in L 95 gebraucht; sie braucht dagegen in R II 158 nicht gegeben zu sein, zumal der Begriff „Urkunde" in diesem Paragraphen weiterhin ganz anders ausgedrückt ist.[171]) Die δικαιώματα

[167]) Dazu Sachau XII.

[168]) S. VII f.

[169]) Sav. Ztschr. 23, 108.

[170]) S. VIII.

[171]) Wörtlich übersetzt würde es an der ersten Stelle lauten; „derjenige, welcher geschrieben hat" (Sachau sagt: „Schreiber der Urkunde"), und an der zweiten Stelle: „ist das, was geschrieben ist, ungültig" (Sachau: „ist die Urkunde ungültig").

scheinen dort vielmehr die Rechte, Rechtsverhältnisse, Ansprüche zu sein, die der behördlichen Prüfung bedürften.

Zusätze ferner, wie sie sich z. B. in L 126 (= P 46b) finden: „was genannt wird πλήρωσις" sind schwerlich als Stücke einer aus dem Lateinischen stammenden griechischen Gesamtversion zu denken. Der lateinische Urtext enthielt die Bemerkung kaum. Als ein Einschiebsel des Syrers, der das vorangehende Rechtsverhältnis mit einem juristischen Terminus verdeutlichen wollte, ist er verständlich. Der Verfasser von R II 58 schreibt statt jenes Ausdruckes übrigens ἀπόλυσις[172]), eine Variation, die zwar für unsere Annahme syrischer Einschiebsel, nicht aber für eine griechische Gesamtversion spricht, deren Termini in den Kopien dann übereinstimmend beibehalten worden wären. In R II 100 wäre der Zusatz: „genannt ὑπομνήματα" auch als Einschiebsel des Syrers zu erklären; dagegen könnte in R II 147, „die genannt wird ἑκατοστή" eine Übersetzung von centesimae sein. Auch der Passus R I 31 Abs. 4 fordert unsere Aufmerksamkeit heraus. Als Einschiebsel des Syrers ist er leicht zu erklären. Als Bestandteil einer griechischen Vorlage hätte ihn der Syrer eher wohl fortgelassen, da es bei der Herstellung einer syrischen Version aus einer griechischen gleichgültig wäre, die griechische Terminologie δωρεά besonders zu vermerken. Ebenso ist der folgende das Persische und Syrische betreffende Satz natürlich Einschiebsel. R III 50 handelt von einem Reiter, der „von einem anderen τάγμα ist", während die alte, dem Original näher stehende Version L 50 davon nichts enthält. Spätere Redaktoren haben danach anscheinend ihre eigenen Gräzismen in die Versionen hineingebracht.[173]) Daß jeder orientalische Schreiber des Rechtsbuchs bis zu gewissem Grade ein neuer Redaktor gewesen sei, hebt auch Sachau[174]) hervor. So scheinen auch

[172]) Sachau scheint dieser Lesung p. 89 allerdings nicht sicher zu sein.

[173]) So würde es auch mit ὑποθήκη in einer Handschrift des § 137 des Armeniacus sein, welches Wort sich in L 112 nicht findet. Dazu BS 171.

[174]) BS 172.

die neuerdings von Mitteis[175]) für die Annahme einer griechischen Vorlage beigebrachten Argumente der Nachprüfung des orientalischen Sprachkenners bedürftig zu sein. Mitteis meint, der Sklave werde R I 49 „Knabe" genannt, das sei ὁ παῖς. Aber das dortige talja wird auch nach gemeinsyrischem Sprachgebrauch in der Bedeutung „Sklave" gebraucht.[176]) Aus jenem Sprachgebrauch würde also nichts für die Annahme einer griechischen Vorlage folgen. Nicht anders scheint es mit den anderen von Mitteis angezogenen Wendungen des Spiegels zu stehen. Will man insbesondere in „δίκην sprechen für ihn" in L 41 ein Analogon zu δικαιολογεῖν erblicken (anders P 27, Ar 29, Arm 23), so dürfte dies eher auf generelle Sprachverwandtschaft als auf die griechische Vorlage hinweisen. Vgl. auch L 11. In R II 29 heißt es aramäisch: emar dina chelafau, d. h. etwa: Rechte sprechend vortragen an Stelle jemandes, was nicht gerade auf das in einer griechischen Vorlage stehende δικαιολογεῖν als Vorbild hinweisen würde. Sachau hat diesen Text p. 65 jetzt übrigens anders übersetzt als Mitteis damals annahm. Das „er will und schreibt", das Mitteis weiterhin aus L 1 anzieht, findet sich dort nicht.[177])

Möglich bliebe auch, daß die sich in den älteren Versionen vorfindenden Gräzismen nicht von dem syrischen Übersetzer geschaffen, sondern aus griechischen Übersetzungen oder Bearbeitungen der Schriften der römischen Klassiker und Gesetzsammlungen übernommen sind.[178]) Freilich müßte man sich dann

---

[175]) Abh. 27 f.

[176]) Auch diese Klarlegung verdanke ich Herrn Kollegen Schwally.

[177]) Auch das bei Mitteis folgende Zitat aus R II 44 soll offenbar R II 154 sein, wo Sachau jetzt aber nicht „vollmachen" übersetzt, sondern „hinzuzahlen". Aber auch erstere — in der Übersetzung von P 78 sich findende — Bedeutung von aramäisch „nemallon" (R II 154) wäre leicht gemäß der oben vertretenen Meinung als gemeinsyrisch zu deuten. Das Zitat R I 67 bei Mitteis ist nicht zutreffend.

[178]) Dazu oben [S. 372].

die Benutzung dieser griechischen Juristenwerke als neben derjenigen des lateinischen Originals des Rechtsbuchs nebenhergehend denken, denn die Überschrift von L nötigt immerhin zur Annahme des letzteren.

7.

Der 2. Band enthält die schon mehrfach herangezogenen Rechtsbücher der drei nestorianischen Patriarchen Chenânîschô, Timotheos und Jesubarnun, die ihren Sitz im babylonischen Seleukia hatten und der islamitischen Zeit angehören. Die im Vordergrund des Interesses stehende Frage, wie sich insbesondere die weltlichen Normen dieser Rechtsbücher zum syrisch-römischen Rechtsbuch verhalten, kann hier nicht prinzipiell untersucht werden. Ein Zusammenhang ist nicht zu verkennen, wie schon der Herausgeber an einzelnen Stellen festgestellt hat. Eine ausdrückliche Bezugnahme auf die „königlichen Gesetze" findet hier jedoch nirgends statt. Nur in einem seiner Briefe findet sich eine solche bei Timotheos, wie schon oben (S. 380) erwähnt wurde.[179]) Im übrigen wird man sich trotz der Verbreitung des syrischen Rechtsbuches in den vorderasiatischen Reichen und trotz der Rechtseinheit erst erstrebenden Rechtsbücher der „Patriarchen des Ostens" den dortigen kirchlichen Rechtszustand durchaus nicht als einheitlichen denken dürfen. Der Patriarch Timotheos läßt z. B. das in der Persis geltende Rechtsbuch des Jesubocht (s. Bd. III) ins Aramäische übersetzen, um dieses vielfach divergierende Recht einer selbständigen Kirchenprovinz für die von Seleukia aus zu treffenden oberinstanzlichen Entscheidungen in seiner Kanzlei zur Hand zu haben. Und der Metropolit Jesubocht berichtet dort selbst über lokale Verschiedenheiten des Rechts der Christen (S. Bd. III p. 9 Z. 18 ff.) bzw. des in seiner Hyparchie geltenden Rechts (p. 9 Z. 42). Das

[179]) Über eine weitere Bezugnahme des s.-r. Rechtsbuches in der arabischen Version des Rechtsbuches des persischen Metropoliten Simeon siehe unten.

„lebende“ Recht der Christen zeigte starke Abweichungen sogar in den einzelnen Gemeinden. Bezeichnend ist, daß Jesubarnun § 27 (S II p. 128 f.) aus einer westbabylonischen Gemeinde über abweichende und seiner Meinung nach unzulässige Rechtshandhabung berichtet. Siehe dort auch § 51, wo das Intestaterbrecht der Töchter neben ihren Brüdern als ganz der Gewohnheit des Ortes unterworfen und danach maßgebend bezeichnet wird. Meist werden aber in diesen Rechtsbüchern lokale Abweichungen begreiflicherweise nicht erwähnt.

Die 25 Stücke des Rechtsbuchs Chenanischos behandeln in der Mehrzahl Entscheidungen von Rechtsstreitigkeiten, besonders Erbschafts-, Freilassungs- und eherechtliche Angelegenheiten. Es finden sich aber auch allgemeine Rechtssätze (Nr. 19—21). Ch. zog im Jahre 686 als Oberhirt in die Kôbhê ein und hatte das Patriarchat unter mancherlei widrigen Umständen bis zu seinem Tode im Jahre 701 inne. Die vorliegenden Stücke enthalten entweder eigene, höchstinstanzliche Entscheidungen oder Instruktionen an die geistlichen Unterrichter. Erwähnenswert ist, daß z. B. Nr. VII auf islamitischem Recht beruht.[180]) Auch sonst stellt Sachau die Einwirkung anderer Rechtsgrundsätze als derjenigen des syrisch-römischen Rechtsbuchs fest.[181]) Auch die Testierfähigkeit ist XX § 8 (p. 39) insofern nicht in voller Übereinstimmung mit dem ganz römisches Recht enthaltenden L § 5 (R II 2) geregelt, als der Patriarch den Kindern durchweg mit dem 12. Jahr diese Fähigkeit zuspricht. Dagegen beruht XXI, 8 mit der dogmatisch scharfen Unterscheidung von donatio mortis causa und inter vivos hinsichtlich deren Widerruflichkeit sichtlich auf römischem Recht, das für L 22 = R II 8 jedenfalls prinzipiell vorbildlich war. — Das Pfandrecht, das in Nr. XIII erwähnt wird, scheint zwar zunächst gewissen hellenistischen Charakter zu tragen. Denn es fällt bei der Ausführlich-

[180]) S. 15. Dazu Sachau S. 183.

[181]) Vgl. S. 185 zu X und XI.

keit der Darlegung der Gläubigerrechte auf, daß für den Fall des Verzuges ein Pfandverkauf nicht in Frage gezogen, dieser vielmehr — im Anschluß an eine Bibelstelle — überhaupt als unzulässig betrachtet wird. Dazu kommt die auffallend an die gräko-ägyptischen Pfandbestellungen erinnernde Wendung mit ihrem den Verfall andeutenden *ἀντί*: „Das Grundstück, das anstatt des abgenommenen Goldes gegeben worden ist". Auch die Bezugnahme auf die in der Vertragsurkunde angegebene genaue Teilbegrenzung des Pfandgrundstückes könnte zunächst auf die aus Ägypten bekannte, mit dem Verfall zusammenhängende Quotisierung der Pfandsache hinweisen.[182]) Aber die lückenhaften Angaben in Nr. XIII lassen einen sicheren Schluß nach dieser Richtung nicht zu, zumal Jesuba. § 82 (s. u.) den auch dem syrisch-römischen Rechtsbuch eignen Pfandverkauf und auch sonst durchaus römischrechtliche Pfandausübung fixiert. — Wenn in Nr. XXIV Abs. 7 (p. 47) das von Haussöhnen durch eigne Arbeit Erworbene nicht dem Vater, sondern jenen selbst zufallen soll, so beruht das offenbar auf römischem Recht, das, wenn nicht für L 54, so doch für P 81 maßgebend war. Jener Satz scheint auch in der XIX 4 vorgenommenen Nachlaßregulierung eine Rolle zu spielen, gemäß deren das von dem Erblasser durch eigene Arbeit Erworbene nicht den Verwandten, sondern der Kirche zufallen soll. S. a. XXII Abs. 2.

Timotheos, Patriarch von 780—820,[183]) verfaßte das vorliegende Rechtsbuch im Jahre 805.[184]) Der Anfang enthält durchweg innerkirchliche Normen. Dann folgen zahlreiche eherechtliche Bestimmungen. Im § 28 wird auch zu einer gültigen

[182]) Vgl. Manigk, Sav. Ztschr. 30, 277 f., und Art. hyperocha in Paulys Real-Enzykl. sub II. 2. k. (Sep.-A. p. 11).

[183]) Sachau sagt p. XVII allerdings 780—723; s. aber Bd. III p. VII wo es heißt: 779—820. Letzteres scheint richtig, weil Jesubarnun dem Tim. i. J. 820 im Patriarchat folgt. S II p. XXII.

[184]) Dies sagt Tim. in der Einleitung (p. 55) selbst.

Verlobung — im ausdrücklichen Gegensatz zum heidnischen Recht — die Vermittlung der Kirche gefordert, was mit Jesuba. § 28 übereinstimmt, wovon jedoch das s.-r. Rechtsbuch nichts enthält. Wer das Verlöbnis ohne Grund bricht, darf sich nach Tim. § 41 bei Lebzeiten des anderen Teils nicht wieder verloben. Auch die vier Scheidungsgründe des § 36 zeigen rein kirchlichen Charakter. Die Ehebrecherin verliert nach § 44 *φερνή* und *δωρεά* und darf sich nicht wiederverheiraten. Anders R II 44 Abs. 4, wonach die schuldige Frau nur die *δωρεά* verliert, dagegen die *φερνή* zurückerhält. Dagegen steht Tim. § 62 in der Frage der Höhe der *δωρεά* mit besonderer Betonung auf dem — aus R I 31 und R II 51 Abs. 4 bekannten römisch-rechtlichen, nach Arm 45 auch in Byzanz herrschenden — Standpunkt, daß jene der *φερνή* gleichartig sein soll. Der im s.-r. Rechtsbuch gerade als orientalisch erwähnte Brauch, nach dem die Mannesgabe nur die Hälfte betrüge, hat nach Tim. im Bereich der nestorianischen Christenheit also keinen Boden gewonnen. Dazu oben S. 398.

In erbrechtlicher Hinsicht fällt bei der wichtigen Entscheidung in § 63 (vgl. auch Jesuba. § 60 und dazu unten) auf, daß die dort stattfindende Erbfolge der 2. Parentel keine solche in stirpes, sondern in capita ist: des Erblassers Neffen und Nichten vorverstorbener Eltern erben nach Ziff. 3 auch dann zu gleichen Teilen, wenn sie verschiedenen Stämmen angehören. Ziff. 4 formuliert die auch sonst herrschende Parentelenordnung[185]) dahin: „Der Nachlaß aszendiert, weil er keine Deszendenz hat.“[186]) In sichtlicher Anlehnung an das s.-r. Rechtsbuch[187]) findet sich also hier folgendes System: I. Die Kinder.

[185]) Vgl. auch §§ 66—68: Oheime hinter Schwestern und deren Söhnen. § 55 Abs. 2: Großeltern hinter Eltern. § 48: Vettern hinter den anderen. § 64: Eltern vor Geschwistern.

[186]) S. a. §§ 51 Abs. 5, 52 Abs. 2, 68.

[187]) Die Notiz Sachaus p. XXI, daß das Intestaterbrecht der leges C Th L bei Timotheos nicht mehr vorhanden sei, ist, wenn man auf das rechtliche Wesen der Erbfolge blickt, irrtümlich. Vgl. insbesondere die in

Wegen der Töchter s. aber §§ 49, 50, 51, 67. II. Die Eltern (§§ 52 Abs. 2, 51 Abs. 5, 64 Abs. 2, 68). III. Die Geschwister (§§ 64, 63 Ziff. 5, 68. S. aber bei Erbfolge der Geschwister desselben Stammes die schlechtere Stellung der Schwestern nach § 52 Abs. 3; andererseits § 68 Abs. 3) und deren Kinder mit Repräsentationsrecht, aber ohne Erbfolge in stirpes. IV. Oheime,[188]) Vettern (§§ 67 Abs. 7, 68, 48, 82, 84, 91).

Jesubarnun aus Assyrien war Patriarch von 820—824 und setzte als Nachfolger von Timotheos dessen Werk fort. Beachtenswert ist, daß er, wie gesagt, sein Rechtsbuch durch ein Konzil bestätigen und annehmen ließ. Daß sein Buch auf der von Timotheos überlieferten Grundlage weiterarbeitet, zeigen viele einzelne Bestimmungen. So insbesondere die Intestaterbfolge: §§ 44, 41 f., 57 ff. Der § 60 Abs. 2 zeigt entsprechend T 63 bei den Enkeln die Erbfolge nach Köpfen und den Ausschluß der Erbfolge nach Stämmen. Sie beerben, wie es dort heißt, den Großvater „nach der Zahl ihrer Personen, nicht nach der Zahl der Personen ihrer Väter".

In § 43 (vgl. § 30) wird entsprechend T 62 das Maximum der *δωρεά* auf 400 Drachmen festgesetzt. Vgl. auch J 25 und T 19. Im § 42, nach dem die kinderlose Ehefrau von ihrem Mann und ihren Eltern je zur Hälfte beerbt wird, wirkt wohl das im s.-r. Rechtsbuch (L 29) aufgenommene, allerdings nur auf die *φερνή* bezogene Gesetz Leos nach. — Das in J 82 zum Ausdruck kommende Pfandrecht ist durchaus römisch

---

L 1 = R II 1 begründete Parentelenordnung mit den oben angegebenen Stellen aus Tim.

[188]) Unklar ist in dem Rechtssatz § 67 Abs. 4 die Beziehung von „ihrer Brüder". Bezieht man es auf das Subjekt, so ergäbe sich die sonderbare Folge, daß in der dritten Parentel nicht nur nicht Repräsentation herrscht sondern die Vettern des Erblassers dessen Oheime ausschließen. — Die Großeltern selbst werden — übrigens genau wie im s.-r. Rechtsbuch — in dieser Klasse nicht ausdrücklich als erbberechtigt erwähnt.

wie das des s.-r. Rechtsbuchs (vgl. etwa R I 49, R II 134 und 144). Es führt wie dieses zum Pfandverkauf und zur Herausgabe des Hyperocha. Oben wurde ferner schon darauf hingewiesen, daß in J 88 Abs. 2 das 12% = Zinsmaximum von R I 53 und R II 147 fortwirkt, während J 88 Abs. 3 dann aber noch weiter geht. J 107 beruht mit der Behandlung der verleumderischen Denunziation ganz auf L 71 = R II 108; § 120 (Rückgabe der Geschenke des Bräutigams) auf R II 56.

8.

Der dritte Band faßt insofern ungleichartige Werke zusammen, als nur das Dritte von einem Patriarchen, Mâr Abhâ, und für den gesamten Ostkreis geschrieben ist, während die beiden ersten von Jesubocht und Simeon, Erzbischöfen der Persis, für diese Hyparchie verfaßt sind.

Das Rechtsbuch des Mâr Abhâ (p. 259 ff.) zieht unsere Aufmerksamkeit zunächst auch deswegen auf sich, als es das älteste bisher bekannte juristische Werk des christlichen Orients überhaupt ist. M. Abhâ war 539—552 Patriarch in Seleukia, gehört also wie die anderen dortigen Verfasser unserer Rechtsbücher allerdings nicht mehr der römischen Zeit an.[189]) Er hatte hauptsächlich mit großen Schwierigkeiten zu kämpfen, die ihm durch die persische Reichsregierung deswegen bereitet wurden, weil er sich vom christlichen Standpunkt mit großer Energie gegen in der Persis eingewurzelte Rechtsinstitute (Inzestehe, Polygamie) wandte und auch sonst der staatlichen Autorität entgegenstellte. Es gelang der Staatsregierung trotz aller Versuche nicht, ihm die geistliche Gerichtsbarkeit in bürgerlichen Streitigkeiten zu entreißen. Er hatte anscheinend auch auf die dortige heidnische Bevölkerung starken Einfluß gewonnen. Bezeichnend ist, daß die

[189]) Das Gebiet des Patriarchats von Seleukia gehörte zum römischen Reich nur bis zum Frieden Jovians im Jahre 363 v. Chr. — Vgl. über die Daten M. Abhâs auch die z. T. abweichenden Angaben bei R. Duval, Litt. chrét. l. c. p. 218, 67, 83.

zoroastrische Geistlichkeit in der gegen M. Abhâ gerichteten Anklage bei der persischen Regierung behauptete, er sei „ein Freund des römischen Kaisers".[190]) In der Tat gelangten die dem syrisch-römischen Rechtsbuch einverleibten römischen Rechtssätze, die den von Antiochia aus seinen Lauf nehmenden Strom des Christentums begleiteten, auch in die Persis, wie besonders die Rechtsbücher von Jesubocht und Simeon (s. u.) erkennen lassen.

Das kleine Werk von M. Abhâ hat inhaltlich allerdings nur beschränkten Wert. Es behandelt lediglich die Ehehindernisse und den Geschlechtsverkehr betreffende Fragen auf der Grundlage des biblischen Rechts. Vgl. über die letztere p. 261 vor § 1; p. 273 Z. 17 ff.; p. 275 Z. 18 ff.; p. 279 Z. 20 ff. Im § 2 (p. 263 Z. 15) wird erkennbar, daß der Patriarch sich mit den dortigen, die Geschlechtssitte betreffenden Fragen auch gerade gegen die noch der Religion Zoroasters entstammenden Gewohnheiten der Persis (Kopulation mit der Mutter) und gegen deren Rechtfertigung durch die Magier (p. 265) wendet. Von Interesse ist die neben der Berufung auf das mosaische und neutestamentliche Recht hergehende Bezugnahme auf das „Recht der Natur". So § 14 i. f. (p. 281). S. a. p. 265 Z. 31, 259 Z. 26 ff.

Von größter Bedeutung ist das umfangreiche Rechtsbuch des persischen Erzbischofs Jesubocht.[191]) Das Christentum war schon früh in die an Babylonien sich anschließende Persis gelangt.[192]) Dieses Erzbistum hatte schon, bevor im Jahre 410 der Bischof von Seleukia das Patriarchat erlangte, Selbständigkeit in Anspruch genommen und suchte sie nun gegenüber dem Patriarchen unter Kämpfen zu behaupten. Dieser Beziehung entspringt auch das vorliegende Rechtsbuch Jesubochts.

---

[190]) Sachau p. XXV.

[191]) Über ihn auch R. Duval, Litt. chrét. l. c. p. 182, 284.

[192]) Vgl. dazu auch Preuschen-Krüger, Handb. d. Kirchengesch. I S. 257 mit Lit.-Angaben.

Der Patriarch Timotheos, dessen eignes Rechtsbuch wir oben im 2. Bande kennen lernten, wollte das christliche Recht der Persis auch unter seinen Einfluß bringen und ließ daher das Werk Jesubochts aus dem Persischen ins Syrische übersetzen. Diese Übersetzung liegt hier, wenn auch leider nicht vollständig erhalten, vor (p. 1—201).

Jesubocht, um 775—779, behandelt in seinem Rechtsbuch eingehender als dies selbst im syrisch-römischen Rechtsbuch geschieht, auch die Verhältnisse des weltlichen Lebens: Das allgemeine Vertragsrecht, Kauf, Schenkung, Darlehn, Leihe, Verwahrung, Gesellschaft, Delikte, Besitz, Eigentum, Pfandrecht. Sachau p. XI meint, daß dem Verfasser die Leges C. Th. L. nicht vorgelegen zu haben scheinen,[193]) daß dennoch aber der Einfluß derselben mehrfach zu erkennen sei. Die syrische Übersetzung stammt etwa aus dem Jahre 800. Das Werk behandelt in 6 Büchern Allgemeine Lehren, Eherecht, Erbrecht, Schuldrecht.

Im 1. Buch ist die Darstellung der Rechtsquellen und der Behandlung der Lücken des gesetzten Rechts von hohem Interesse. Sie schließt mit dem juristischen Geist atmenden Satz: „Ich bin der Überzeugung, daß man nach Analogie dessen, was wir ausgeführt haben, auch alle anderen Rechtsfragen richtig erfassen kann" (p. 23). Die kirchliche Anschauung verkörpert das Prinzip der aequitas und wird dem strengen Recht gegenübergestellt: p. 13f., p. 175 § 6, p. 179 § 7. Mehrfach tritt dabei insbesondere ein durch Vermittlung des kirchlichen Richters stattfindendes, in Nachlassen oder Mehrgeben bestehendes Verfahren hervor. Dies wird p. 13 Kap. 5 beschrieben: „Rechtsminus und Rechtsplus", indem der bedürftige Schuldner z. B. nur das Kapital, nicht die Zinsen zurückzahlt, bzw. die Tochter statt der ihr gesetzlich nur zukommenden halben eine ganze Erbquote erhält, um sie dadurch besser auszustatten. Über diese der Ent-

[193]) Dies könnte vielleicht wegen des Passus p. 155 Z. 34 über das „weltliche Recht" der Pfandverwertung zweifelhaft sein. Dazu unten.

scheidung der Parteien überlassene Lösung eines Schuldverhältnisses vgl. auch p. 15 Kap. 6 und die Einzelanwendungen beim foenus nauticum p. 167 § 3, aber auch p. 175 § 6 und p. 179 § 7, wo immer die Freiheit der Entschließung betont wird.

Im Erbrecht zeigt sich deutlich das oben erwähnte Parentelensystem. Das Prinzip ist p. 113 § 5 angegeben: „Solange eine Person aus seinem (Erblassers) Samen vorhanden ist, kann die Erbschaft nie anderen Personen als seinem Samen zufallen." Daher werden dort die Eltern und die Geschwister des Erblassers durch dessen Enkel ausgeschlossen. Es erben: I. Kinder p. 95 f. §§ 1, 3, 8, mit Repräsentationsrecht, aber nicht in stirpes, sondern in capita p. 111 § 2. — II. Eltern p. 103 § 5 f. g., p. 105 § 9. Vater schließt Mutter aus p. 107 § 10 f. — III. Geschwister p. 103 § 5 g., lediglich den vorverstorbenen Elternteil repräsentierend p. 107 § 12, p. 113 § 5. IV. Geschwisterkinder p. 103 k. und weitere Blutsverwandte. V. Kirche p. 103 l.

Der Unterschied zwischen Schenkung und Testament hinsichtlich Wirksamkeit und Widerrufs wird, wie wir oben schon bei Chenanischo beobachten konnten, auch hier p. 135 § 1 scharf betont. Auch das Pfandrecht zeigt die aus dem syrisch-römischen Rechtsbuch bekannten römischrechtlichen Grundsätze: Pfandverkauf[194]) zwecks Befriedigung p. 155 § 1, p. 157 § 6; Heraus-

[194]) Der im Sachindex p. 375 bei C als „Verfallpfand" charakterisierte Fall (p. 149 § 10) enthält kein Pfandrecht, sondern eine Konventionalstrafe. Auch sonst enthält der Index Irrtümer. Der p. 375 bei C III erwähnte Satz, Verpfänder dürfe das Pfand nicht veräußern, wird durch p. 157 § 5 durchaus nicht belegt. Hier steht lediglich die rei vindicatio des Erwerbers in Rede. Die Veräußerung ist gültig. Anderes ergibt sich auch nicht aus p. 159 § 8, bes. Abs. 3, wo die Gültigkeit der Veräußerung nicht in Frage gestellt, sondern dem Pfandgläubiger lediglich die ao. hyp. gegen den Käufer gegeben wird. Anders liegt es natürlich dann, wenn in Abs. 1 kein Generalpfand, sondern Verkauf des Vermögens vorliegt. Auch etwa aus p. 158 § 7 ergäbe sich nichts anderes. Das Rechtsbuch steht hier auf dem Boden des römischen Rechts. Dazu auch oben.

gabe der Hyperocha an andere Gläubiger bzw. den Schuldner p. 155 § 1, p. 163 § 18; Bestehenbleiben eines durch das Pfand nicht gedeckten Schuldrestes p. 159 § 9, p. 163 § 18.[195]) Aber die p. 155 ff., 7. Kapitel gegebenen eingehenden Pfandrechtsnormen gehen über das im syrisch-römischen Rechtsbuch geregelte Gebiet weit hinaus. Wir erfahren insbesondere noch: Die Verpfändung von Immobilien findet auf untersiegelter Urkunde statt; sie kann als Besitzpfand oder als Hypothek zustande kommen; es kann mehrfache Verpfändung erfolgen. § 2. Von Interesse ist hier (p. 155 § 2) die Hervorhebung des von der Kirche abweichenden weltlichen Rechts,[196]) nach dem der primus creditor erst die volle, auch die Zinsen umfassende Befriedigung aus dem Pfand vornimmt, ehe er den Rest des Erlöses den nachstehenden Gläubigern herausgibt. Die Norm p. 157 § 6 zeigt den auch dem römischen Recht, nicht dem syrisch-römischen Rechtsbuch bekannten Kauf des Pfandes durch den Pfandgläubiger. Hier und an anderen Stellen zeigt sich in der Persis die Erheblichkeit noch anderer Rechtsquellen. Römischrechtlich ist aber im § 5 auch die Vorschrift, daß derjenige, der das Pfand vom Schuldner gekauft hat, dasselbe nicht eher in Besitz nehmen dürfe, als bis der besitzende Pfandgläubiger abgefunden sei. — Daß das Rechtsbuch Jesubochts das Pfand nicht als datio in solutum, die auf Gefahr des Gläubigers ginge, ansieht, sondern im römischrechtlichen Sinn als Akzessorium und Sicherungsmittel, dessen casus der Schuldner als Eigentümer trägt, ergibt sich auch deutlich aus der Pfandantichresis p. 169 § 4: Wird

[195]) Von Interesse ist hier in § 18 Abs. 1, daß dort auch über „eine andere Ansicht" berichtet wird, nach der der Gläubiger sich durch ein minderwertiges Pfand als abgefunden erachten müsse. Hier blickt der — hellenistische — Ersatzcharakter des Pfandes durch. Diese Lehre widersprach aber begreiflicherweise der kirchlichen Auffassung und wird in Abs. 2 ausdrücklich abgelehnt.

[196]) Andere Gegenüberstellungen dieser beiden Rechte finden sich: p. 159 § 8, 165 § 21, 175 § 4, 183 § 1, 189 § 5, 246, 15.

das dortige Ackerpfand durch Naturgewalt weggerissen, so behält Gläubiger die volle Forderung. Auch der folgende § 5 zeigt mit den Regeln, daß der Zinsenlauf von der mora accipiendi bzw. der Deposition der Schuldsumme aufhöre, und daß die Rückzahlung der Schuld den Gläubiger zur Rückgabe des Pfandes Zug um Zug verpflichte, die Grundzüge des römischen Rechts.

Die p. 177 Z. 35 ff. gegebene Norm beruft sich ausdrücklich auf das „Gesetz der Römer" und hat mit dem dortigen „Drittel seiner Sklaven" wohl die Teilbestimmung der l. Futia Caninia im Auge: ei qui plures quam X neque plures quam XXX servos habebit, usque ad tertiam partem eius numeri manumittere permittitur (Gai I 43), die auch in das syrisch-römische Rechtsbuch L 4 = R II 22 übergegangen war. Aber in der christlichen Persis fand dieses heidnische Recht keinen Eingang; die Freilassung der Sklaven wurde unter keine Beschränkung gestellt (§ 1 Abs. 2).

Das Verlöbnis hat im Regelfall — übereinstimmend mit Tim. und Jesuba. — unter Mitwirkung der Kirche stattzufinden, p. 75 § 1, 79 § 9. — Der Norm p. 77 § 7 scheint bei der schon aus dem syrisch-römischen Rechtsbuch bekannten Betonung der lokalen Verschiedenheit der einschlägigen Gewohnheiten ebenfalls das römische Prinzip der Gleichwertigkeit von dos und donatio zugrunde zu liegen.

Eigenartig ist, daß die Volljährigkeit mit dem 15. Lebensjahr eintritt, p. 133 § 1, 137 § 8, 151 § 4.

Das Rechtsbuch des persischen Metropoliten Simeon[197]) ist in der Zeit nach 775—779 entstanden, also jünger als das Jesubochts. Es liegt wie dieses in der syrischen Übersetzung vor. Simeon behandelt hauptsächlich erbrechtliche Fragen und zwar auch auf der Grundlage des Parentelensystems. Vgl. §§ 16 ff. Besonderheiten zeigen sich p. 234 § 1, wo Simeon — offenbar

[197]) Vgl. über ihn auch R. Duval, Litt. chrét. l. c. p. 181 mit abweichenden Zeitangaben.

im Gegensatz zu früheren Rechtsanschauungen in der Persis — die Witwe des Erblassers diesen mit Ausschluß seines Bruders erben läßt. Von großem Interesse ist im § 4 der die eheliche Gütergemeinschaft anordnende Ehevertrag. S. a. p. 240 p. 7. In § 17 Abs. 4 ist der Satz bemerkenswert, daß die Christen eine Verwandtschaft durch die Weiber nicht anerkennen. Das Erbrecht des Bruders wird dort (Abs. 5) mit bekannten Anklängen auf die Lehre gestützt, daß das Vermögen bis zum Erbfall „im Gemeinbesitz aller Familienangehörigen" wäre, und daher mit dem Erbfall diesen Besitzern anfallen müsse. — Von Bedeutung ist, daß in der vorhandenen arabischen Übersetzung von Simeons Rechtsbuch gelegentlich auf das Rechtsbuch der „griechischen Könige", also das syrisch-römische Bezug genommen wird.[198])

Königsberg i. Pr. A. Manigk.

3. La Violence en Droit Criminel Romain par Jean Coroï. Ancien élève de l'école pratique des hautes études. Licencié ès lettres. Docteur en droit. Paris 1915. 361 S.

Dieses Buch ist in der Schule P. F. Girards, des Pariser Romanisten, entstanden und dem Lehrer gewidmet. All die guten Eigenschaften, die wir an den Arbeiten aus dieser Schule schätzen, vereinigt auch dieses Buch: gründliche Quellenstudien, eingehende Kenntnis und Verwertung der französischen, aber auch der deutschen und italienischen Literatur. Das römische Strafrecht ist mehr noch als das Staatsrecht wie vor so auch nach Mommsens Handbuch ein Stiefkind der romanistischen Einzelforschung geblieben. Privatrecht und -Prozeß sind nach wie vor deren bevorzugte Arbeitsgebiete. So ist es schon a priori erfreulich, wenn wir einer umfangreichen und das Thema, anders als dies dem Handbuch möglich ist, in allen Einzelheiten erschöpfenden Monographie über ein strafrechtliches Problem begegnen.

198) Sachau S. 362.

Die Quellen- und Literaturüberschau, mit der das Buch einsetzt, ist weit: sie geht über den landläufigen Kreis der juristischen Quellen im engeren Wortsinn hinaus und zieht auch das gesamte in Betracht kommende literarische Material, dann natürlich Inschriften und Papyri heran. Es ist erfreulich, daß der Verfasser so den Leitsätzen Mommsens für strafrechtliche Forschungen gerecht geworden ist. Hebt doch dieser im Vorwort zu seinem Römischen Strafrecht hervor, wie der Gegenstand ganz besonders „zwischen Jurisprudenz und Geschichte" stehe, und daß kein anderer Teil der römischen Rechtswissenschaft so wie dieser auf die historisch-antiquarische Forschung angewiesen sei. Wenn Mommsen (Strafrecht S. VIII, vgl. auch S. 536) weiter hervorhebt, daß er in seiner Arbeit viele Einzelheiten und kasuistische Darlegungen übergehen mußte, besonders aber sich mit der neueren Literatur und deren Kontroversen, so nützlich das wäre, nicht hatte befassen können, so wird damit jüngeren Forschern ein Vermächtnis hinterlassen, das diese nicht ausschlagen sollten. C. hat es zu seinem Teile für das Kapitel vis (bei Mommsen S. 652—666) angenommen. Auch in dem weiteren Punkte erfüllt der Verf. Mommsens Forderung an wissenschaftliche Weiterarbeit im Kriminalrecht, daß er Prozeß und materielles Recht in der engen Verknüpfung darstellt, die diesen Materien zukommt. Wenn die äußere Einteilung des Buchs indes nicht nach prozeßrechtlichen Gesichtspunkten, sondern nach dem staatsrechtlichen Grundsatz der Scheidung in republikanische Zeit, Prinzipat, absolute Monarchie gegliedert ist, so vermeidet es der Verf. damit, das Nebeneinandervorkommen des ordentlichen und des eindringenden außerordentlichen Verfahrens durch eine ungeschichtliche Abgrenzung zu verdunkeln.

In der Einleitung (S. 17—29) werden die Ansätze einer Entwicklung des Gewalttätigkeitsbegriffes bis zur Einführung einer quaestio publica de vi, die erst nach Sullas Diktatur erfolgt, besprochen. In dieser Zeit begegnet ohne scharfe Ausprägung der Gewalttätigkeitsbegriff bei den Interdikten — wohl schon seit der Mitte des 2. Jahrh. (S. 19) —, dann bei der Restitution wegen Gewalt und sonst im nichtdeliktischen Privatrecht, zuweilen auch als Qualifikation bei Delikten, nicht dagegen als selbständige Deliktskategorie.

Die eigentliche Arbeit des Verf.'s beginnt mit der Erörterung der lex Plautia de vi. Diesem Gesetz ist das 1. Kap. (S. 31—92) des ersten Teils gewidmet, der vom Verbrechen der Gewalttätigkeit in der republikanischen Ära handelt (S. 31 bis 125). In eingehender Erörterung der nicht eindeutigen Quellen (vgl. die kurzen Bemerkungen bei Mommsen 654[2]) und der infolgedessen sehr auseinanderstrebenden Literatur kommt C. zu dem Wahrscheinlichkeitsergebnis — mehr ist nicht zu erreichen —, daß ein einheitliches plautisches Gewaltgesetz von allgemeiner Bedeutung 77 v. Chr. ergangen sei. Gegen Mommsen a. a. O. entscheidet er sich für die Verschiedenheit dieses Gesetzes von dem gleichnamigen, aber einige Jahre jüngeren Amnestiegesetz für die Lepidianer. Es folgt die Erörterung der einzelnen vom plautischen Gewaltgesetz betroffenen Deliktsfälle und, zumal der Wortlaut nicht erreichbar ist, der Versuch, die allgemeinen Richtlinien des Gesetzes festzulegen (S. 52 ff.). Den Grundgedanken spricht Cicero, pro Mil. 5, 13 aus: nulla vis umquam est in libera civitate suscepta inter cives non contra rem publicam. Es ist der bekannte Entwicklungsgedanke, der das ganze Strafrecht beherrscht: Der Staat macht die Ahndung des in sinnfälliger Weise nur gegen den Einzelnen gerichteten Delikts immer mehr zu seiner Sache. Die gewalttätige Störung der öffentlichen Ordnung kommt aber freilich am deutlichsten im Aufstand zur Erscheinung und hier konkurriert mit dem vis-Gesetz auch das Majestätsgesetz. Das plautische Gesetz ahndet Zusammenrottung, Bemächtigung öffentlicher Plätze und Gebäude durch Banden von freien und unfreien Bewaffneten, ja weiterhin überhaupt bewaffnetes Auftreten in der Öffentlichkeit. Die Strafe (S. 62 ff.) ist aquae et ignis interdictio und der bekannte Ausschluß der Ersitzungsmöglichkeit der res vi possessa. Es folgt eine eingehende Darstellung des Prozeßrechts der lex Plautia de vi (S. 69 ff.). Der Verf. wiegt im Streit der Ansichten alles Für und Wider ab, gleichwohl muß manche Frage auch heute noch unentschieden bleiben. Denn es ist sowohl mißlich, Analogieschlüsse aus einer speziellen Prozeßordnung zu ziehen, als auch umgekehrt engherzig zu interpretieren. Auf Einzelheiten kann hier nicht eingegangen werden.

Im zweiten Kapitel wird ein Ausnahmegesetz vom J. 52 v. Chr. erörtert, die lex Pompeia de caede in via Appia facta (S. 93—125). Darüber hat Mommsen, der im Strafrecht (S. 199[2]) nur eine kurze Bemerkung zum Gesetz macht, schon vor langer Zeit ausführlich gehandelt (Rezension über Geib, Criminalprozeß 1844, jetzt Ges. Schr. 3, 482/6, dazu Verf. S. 93[1]). Auch C. entscheidet sich für den Charakter des Gesetzes als Grundlage einer quaestio privilegii similis. Natürlich nimmt er Anlaß, den Prozeß Milo ausführlich zu erörtern (S. 101—109). Den Beschluß machen auch hier die neuen Prozeßvorschriften der lex Pompeia (S. 109—125). In der wichtigsten der prozeßrechtlichen Fragen, deren Bedeutung für den Prozeß der quaestiones perpetuae überhaupt entscheidend ist, hat bekanntlich H. F. Hitzig, Herkunft des Schwurgerichts (1909) S. 10 ff., Mommsens Theorie (Strafr. S. 208), daß der Vorsitzende über die Schuldfrage mit abstimme, angegriffen und gerade den Fall Milo eingehend erörtert. Der Verf. (S. 112) schließt sich trotzdem Mommsen an, wofür wohl der Hitzig im Wege stehende Bericht des Asconius in Milon. (ed. Orell. V, 2 p. 53) entscheidet. Auch hier werden die Gründe für die eine und andere Ansicht eingehend erörtert. Es folgt die Untersuchung der weiteren Gesetzesbestimmungen über Abkürzung des Verfahrens, Beschränkung der Redezeit u. a., Bestimmungen, die zum reformierten Prozeßrecht der Prinzipatszeit hinüberleiten.

Der zweite Teil des Buches (S. 127—301) handelt vom Gewalttätigkeitsverbrechen in der Prinzipatszeit und führt den Untertitel: Die julische Gesetzgebung über die vis, womit schon die Stellungnahme des Verf.'s zur Urheberfrage an der julischen Gewaltgesetzgebung mitgeteilt ist. Dieser Teil des Buches ist der umfang- und inhaltreichste. Der Verf. hebt mit Grund hervor, daß es an einer monographischen Bearbeitung dieses Gebietes fehle, und darf so für sich das Verdienst beanspruchen, diese Lücke ausgefüllt zu haben. C. entscheidet sich zunächst (S. 129—134) in der Frage, ob es ein einheitliches Gesetz de vi publica et de vi privata oder zwei parallele Gesetze gegeben habe, im Sinne der Einheit. Maßgebend sind für ihn die von Girard kürzlich (Z. Sav. St. 34, 323 f.) beigebrachten Gründe. Entscheidend scheint mir diese Argumentation freilich nicht. Girard und ihm folgend C. argumentieren nämlich aus der Tatsache, daß Ulpian, Coll. 9, 2, 1, in seiner Besprechung der Zeugnisunfähigkeit und der Befreiung vom Zeugniszwang sich auf Kap. 87 bzw. 88 der lex Julia de vi publica et privata bezieht, dahin, daß es nur eine solche lex gegeben haben könne, sonst wären nämlich jedenfalls die genannten Bestimmungen in verschiedenen Kapiteln des einen bzw. anderen Gesetzes enthalten gewesen. Denn „sans doute" (Girard S. 324) könne der Parallelismus nicht soweit gegangen sein, daß die Kapitel 87 und 88 zweier Gesetze den parallelen Inhalt gehabt hätten. Das Argument darf eine gewisse Wahrscheinlichkeit beanspruchen, aber nicht mehr. Ausgeschlossen ist ein solcher Parallelismus nicht, ja er könnte auch, wenn im Laufe des Gesetzes einmal unterbrochen, gewollt in späteren Partien wieder hergestellt sein. So wissen wir zufällig, daß ebenfalls ein und derselbe Gegenstand im 26. Kapitel der julischen Strafgerichts- und im 27. der entsprechenden Zivilgerichtsordnung geregelt war. Vgl. dazu Wlassak, Proz.-Ges. I, 183 f. Auch Wlassak dachte wohl, wenn ich die Bemerkung Proz.-Ges. I, 182[16] — das Zitat des Verf.'s S. 133[1] stimmt nicht — recht verstehe, dabei an zwei julische Gesetze de vi. Von besonderer Bedeutung ist die ganze Frage ja freilich nicht und beim unsicheren Sprachgebrauch von lex (Gesetz und Kapitel aus dem Gesetz: Wlassak a. a. O. 188[30]) auch kaum zu entscheiden.

Durchaus zustimmen kann ich dagegen dem Verf., wenn er sich (S. 134—143) für Augustus — nicht Caesar — als den Urheber der vis-Gesetze entscheidet; ebenso wenn er diese Gesetze von den Prozeßordnungen des Augustus, den leges iudiciariae, unterscheidet (S. 144—155). Die in beiden Punkten gegenteilige Meinung, deren hervorragendster Vertreter Mommsen war, ist ja auch sonst ziemlich abgelehnt. Es ist erwünscht, beim Verf. alle Argumente zusammengefaßt zu finden.

In eingehender, zu allen Einzelheiten Stellung nehmender Erörterung bespricht C. dann (Kap. II, S. 156—248) die von den julischen Gesetzen betroffenen Fälle öffentlicher und privater vis. Ich habe keinen Anlaß, auf diese kasuistische mühevolle Arbeit hier mehr als mit einem Worte hinzuweisen. Es genügt zu sagen, daß jeder, der etwa bei einer Untersuchung des Strafrechts der Papyri, sich mit den Einzelfällen der römischen Quellen befassen will, den Verf. mit Nutzen konsultieren kann. Die Untersuchung gibt C. auch zu einer Reihe von wertvollen und neuen Einzelbeobachtungen Anlaß. An Beispielen für Gewaltakte fehlt es auch in den Papyri nicht: das zeigen schon die vom Verf. an passenden Stellen in den Anmerkungen erwähnten Fälle aus Ägypten. Ich habe den Eindruck, daß eine vollständige Sammlung und eingehendere Besprechung dieser Fälle noch manches zutage fördern könnte, insbesondere wenn, wozu ja die Papyri die einzigartige Gelegenheit bieten, ein Vergleich des ptolemäischen mit dem römischen Recht gezogen würde.[1]) Auch müßten natürlich bei einer solchen Arbeit materielles und formelles Kriminalrecht Hand in Hand gehen. Und es könnte bekanntlich für Ägypten an einen ordo iudiciorum nicht gedacht werden. Übrigens greift ja die Darstellung des Verf.'s, die in diesem zweiten Teil das ganze Recht der Prinzipatszeit umspannt, natürlich schon über die Bestimmungen der augusteischen Gesetzgebung hinaus und erörtert die Fortbildung der leges Juliae de vi durch Gesetzgebung und Jurisprudenz.

S. 249 ff. (Kap. III) lehnt C. mit Recht verschiedene Abgrenzungstheorien der öffentlichen und privaten vis ab. Es ist eben die Grenze flüssig; kann doch nicht einmal zwischen öffentlichem und privatem Strafrecht, ja weiterhin zwischen öffentlichem und privatem Recht überhaupt eine scharfe theoretische, vielmehr nur eine den Bedürfnissen sich jeweilig anpassende praktische Abgrenzung versucht werden. In diesem Sinne ist die römische Kasuistik gehalten. Für die Einordnung der einzelnen Fälle unter die eine oder andere Kategorie entscheidet mehr das Bedürfnis nach strengerer oder weniger strenger Strafe für die einzelne Gewalttat. Von diesen Strafen handelt das folgende Kap. IV (S. 255 ff.). Die Strafe für vis publica ist Untersagung von Wasser und Feuer, später Deportation für Vornehmere, Tod für Geringere; bei der vis privata Konfiskation eines Vermögensdritteils und Einbuße der bürgerlichen Ehrenrechte. Der Verf. erörtert auch alle Schwankungen der Gesetzgebung in der Festsetzung der Strafen. Den Schluß des Abschnitts (Kap. V, S. 281 ff.) bildet die Erörterung der Prozeßregeln der julischen Gesetze: Be-

[1]) Das mir eben noch während der Korrektur zugegangene Buch von R. Taubenschlag, Das Strafrecht im Rechte der Papyri (1916) behandelt auch das Gewaltdelikt im Rahmen der Gesamtdarstellung.

schleunigung des Verfahrens; Prozeß gegen Sklaven; Zeugnisvorschriften und anderes.

Der dritte Teil des Buches (S. 303—333) ist der Gesetzgebung des absoluten Staates gewidmet. Das Aufhören des ordo iudiciorum; die Bedeutung der kaiserlichen Gesetzgebung überhaupt für das Strafrecht der Spätzeit; der politische Untergrund der neuen Gesetzgebung; der Einfluß des Christentums; die neue juristische Technik: all das wird, wenngleich in knapper Form, erörtert, und gezeigt, wie die julische Gesetzgebung der neuen Zeit angepaßt und entsprechend umgebildet wurde. Eine Interpretation einzelner Gesetze Diokletians, Konstantins und späterer Kaiser und die Besprechung des justinianischen Werkes schließt die Arbeit ab.

Indizes erhöhen die Brauchbarkeit des Buches. Der Druck ist recht sorgfältig, auch in den nichtfranzösischen Partien; nur Zumpt muß sich stets Zumpft nennen lassen, und S. 133[1] muß es wohl Huvelin heißen? Mir ist das dort zitierte, 1915 erschienene Buch infolge des Kriegs noch nicht zu Gesicht gekommen.

Das Buch fußt durchaus auf Mommsens Arbeit. Es zeigt so wieder einmal an einem kleinen Ausschnitt die ganze Größe des Meisters. Und für uns Barbaren ist es ein kleiner Trost, wenn die Gelehrten der Kulturnationen doch noch bei uns zur Schule gehen und vor allem dies auch so ehrlich anerkennen, wie Coroïs Buch es tut. Aus solcher Ehrlichkeit allein kann Versöhnung und friedliche Zusammenarbeit seinerzeit wiederkommen.

München. L. Wenger.

III.

Rechtsphilosophie.

1. Binder, Jul., Rechtsbegriff und Rechtsidee.[1]) Bemerkungen zur Rechtsphilosophie Rudolf Stammlers. 316 S. Leipzig 1915, Deichert. Mk. 9.—.
2. Löwenstein, A., Der Rechtsbegriff als Relationsbegriff. Studien zur Methodologie der Rechtswissenschaft 97 S. München 1915, Becksche Verlagsbuchhandlg. Mk. 3.50.

Binder setzt sich in seinem interessanten, aus einer Besprechung von Stammlers „Theorie" in dieser Zeitschrift entstandenen Buch mit den Grundlehren Stammlers eingehend auseinander und macht gleichzeitig den Versuch, eine neue, „konsequent" an Kant anschließende Rechtsphilosophie zu begründen, die allerdings — wie der Verf. meint — gerade darum auch wieder von Kant weit abführen muß. Binders Lehre geht dahin, daß die Verbindlichkeit der Rechtsnormen nur Gegenstand eines ethischen Imperativs, einer ethischen Pflicht sei. Das Recht selbst kenne keine Pflichten, es bestehe wesentlich in dem Mechanismus des Rechtszwanges und der Instruktion an den Beamten. Das ist derselbe Standpunkt, den Binder schon in seiner bekannten Erlanger Prorektoratsrede über „Rechtsnorm und Rechtspflicht" (1912) vertreten hatte. Sein Bestreben, das Recht gegenüber der Ethik zu verselbständigen, geht zu weit, wie der Referent in der dem neuen Buche bereits im „Juristischen Literaturblatt" 1915 S. 128 ff. gewidmeten Besprechung dargelegt hat. Betont doch Binder selbst, daß Stammlers Lehre vom richtigen Recht das unsterbliche Verdienst des Philosophen sei, das rückhaltlos anerkannt werden müsse. Ja diese Lehre sei — und hiermit ist zugleich die erste schwerwiegende Differenz zwischen Stammler und seinem Kritiker gegeben — von so fundamentaler Wichtig-

[1]) Vgl. auch die Besprechung von Schmitt unten S. 431.

keit, daß ohne sie der Begriff des Rechts gar nicht bestimmt werden könne. Hier haben wir einen erfreulichen Fortschritt festzustellen. Stammler versucht den Begriff des Rechts im Unterschiede von der „Rechtsidee" (dem sein sollenden Recht) durch Vergleichung möglichen Wollens miteinander zu ermitteln, indem er eine bestimmte Art des Wollens — das „unverletzbar selbstherrlich verbindende Wollen" als das rechtliche Wollen herauszustellen gedenkt. Dieses Verfahren ist bedenklich. Der Begriff des rechtlichen Wollens, das konstitutive Kriterium, durch welches ein Wollen zum rechtlichen gemacht wird, muß bei jener Vergleichung bereits vorausgesetzt werden, falls Willkür vermieden und die Ausschließlichkeit der Disjunktion gesichert werden soll. Auf diesen Punkt hat Binder ganz richtig hingewiesen. Er drückt dies so aus: Stammler verwechsele Art- und Konstitutivbegriffe. Im Ergebnis stimmt Binders Orientierung des Rechtsbegriffs an der Rechtsidee mit Radbruchs Definition überein, der in seinen „Grundzügen der Rechtsphilosophie" (1914) zu der Definition gelangt: Recht sei alles, was richtiges (und eben darum auch unrichtiges) Recht sein könne. Hierauf wird an anderer Stelle näher einzugehen sein, indem es die Konsequenz zu ziehen gilt, daß das Recht — vom kritischen Standpunkt aus — nichts als eine besondere Art des ethischen Geltens sein kann.

In manchen Einzelheiten erscheinen Binders Einwände gegen Stammler unbegründet, so wenn Binder die Bezeichnung des Rechtes als eine besondere Art des Wollens schon deshalb für anfechtbar erklärt, weil das Sollen dem Wollen übergeordnet sei. Binder nimmt hier den Begriff des Wollens von vorneherein im empirisch-psychologischen Sinne. Hiergegen ist zu sagen, daß das Sollen die logische Kategorie des über- und unpersönlichen Wollens verlangt, und daß das rechtliche Wollen doch auch wieder Wollen des Menschen ist, da es — wie Ref. im Jur. Lit.-Bl. a. a. O. S. 129 formuliert — „dem vernünftigen

Wesen als solchem eignet und sein wahres, allerdings empirisch unwirkliches Wollen" bedeutet. Das ist die freilich nicht in metaphysischem, sondern in logischem Sinne zu verstehende Platonisch-Kantische Lehre vom intellegiblen und sensiblen Charakter.

Von Bedeutung ist noch folgendes: Binder betont mit Recht, daß alle rechtlichen Begriffe bis auf den Begriff des Rechts selbst empirische Allgemeinbegriffe seien, bestehend in der Vereinigung eines apriorischen Elements mit empirischem Inhalt. Stammlers Kategorienlehre sei daher abzulehnen; auch sein „reiner Rechtsbegriff" trage einen „Erdenrest" an sich; er sei in Wahrheit ein empirischer Allgemeinbegriff. In der Tat wird man für die normative Disziplin den Gedanken an eine geschlossene Zahl von Kategorien aufgeben müssen; nur die Norm selbst, Rechtssubjekt und Objekt mit den Grundformen subjektiver Rechte läßt sich als ständige logische Möglichkeit festhalten. Es ist kein geringes Verdienst, das sich Binder erworben hat, indem er die Aufmerksamkeit auf diesen Punkt zu lenken sucht. Jedoch ist die Aufgabe zu zeigen, wie sich die Verbindung des apriorischen Elements mit dem empirischen Inhalt in den Rechtsbegriffen vollzieht, bisher ungelöst. Die Lösung hier auch nur anzudeuten, würde weit über den Rahmen einer kritischen Würdigung des vorliegenden Werkes hinausgehen.

Die kleine Schrift von Loewenstein, der sich selbst als Schüler von Binder und Hensel bezeichnet, aber auch — nach seiner Angabe — von Windelband, Rickert, Lask beeinflußt ist, bringt nach dem eigenen Ausspruch des Verfassers mehr darüber, „was die Jurisprudenz nicht ist, als darüber, was sie ist". Als Schüler Binders vertritt der Verf. die Lehre von der Heteronomie des Rechts, die, wie schon gegen Binder selbst hervorgehoben, nicht gebilligt werden kann. Wenn Verf. (S. 6) meint, es sei besonders bedenklich und gefährlich, das Recht auf die Pflicht (im ethischen Sinne) zu gründen, da Pflichten etwas

Individuelles und Asoziales seien, so ist dies ganz einseitig gedacht. Allerdings gewinnt das Ethische im Recht eine besondere Gestalt, deren Berechtigung im Ethischen selbst tief verankert ist. Großenteils beifallswürdig sind des Verf., z. T. an Iljin orientierte Ausführungen über den Machtbegriff. Der eigenen methodologischen Grundidee des Verfassers, in Anlehnung an die Sigwartsche Einteilung der Relationen das Recht als einen eigenartigen Fall dieser „Modalrelation" herauszukonstruieren, wird man kaum Folge leisten können. Dagegen enthalten die Ausführungen des Verf. über die Relationsnatur der Begriffe „Rechtssubjekt", „Rechtsobjekt", „Rechtsverhältnis" sowie über die kategoriale Zusammenfassung rechtlicher Beziehungen manchen richtigen und für die Dogmatik des positiven Rechts fruchtbaren Gedanken. Der Verf. konnte seine Lehre hier größtenteils auf Binders „Problem der juristischen Persönlichkeit" aufbauen. Pagel.

3. Binder, Julius, o. ö. Professor der Rechte an der Universität Würzburg, Rechtsbegriff und Rechtsidee.[1]) Bemerkungen zur Rechtsphilosophie Rudolf Stammlers. 316 S. Leipzig 1915, A. Deichertsche Verlagsbuchhandlung.

Die Bemerkungen Binders knüpfen an Stammlers 1911 erschienene „Theorie der Rechtswissenschaft", die letzte und anscheinend abschließende Zusammenfassung der Rechtsphilosophie Stammlers, an und begleiten die Darlegungen dieses Werkes mit Fragen, Erläuterungen und Gegenargumenten vom ersten bis zum letzten Kapitel. Das Ergebnis der Binderschen Kritik ist: bei aller Anerkennung der ungewöhnlichen Bedeutung, die Stammler schon durch seine Problemstellung hat, muß sein Unternehmen doch „mit Bedauern als gescheitert" betrachtet werden (S. 316). Fast alle wichtigen Argumente und Resultate Stammlers werden abgelehnt. Dazu kommt, daß die Klagen über die Mißverständlichkeit, Unklarheit und Dunkelheit von Stammlers Ausdrucksweise und über

[1]) Vgl. auch die Besprechung von Pagel oben S. 428.

seine willkürliche und inkonsequente Terminologie das Buch von Anfang bis zu Ende durchziehen.[1]) Trotzdem kann es aber nicht als „Anti-Stammler" signalisiert werden. Denn B. lehnt nicht prinzipiell die Methode ab, der Stammler zu folgen vorgibt, er bestreitet nur, daß Stammler ihr gefolgt ist; er setzt ausdrücklich voraus, daß die Grundlage jeder fruchtbaren Kritik der gemeinsame Ausgangspunkt ist, den er mit Stammler hat, nämlich die Kantische Transzendentalphilosophie mit ihrem Gegensatz von reiner, apriorisch bedingender Form und dem der Empirie angehörenden bedingten Stoff, welcher Ausgangspunkt beide, Binder wie Stammler, in Gegensatz sowohl zu dem rein empiristischen Positivismus etwa Bergbohms, wie auch zu Hegelschen Rechtsmetaphysik stellt. Wenn Binder außer dieser Erkenntnistheorie noch „die Begründung der Ethik aus dem Gesichtspunkt der persönlichen Freiheit" als zweiten gemeinsamen Ausgangspunkt hinstellt (S. 3), so tritt dieser Gesichtspunkt zwar mehr zurück, ist aber ebenfalls von prinzipiellem Interesse und soll weiter unten besonders erörtert werden.

Stammler beginnt mit seinem „reinen Rechtsbegriff" („das Recht ist ein unverletzbares, selbstherrliches, verbindendes Wollen"), der, unabhängig von jeder Erfahrung und frei von empirischen Inhalten, also formal im Sinne der transzendentalen Erkenntnistheorie, die Erkenntnis „Recht" überhaupt erst möglich macht. Stammler gewinnt diesen entscheidenden Begriff angeblich deduktiv, durch „kritisches Selbstbesinnen", vom Wollen (im Gegensatz zum Wahrnehmen) als dem allgemeinsten Begriff ausgehend und die speziellen Elemente (verbindendes, selbstherrliches, unverletzbares)

[1]) Es ist interessant, diesen Klagen im einzelnen nachzugehen (vgl. S. 24, 27, 31 Anm., 40, 47, 52, 56, 81, 92, 94, 114, 144, 151 Anm., 160, 165, 173 Anm., 192, 199, 201, 207, 211, 232, 234/6, 237—241, 254, 256, 268, 287, 308). Der Vorwurf verwirrender Mißverständlichkeit, der schon oft gegen Stammler erhoben wurde (vgl. z. B. M. Weber im Arch. f. Sozialw. Neue Folge Bd. VI S. 94 f., Carl Schmitt, Gesetz und Urteil, 1912 S. 54 Anm.) ist noch niemals so substanziiert erschienen.

der Reihe nach hinzufügend. Hier erhebt B. seinen ersten Einwand: Der reine Rechtsbegriff Stammlers ist nicht durch kritische Analyse, sondern durch generalisierende Abstraktion aus bloß empirischen Rechtserfahrungen zustandegekommen; er ist der oberste und letzte Allgemeinbegriff der empirischen Rechtswelt, der durch immer weitere Abstraktionen, also induktiv, nicht deduktiv gewonnen wurde; das ist methodisch falsch, denn auf diesem Wege ergibt sich kein reiner Begriff (S. 18, 142). Der Fehler in der logischen Struktur kehrt bei Stammler immer wieder: in den Erörterungen über die „Grundbegriffe" des Rechts (S. 105); in der Methodik, bei der Darlegung der Bildung juristischer Begriffe (S. 147/8) und in der Lehre von der juristischen Konstruktion (153); in der Systematik (S. 160, 162, 164), namentlich darin, daß Stammler neben seinem Begriff des Rechts noch den einer Rechtsordnung einführt, den er selbst für einen empirischen Allgemeinbegriff erklärt, der aber mit seinem Rechtsbegriff zusammenfließt (S. 171/2); endlich in den Ausführungen über das überstaatliche Recht, die darauf hinauslaufen, daß der Begriff eines mit einem Rechtsinhalt ausgestatteten überstaatlichen Rechts auftritt, der aber dennoch mit dem rein formalen obersten Rechtsbegriff identifiziert wird (S. 193, 195).

Der Rechtsbegriff Stammlers ist aus dem Grunde kein reiner Begriff, weil er durch die Hereinziehung des „Wollens" und des Zweckes, — trotz aller Proteste Stammlers — in Wahrheit ein empirisch-psychologischer Begriff ist. Die ungeheuerliche Unklarheit des Wortes „Wollen" liegt ja sofort auf der Hand, wenn man die Frage nach dem Subjekt stellt: Das Subjekt des Wahrnehmens ist für Stammler der einzelne wahrnehmende Mensch, das Subjekt des Wollens aber die Rechtsordnung, der Gesetzgeber, also jedenfalls etwas anderes als der einzelne Mensch. Aber trotz der Unklarheit läßt sich erkennen, daß Stammlers Begriffe des „Wollens" und des Zweckes empirische Bewußtseinsinhalte betreffen und nicht Elemente des reinen Rechtsbegriffes sein können

(S. 26—39). Mit Hilfe dieser Vermengung von rein formalen und empirisch-psychologischen Elementen werden zahlreiche Schwierigkeiten in Stammlers Argumentationen verdeckt oder umgangen. So soll z. B. der formale Rechtsbegriff für Stammler positiv sein, aber was rein formal ist, kann nicht positiv gelten; das Problem wird nicht gelöst, sondern dadurch umgangen, daß diese logische Frage mit der psychologischen Frage nach den Kriterien eines faktischen Geltens verquickt wird (S. 65). Auch die vier Kategorien des Rechts, die Stammler aus dem Rechtsbegriff ableitet und die jeden Rechtsinhalt erst logisch bedingen, sind in Wahrheit nicht Kategorien im Kantischen Sinne, sondern aristotelische Kategorien, d. h. oberste Gattungsbegriffe, und das System reiner Rechtsbegriffe, das Stammler damit aufstellt, ist nur ein System abstrakter Rechtsbegriffe, mit andern Worten eine „allgemeine Rechtslehre" im gewöhnlichen Sinne des Wortes (S. 88). Die reinen Rechtsbegriffe müssen nach Binder schon deshalb empirische Begriffe sein, weil der vielgestaltige Stoff eines konkreten, historischen Rechts durch sie erfaßt werden soll; es muß, sagt Binder wörtlich „im Rechtsbegriff ein wenn auch noch so abstrakt bezeichnetes Stoffliches enthalten sein, damit er geeignet sei, ein mehr oder weniger Stoffliches in sich zu begreifen" (S. 90) — ein Argument, das in diesem Wortlaut allerdings den Verdacht nahelegt, Binder denke sich die Kategorien als wirkende Realitäten, die einen Stoff nach Art eines Behälters in sich fassen oder begreifen. —

Wird Stammlers reine Rechtslehre von dem Einwand getroffen, daß sie etwas Empirisches wie ein Formallogisches behandelt, so erscheinen in dem Teile der Theorie der Rechtswissenschaft, in denen die normative Funktion des Rechtsbegriffes behandelt wird und die Rechtsidee auftritt, namentlich in dem Kapitel von der „Geschichte des Rechts", die reinen Begriffe als metaphysische Potenzen mit empirischer Realität und Wirkung (S. 200/1). Stammler gibt eine Universalgeschichte des Rechts, was ohne

Metaphysik nicht möglich ist. Seine Auffassung, in dem geschichtlichen Prozeß ringe eine Idee nach Verwirklichung und komme der Verwirklichung näher, ist Hegelische Geschichtsmetaphysik, aber keine kritische Geschichtsbetrachtung (S. 301, 309). —

Nach dem Ergebnis von Binders Kritik ist demnach selbst dem heißen Bemühen eines Gelehrten wie Stammler das mit den tauglichsten Mitteln begonnene Unternehmen einer reinen Rechtslehre mißlungen. So wächst die Erwartung, auf welche Weise wohl Binder selbst den schmalen Weg des Transzendentalismus einschlagen wird, ohne von ihm nach der Seite einer transzendenten Metaphysik oder nach der eines empiristischen Positivismus abzuweichen. Binder geht dabei folgendermaßen vor:

Das Einzige, was das formale Element in den als „Recht" zu bezeichnenden empirischen Vorgängen ausmacht, ist ihre „Beziehung zur Rechtsidee". Der Stammlerschen Definition des Rechts setzt Binder die andere entgegen: „Alle Einrichtungen, die auf die Rechtsidee zurückgeführt werden können, sind rechtliche Einrichtungen" (S. 60). In dieser Definition ist die Rechtsidee der apriorischen Norm des Rechts substituiert; Binder definiert also, wenn wir das bereits juristischen Charakter tragende Wort „Einrichtung" farblos machen, eigentlich so: Alles Tatsächliche, worin die apriorische Norm des Rechts funktioniert, ist Recht. Die apriorische Norm ist die Kategorie des Rechts, eine ursprüngliche Funktion des Bewußtseins, durch die wir gewisse Bewußtseinsinhalte als rechtliche erkennen. Die Idee, als vorgestellte vollkommene Übereinstimmung eines Gegenstandes mit seiner Norm, ist selbstverständlich nicht die Norm selbst, aber Binder läßt sie für seine Erörterung an die Stelle der Norm treten, da dies (wegen der vollkommenen Übereinstimmung) unschädlich sei und sich überdies aus praktisch-terminologischen Gründen empfehle (S. 59). Die Rechtsidee hat somit eine doppelte Funktion: eine formallogische, sie konstituiert erst den Begriff des Rechts; und eine normative, sie gibt einen Maßstab für die Beurteilung des

Rechts, für die Beantwortung der Frage nach der Richtigkeit des Rechts. Binder zieht die Positivität im faktischen Sinne in den Begriff des Rechts — wobei er außerordentlich interessante und wichtige Darlegungen über den Begriff des positiven Geltens" macht —, jedoch gehört diese Geltung durchaus zu den empirischen Elementen des Rechtsbegriffes und ist etwas rein Tatsächliches. Die naheliegende Frage, wann und warum eine faktische Einrichtung auf die Rechtsidee „zurückgeführt" werden kann, wird nicht vollständig beantwortet. Zwar läßt Binder keinen Zweifel daran, daß er auf dem normwissenschaftlichen Standpunkt Windelband-Rickertscher Richtung steht und jene Zurückführung eine Leistung des philosophischen Betrachters ist.[3]) Soll aber nur der Standpunkt des Betrachters maßgebend sein, und die rechtliche Norm gleichberechtigt neben der ethischen oder ästhetischen stehen, so erscheint die Aufnahme des historischen Geltens in den Begriff des Rechts seltsam. Wenn man die Koordinierung der rechtlichen mit der ästhetischen Norm benutzen wollte, so wäre danach eine Definition des Schönen denkbar, die dahin lautete, das Schöne sei irgend etwas, das mit der Idee des Schönen in Zusammenhang gebracht werden könne und außerdem tatsächlich einmal vorgekommen ist; der Begriff des Kunstwerkes würde als logisches Element die Tatsache in sich schließen, daß es irgendwo konkrete Bilder oder irgendwo aufgeführte Opern gibt! Die psychologischen Faktoren, auf denen die tatsächliche Geltung des Rechts beruht, setzen überdies bereits mit psychologischer Notwendigkeit von Seiten der Subjekte jener psychologischen Vorgänge eine Beurteilung als „Recht" voraus; in Binders Definition des Rechts

[3]) Doch finden sich Wendungen wie „das Recht dient der Rechtsidee" (S. 250), oder in den historischen Moralgesetzen „wirkt" die sittliche Norm (S. 62), was auf die Idee als eine wirkende Realität hinzudeuten scheint, und wenn es an andern Stellen heißt, „alles Recht strebt darauf hin, der Norm zu entsprechen" oder „Recht ist alles, was um der Rechtsidee willen besteht" (S. 203), so könnte man meinen, es komme vielleicht auch auf die bewußten oder unbewußten Zwecke der rechtschaffenden Subjekte an.

erscheint das Recht also zweimal: es ist etwas, das tatsächlich irgendwie als Recht aufgefaßt wird und außerdem der Rechtsnorm unterliegt.

Die „konstitutive Bedeutung" der Rechtsnorm verflüchtigt sich so zu einem leeren Wort. Ihre fundamentale Wirkung wird immer dadurch umschrieben, daß sie das Recht erst möglich mache usw. In der Bezeichnung der einzigen Kategorie des Rechts, der Rechtsnorm, wird das Wort „Recht" ungeklärt wiederholt. Man kann Stammler manche Einwände machen, aber auf die Frage nach dem Rechtsbegriff gibt er eine Antwort, die immerhin keine Tautologie ist. Binder dagegen definiert immer nur: Recht ist etwas, was erstens etwas Tatsächliches und zweitens etwas der Rechtsnorm Unterstelltes ist. Darin liegt gerade die Bedeutung Stammlers, daß er seine Rechtslehre aus dem Kreisen leerer Umschreibungen heraushebt und die Wirkung seines Rechtsbegriffes bis in die Wissenschaft des positiven Rechts nachzuweisen sucht. Zwar sagt auch Binder: „Diese Realität (des einzelnen Rechtssatzes als Imperativ) verknüpfen wir mit der Rechtsidee, aus ihr bilden wir auf Grund dieser Synthese die Rechtsbegriffe" (S. 147). Aber das Auffällige an Binders Rechtsidee ist, daß sie nach den mehrfach zitierten Umschreibungen verabschiedet und insbesondere bei der Erörterung der juristischen Verarbeitung des positiven Rechts ausdrücklich ignoriert wird. Binders Bekenntnis zur Kantischen Philosophie und seine Übernahme der Unterscheidung von Natur- und Kulturwissenschaften hat — im Gegensatz zu der Konsequenz, mit der z. B. Kelsen die Jurisprudenz als normative Wissenschaft den soziologisch-explikativen Wissenschaften gegenüberstellt — keinerlei praktische Bedeutung. Binder behandelt vielmehr das Rechtliche als den konstanten Faktor, der bei der Technik der Begriffsbildung beiseite geschoben werden dürfe (S. 154, vgl. S. 138/9, 180, 227, 279); die Auslegung der Rechtssätze soll aus ihrem rein empirischen und praktischen Zweck erfolgen, die Rechtsidee bleibt ganz außer Betracht (S. 250). Die sog. freie

Rechtsfindung, die Ausfüllung von Lücken, die Verweisung auf die guten Sitten und auf Treu und Glauben, alles das hat mit der Rechtsidee nichts zu tun, sondern bewegt sich in empirischen Zweckvorstellungen. Auch in der Rechtsgeschichte bleibt die Rechtsidee gleichgültig (S. 283). Wenn Binder davon spricht, die transzendentale Rechtsnorm gewähre die Möglichkeit, „einen Kosmos von Begriffen zu gestalten“ (S. 228), so hat er jedenfalls von dieser Möglichkeit keinen Gebrauch gemacht. Die Wissenschaft des positiven Rechts — und es gibt ja auch für Binder nur positives Recht — betätigt sich, als wären Rechtsnorm und Rechtsidee nie gewesen.

Danach kann nicht mehr anerkannt werden, daß die Kantische Rechtslehre bei Binder die Grundlage seiner Rechtslehre bedeute; sie ist der Vorbau einer positivistischen Rechtslehre geworden. Eine Betrachtung des Schicksals, das der „Idee der persönlichen Freiheit“ — dem zweiten gemeinsamen Ausgangspunkt — widerfährt, läßt ebenfalls eine Abkehr Binders von dem Kantischen Prinzip erkennen. Obwohl das Recht wie die Moral die sittliche Freiheit des Menschen voraussetzen (S. 121), wird ein gewaltiger Unterschied anerkannt: nach der sittlichen Idee ist der Einzelne der Träger und Hüter seiner eigenen Persönlichkeit, nach der Idee des Rechts empfängt er seine Persönlichkeit aus den Händen der mit ihm verbundenen Genossen. „Und es ist im Grunde auch in der Idee der Persönlichkeit selbst eine leise Verschiedenheit auf beiden Gebieten zu konstatieren“ (S. 226). Leider bricht Binder gerade in diesem Punkte ab, weil die eingehende Untersuchung, deren diese Frage bedürfe, nicht in dem Rahmen der Erörterung vorgenommen werden könne. Doch sind seine Ausführungen gerade da, wo es sich darum handelt, seine früher geäußerten Ansichten[4]) in rechtsphilosophische Zusammenhänge zu bringen, von besonderem Interesse. Binder unterscheidet zwischen der Persön-

[4]) Das Problem der juristischen Persönlichkeit, Leipzig 1907 und die Prorektoratsrede „Rechtsnorm und Rechtspflicht“, Leipzig 1912.

lichkeit als Machtbegriff, d. h. dem Rechtssubjekt als dem Träger subjektiver Rechte und der sittlichen Persönlichkeit des Menschen (von der Stammler ausschließlich spricht). Die Verbindung von Recht und Ethik liegt in folgendem: Person im Rechtssinne ist derjenige, den die Rechtsordnung wegen des in ihm liegenden sittlichen Wertes als Selbstzweck anerkennt, also nur der vernünftige Mensch (S. 99). Die sog. juristischen Personen haben dann keine Rechtspersönlichkeit, wohl aber sind sie Rechtssubjekte im Sinne des Machtbegriffes. Der Begriff der Rechtspersönlichkeit soll jedoch kein reiner Begriff sein, wie Stammler meint, sondern immer ein empirischer. Es gibt für Binder keine andere Rechtspersönlichkeit als die innerhalb des positiven Rechts liegende. Die Konsequenz ist die, daß alle Persönlichkeit im Recht ausschließlich auf dem Recht beruht, der sittliche Wert kann höchstens eine (juristisch gar nicht interessierende) „Veranlassung" der Anerkennung als Persönlichkeit sein. Binder erklärt sogar, daß es nur Ein Rechtssubjekt geben kann: den Staat als Träger der Rechtsordnung; alle anderen sog. Rechtssubjekte sind nur Rechtsobjekte (S. 167/8). Namentlich im Zusammenhang mit Binders früheren Ausführungen über „Rechtsnorm und Rechtspflicht" — wonach die Rechtsnorm zwar Befehl, aber nur Befehl an die Beamten des Staates, also Selbstbindung des Staates ist — liegt darin eine wahrhaft großartige systematische Konsequenz. In der Rechtsordnung haben der einzelne Mensch und seine sittliche Persönlichkeit als Rechtssubjekt nicht mehr und nicht andere Realität oder Wert wie die juristische Person, solange es sich um die aus dem positiven Recht entspringenden Berechtigungen handelt.[5]) Das

[5]) L a b a n d, Arch. für öffentl. Recht II (1887) S. 160/1: „Die Rechtsfähigkeit der Selbstverwaltungskörper hat in der R e c h t s o r d n u n g eine ebenso reale Existenz wie die Rechtsfähigkeit der Individuen. Auch die letzteren haben die Eigenschaft, Personen, d. h. Rechtssubjekte zu sein, vom R e c h t, nicht von der Natur, welche überhaupt nicht „Rechtssubjekte" hervorzubringen vermag . . . ." (Das gilt auch dann, wenn man statt „Natur" Ethik sagt und, wie Binder, von der ethischen Persönlichkeit ausgeht, die vom Recht anerkannt werde.)

gilt für Binder um so mehr, als gerade er die methodische Selbständigkeit der Rechtswissenschaft gegenüber der Ethik hervorhebt (S. 224/225). Der Satz Binders „das Recht verpflichtet rechtlich zu nichts" (S. 220, Rechtsnorm und Rechtspflicht, S. 38/9), dessen elegante Prägnanz viele als paradox empfinden mögen, enthält eine treffende Formulierung dieser Bedeutungslosigkeit des Einzelnen. Allerdings besteht die von Binder nicht in Erwägung gezogene Möglichkeit einer autonomen Rechtspflicht, deren Subjekt freilich nicht der einzelne Mensch, sondern der Staat wäre,[6]) aber jener ethische Persönlichkeitsbegriff wird auf jeden Fall wesenlos.

So sind für Binder die beiden mit Stammler gemeinsamen Kantischen Grundsätze nicht mehr die Grundlagen seiner Rechtsphilosophie. Auf diese Feststellung muß sich die Kritik seines Werkes beschränken, denn Binder lehnt es ab, den Begriff des Rechts „mit erschöpfender Genauigkeit zu bestimmen", weil seine Abhandlung in der Hauptsache kritisch sei (S. 91). Jedoch ist das Werk weit mehr als ein kritischer Kommentar zu Stammlers „Theorie der Rechtswissenschaft". Es tritt den von Stammler aufgeworfenen Problemen von einer soziologisch auf das konkrete Recht orientierten Seite näher, weiß durch eine gedankenreiche und oft glänzende Diskussion das Interesse auch an den abstraktesten Gedankengängen zu erregen und wachzuhalten und bedeutet in der Sache eine wesentliche Klärung und Förderung sowohl der Prinzipien wie zahlreicher Einzelfragen. Carl Schmitt.

4. Giorgio del Vecchio, **Sull' idea di una scienza del diritto universale comparato. 2. edizione, Torino 1909. 34 S.**

Wohl nur gering dürfte die Zahl derer sein, denen es nicht geläufig, daß das Mühen um eine Disziplin der vergleichen-

[6]) Carl Schmitt, Der Wert des Staates und die Bedeutung des Einzelnen, Tübingen 1914 (Ende 1913 erschienen) S. 101, 53, 71, der Staat wird „zum einzigen Träger der juristischen Norm, zu ihrem einzigen Adressaten, zum einzigen im rechtlichen Sinne Verpflichteten." „Es gibt eine Autonomie im Recht, aber ihr Träger ist der Staat." Über Stammlers Rechtsphilosophie vgl. S. 34, 61—64.

den Rechtsgeschichte, insonderheit der Blick nach einer universalen Geschichte des Rechts bereits in der ersten Hälfte des vergangenen Jahrhunderts lebendig war. Hat doch schon kein geringerer als Anselm Feuerbach die Idee einer U. R. G. erschaut und verkündet. Feuerbach, der so sehr sich zu der Kritik der praktischen Vernunft bekannte, daß er aus ihr alle seine systematischen Besinnungen ableitete.

Indessen man weiß, wie bald unter dem Einfluß des Hegelschen Grundprinzips: die Welt als etwas Vernünftig-Seiendes zu erkennen, alle Erkenntniskraft der Wirklichkeit aus systematischem Denken zu heben, die historische Schule zur Ablehnung aller Spekulation über die ratio des Gesehenen kommen mußte. Denn wenn die Welt vom wissenschaftlichen Begriff als etwas rationales überhaupt erst geschaffen wurde, so schien in der Tat jede Spekulation über die Ergebnisse der Forschung überflüssig. Diese Abkehr von der Besinnung über Wert und Unwert geschichtlich gewordener Bildung im Rechtsdasein mußte aber insofern dem Antrieb, eine Mehrheit von Rechtsinstitutionen gleicher Bestimmung und gleicher Funktion aneinanderzuhalten, ungünstig sein, als ja mit der Überzeugung von einer im bloßen einstigen Sein wurzelnden Vernünftigkeit der rechtlichen Gebilde auch der Antrieb,: Notwendigkeit und funktionelle Zweckhaftigkeit irgendeines Rechtsgebildes in breiterem einstigen Rechtsdasein bei mehreren Völkern zu finden, — naturgemäß fehlen mußte.

Und noch ein weiteres Moment kam zu dieser allgemeinen Einstellung hinzu, um so die fortschreitende Abwendung von aller rechtsvergleichenden Tätigkeit auszuwirken. Ich meine das unbewußte Isolierungsstreben des menschlichen Geistes, jene Neigung unserer Besinnung, um so mehr die Objektgruppe der Betrachtung zu verengern, je angestrengter die letztere sich der Erforschung irgendeines Unbekannten zugewandt hat. Speziell in der Kulturgeschichte finden wir ja diese psychische Funktionalität in jenen breiteren Ansichten wieder, wonach immer nur eine Kulturstätte und ein auserwähltes Volk Schöpfer und Träger alles Kulturdaseins und der Rechtsvernunft gewesen sein müsse und solle. In der Rechtsgeschichte insonderheit braucht man ja nur an die im corpus j. Justinians verkörperte ratio scripta zu denken. Und all die Gedankenwelten die um die Thora des Moses kreisten, sind ja auch nur ein Phänomen dieses allgemeinen psychischen Ablaufes. Gar oft schon hat sich solch gottbegnadetes Sein den Sturz vom Ursitz allen Wertes zu einem weit bescheideneren Plätzchen in der historischen Abfolge gefallen lassen müssen, und mit ihm mußte dann auch der Weise aus dem Morgenlande, der aus seinen Händen solche Gottähnlichkeit zuerst autoritativ zugewogen, seine Einordnung in die große Schar in Gleichberechtigung um das Erkennen vom Werden der Kulturwerte Ringender sich gefallen lassen. Je reicher nun das Quellenmaterial für die römisch-byzantinischen Kulturstätten erschlossen wurde, je weiter die Schatzkammern unserer heimischen Rechtsdenkmäler eröffnet wurden, desto intensiver strebte dann naturgemäß die Forschung der letzteren wissenschaftliche Beurteilung an. Damit aber wuchs die Summe der rechtshistorischen Erfahrungen ins Unübersehbare und zwang den einzelnen Forscher mehr und mehr zur Spezialisierung. So trat neben das unbewußte Hinausdrängen möglicher anderer Objektgruppen durch die Intensität der Erforschung eines bestimmten Erfahrungsinhaltes die mehr oder minder gewollte Notwendigkeit sich zu bescheiden. Man mag darüber streiten, in welchem Grade auch diese Einsicht von der Unübersehbarkeit des Rechtsstoffes zu einer im weiteren Ablaufe nicht mehr im Licht des Bewußtseins sich vollziehenden Verabsolutierung bestimmter Inhalte führen muß. Zweifellos ist, daß dieser psychische Prozeß weitgehende Wirkungen in einer eigenartigen Formung des Begriffes juristischer

Wahrheit geführt hat. Klar zunächst ist auch, daß diese Neigung zur Umgrenzung wieder jedem Herumschweifen des Blickes auf andere Rechtsordnungen, dem Versuch das besondere Forschungsobjekt mit gleichartigen Instituten in anderen Rechtsordnungen zu konfrontieren, abhold sein mußte. Und doch sehen wir wie mit H. Post anhebend, von Kohler und anderen weiter verkündet, mit einem jugendfrischen Idealismus sondersgleichen, einer Arbeitsfreudigkeit die noch den ins Unendliche gehenden Rechtsstoff zu überflügeln sich erkühnte, aller Erfahrung zum Trotz und gerade im Aufbau auf Hegel das Postulat nach der Einbeziehung aller Rechte in die Forschung, die Forderung nach einer Vergleichung der einzelnen Institutionen in den Ordnungen möglichst zahlreicher Völker erhoben wird. Auf der anderen Seite wieder tritt dem nun neu belebten, wiedererwachten Gedanken Feuerbachs (dessen Namens heller Schein nicht zum Nutzen aller dieser Strebungen gar selten genannt wurde) hartnäckiges Mißtrauen der Anhänger der historischen Schule entgegen. Psychologisch, wie schon angedeutet, gut gewurzelt fand es in mannigfachen Verstößen der sog. Rechtsvergleicher gegen Forderungen historischer Kritik und Treue genügende Anhaltspunkte, um sich gegen das synthetisch Bestrickende der angeblich neuen Postulate mit Erfolg, und wie es schien, auch mit gutem wissenschaftlichen Recht zu wehren. Der tief gehenden Wandlung, welche sich gleichwohl auch in der Ausweitung des Blickes in der rechtshistorischen Forschung geltend gemacht hat, ihrer Entwickelung zur „antiken Rechtsgeschichte", wie Wenger treffend gesagt hat,[1]) darf hier indessen nicht gedacht werden. Eine so interessante und psychologisch, wie im einzelnen methodisch bedeutsame Erscheinung dieses an sich auch ist. Vielmehr gilt es hier, den Blick zu richten auf jene Strebungen, welche unmittel-

[1]) E. Rabel sprach in bestimmter Beziehung von romanistischer Rechtsgeschichte.

bar mehr oder minder alle Schranken verneinend auf eine universale Geschichte des Rechts sinnen.

Dabei wird man sich noch der durchaus nicht notwendigen Erscheinung zu erinnern haben, daß die sog. Universalrechtsgeschichte sich fast immer der Rechtsphilosophie zugesellt, namentlich auch in der Vorlesung häufig mit ihr zusammengefaßt wird. Sei es, daß die U. R. G. unmittelbar Philosophie zu sein behauptet, sei es, daß sie nur das Material für eine Weltbetrachtung zustmmentragen will. Dann freilich, wenn die U. R. G. nichts anderes als Rechtsphilosophie sein mag, erhebt sich sofort die Frage, woher jene denn die Berechtigung zu eigener Namensführung und Absonderung von der Rph. hernimmt. Behauptet sie aber Geschichte zu sein, so wird sie auch dann gleicherweise wieder die Prüfung ihrer methodischen Voraussetzungen zu bestehen haben. Soll U. R. G. als Wissenschaft daher in der einen oder in der anderen Beziehung als Geschichte oder als Philosophie möglich sein, so muß ihre innere Möglichkeit dargelegt werden.

So sehr auch hoher Idealismus unter starkem synthetischem Antrieb uns zur Idee einer universalen Geschichte des Rechts als Rechtsvergleichung in del V.s Schrift zu überzeugen sucht, so sehr doch bleibt die Pflicht zu ernster Wägung ihrer begrifflichen Möglichkeit. So sei es erlaubt, an die Darlegung der Hauptgedanken del V.s eine kurze Kritik seiner Ansichten anzureihen und endlich dort, wo unsere Meinungen sich trennen müssen, eine methodische Besinnung wenigstens nach einer wissenschaftstheoretischen Richtung hin anzustreben. Der Wert eines jeden redlichen Mühens, dem menschlichen Geiste neue Bahnen zu weisen, wie del V. es versucht, hat seine Anerkennung ja auch darin gefunden, daß seine Schrift, ein ursprünglicher Heidelberger Vortrag vom 4. September 1908, nicht nur eine zweite Auflage in Italien erlebt hat, sondern auch ins Französische übersetzt in der Revue critique de legislation et de jurisprudence 1910 erschienen ist.

Und um so mehr gilt es, sich über die denkbaren Grenzen vergleichender Rechtsgeschichte zu besinnen, als man es sicherlich nicht billigen würde, daß es ihr wieder wie ehedem erginge. Denn der Einwand, ein Verschwinden aller dieser wissenschaftlichen Strebungen (die man gemeinhin als Rechtsvergleichung bezeichnet) sei darum nicht möglich, weil die Forschung uns heute bereits zu zahlreiches und wissenschaftlich gesichertes Material geliefert, scheint wenig begründet. So parador es vielleicht im ersten Augenblick auch scheinen mag, tatsächlich ist die fortschreitende Dehnung unseres rechtshistorischen Blickes einer universalen Rechtsvergleichung so ungünstig — wie nur denkbar. Nicht daß die restlose Zusammensetzung alles rechtshistorischen Materials (es sei erlaubt, diese tatsächliche Unmöglichkeit einmal als gegeben vorauszusetzen) uns der Findung ihres Begriffes irgendwie näher brächte, derart etwa, daß nur die Unmöglichkeit, das empirisch erreichte Material zu meistern, uns die Erfüllung einer U. R. G. wehrte. Vielmehr sollte umgekehrt die fortschreitende Anhäufung gewonnener Kenntnis vom einstigen Rechtswerden und Sein bei zahlreichen Völkern auch stetig von der Einsicht der gedanklichen Unerfüllbarkeit des Postulates begleitet werden. Darüber steht endlich die Frage, ob der Gedanke — an eine U. R. G. als Idee im transzendentalen Sinne — überhaupt bestehen kann, ob sie ihre Berechtigung aus der vollen Überzeugung ihrer Würdigkeit und gleichzeitigen Unerfüllbarkeit abzuleiten vermag.

Del V. meint nun, es müsse sich ein Entwicklungsprozeß schildern lassen, welcher die Erfüllung einer Endforderung der menschlichen Vernunft abspiegele. Zu diesem Ziele werde das Studium des positiven Rechtes aller Völker zu allen Zeiten, welches wissenschaftlich jetzt möglich sei, notwendig.

Soweit die empirische Forschung versage, bestände doch die Anforderung (S. 6 f.), denn der Reichtum des Materials dürfe nicht zur Skepsis führen, sondern müsse genau wie in der Naturwissenschaft zu weiterem Fortschritt anspornen (ib.). Jedenfalls hätten selbst die Verteidiger des Programms einer U. R. G. noch nicht die volle Einsicht ihrer methodischen Grundlagen. Wenig angebracht erscheine die angebliche Überlegenheit des Juristen solchen Studien gegenüber, denn auch der Rechtshistoriker solle nicht auf die Dauer der Wahnvorstellung des auserwählten Volkes verfallen bleiben (S. 7). Gebe doch das Objekt der Wertung, das römische Recht, niemals auch sein Wertkriterium: L'oggetto della valutazione non può esserne al tempo stesso il criterio (S. 8). Unbestreitbar bleibe der Wert des römischen Rechts. Aber die Einschränkung alles rechtshistorischen Studiums auf dasselbe sei doch eben nur zum Teil gerechtfertigt. Zwar sei es, wie schon Leibniz bemerkt, durch seine technische Vollendung, das logisch Zwingende seiner Konstruktionen und durch die Dauer seiner Entwickelung einer der größten Denksteine des menschlichen Geistes. Aber dieses römische Recht sei doch eben nur ein Teil, und zwar ein verhältnismäßig eingeengter Teil des „juristischen Gedankens" der Menschheit (che una parte comparativamente ristretta del pensiero giuridico dell' umanità. S. 8). Zudem seien die meisten Rechtsinstitute in ihm zu solcher Vollendung entwickelt, daß weiter zurückliegende Stadien der Organisation, wie z. B. die der patriarchalischen Familie gar nicht mehr erkennbar seien.

Ohne die Bedeutung des Studiums des römischen Rechts verkennen zu wollen, müsse doch gesagt werden, daß letzteres selbst wieder lediglich eine „historische Kategorie" (una categoria storica S. 9), eine besondere Verwirklichung dieser Idee des Rechtes sei. Daher sei das römische Recht, da es doch nur eine Teilerscheinung der juristischen Phänomenologie sei (fenomenologia giuridica S. 10), gleicherweise von den Naturrechtlern, wie von der historischen Schule überschätzt worden. Alle Erscheinungen des sozialen Lebens, die man auf bestimmter Entwicklungsstufe betrachte, ergäben sich aus der juristischen Natur (si riconoscono .... di natura giuridica S. 11) des Menschen; letztere läge freilich jenseits der offiziellen Grenzen der zünftigen Rechtswissenschaft. In Wahrheit habe allein diese Soziologie Daseinsberechtigung. Sie könne nichts anderes sein als eine Methodenlehre, welche allen den verschiedenen Wissenschaften, deren Objekt die Betrachtung menschlichen Handelns sei, gemeinsam sein müsse.

Die Hauptregeln der juristischen Soziologie seien. Erstens: Kein rechtliches Phänomen ist grundsätzlich unbeachtlich; zweitens: Auch auf Rudimente und kaum mehr erkennbare, durch die Entwickelung weit überholte Institute habe die Forschung grundsätzlich sich zu erstrecken (S. 12 f.). Der erste Grundsatz folge aus der Überlegung, daß alles „positive Recht" der Ordnung der Phänomene angehöre, eine natürliche Tatsache sei (S. 13).

Handele es sich aber darum, die Tatsache zu begreifen in ihrem Sein, sie zu erklären, so dürfe keinerlei Wertungsprinzip eine unzulässige Auswahl treffen. Daher müsse der Forscher gewissermaßen zum juristischen Naturalisten werden (S. 12). Der zweite Leitsatz folge aus der Erkenntnis, daß im Bereich des Empirischen alles kausal begründet sei. Daher enthalte jeder bestimmte Augenblick der Entwickelung eines Rechtsinstituts, soweit zurückliegend diese Phase auch sein möge, alle seine älteren Inhaltsmomente (riassume e compendia in sè tutti gli anteriori S. 13). Die Erkenntnis irgendeines Rudimentes könne vielleicht Licht auf eine ganz entschwundene Rechtswelt werfen. Fände man aber das, was man bei solch fortgeschrittener Rechtsordnung nur noch ahnen könne, bei anderen Völkern geringerer Kultur in zusammenhängendem Rechtssystem wieder, so sei der Rückschluß aus letzterem für die Geschichte des ersteren aus eben dem Vergleiche möglich und berechtigt.

Diese Methode gewähre das generische Konstituens jeder derartigen Forschung, die spezifischen Merkmale dieser Wissenschaft aber seien aus den „juristischen Phänomenen" an sich zu gewinnen. Der juristische Charakter einer Erscheinung wieder könne logisch nur dahin bestimmt werden (logicamente .... dipende la giuridicità di un fenomeno S. 14), daß allein die mehr oder minder in uns latente Idee des Rechts Auswahl, Gruppierung und vergleichenden Zusammenhalt der Tatsachen auswirke. Sie allein begründe die Forschung und gewährleiste ihre Einheit, indem sie trotz aller Verschiedenheiten der Erscheinungen eben immer nur juristisch bedeutsames Material für den Vergleich bereitstelle. Durch die Erkenntnis dieser transzendentalen Idee werde die Bedeutung der empirischen Forschung nicht gemindert. Letztere ja erst gebe das Rechtsmaterial in Raum und Zeit. Und, so meint del V. nun weiter, „nichts hindere hinzuzufügen, daß die Erforschung der historischen Tatsachen .... auch ihrerseits die Möglichkeit gibt, durch Besinnung zum formalen Kriterium aufzusteigen, von welchem jene Tatsachen nur Anwendungen und Beispiele sind" (S. 16)....

Habe man sich über diese grundsätzlichen Kriterien geeinigt, so könne man sachliche Forschung und Vergleich der juristischen Phänomene unternehmen. So gelänge es „da costituire una scienza autonoma", welche man am genauesten als scienza del diritto universale comparato bezeichnen könne (S. 16). Beherrschendes Prinzip dieser Wissenschaft sei die Einheit des menschlichen Geistes. Dort liege eine der Prämissen der Forschung, da ja auch das Recht nur eine Manifestation des Geistes sei. Und jeder Mensch trage das Prinzip des Rechtes in sich, daher auch dieses im menschlichen

Geist am tiefsten verankerte Postulat der Gerechtigkeit ewig sei. Von hier aus ließen sich zahlreiche für die Konstituierung dieser Wissenschaft wichtige Tatsachen begreifen.

Als erste Erscheinung fände man, daß sich die Spur einer Gemeinschaftsordnung bei allen Völkern feststellen lasse. Weiter ergebe sich, daß überall die Schaffung solcher Gemeinschaftsregelung aus dem Unbewußten ins Bewußte gehe. Und aus der beobachteten Einheit des menschlichen Gefühls wieder folge, daß dieser ganze Prozeß der Auswicklung in Gleichförmigkeit erfolgen müsse. Daher falle auch das namentlich von dem Einfluß der historischen Schule gestärkte Vorurteil in sich zusammen, daß jedes Volk sein eigenes nur ihm gehörendes und von den Rechtsordnungen anderer Völker stets verschiedenes Recht haben müsse (Il pregiudizio .... secondo il quale ogni popolo avrebbe necessariamente un proprio diritto S. 17). Die alte Vorstellung weiche überall erweiterten vergleichenden Forschungen, welche mit Sicherheit einen großen Teil der Prinzipien und der grundlegenden juristischen Institutionen als Gemeingut der Menschheit erkannt hätten.

Eine neue Bestätigung finde diese große Einheit durch die Tatsache der Entwicklung der Institutionen selbst. Denn so sehr an sich solche Abwandlungsfähigkeit der Phänomene jenem Prinzip zu widersprechen scheine, so sehr doch weise letztere selbst wieder einen allgemein menschlichen Charakter. Dieser bedinge es, daß die Entwicklung der Institutionen bei den verschiedensten Völkern zu den staunenswert gleichen Resultaten führe, ohne daß man auf die Annahme gemeinsamer rassenmäßiger Abstammung zurückzugreifen brauche, eine Hypothese, welche im übrigen in den meisten Fällen ungenügend zur Auslösung derartiger beobachteter gleicher Rechtsbildungen sei (S. 18). Endlich müsse man sich einer nicht immer genügend gewürdigten Wahrheit erinnern, welche gleicher Art jenes große Prinzip der Einheit bestätige. Es liege in der

Aufnahmefähigkeit der Institute in andere Rechtsordnungen. Und diese Eignung rezipiert zu werden, sei um so größer, je fortgeschrittener die fraglichen Rechtsbildungen seien. Durch ihre innere Logik führten sie ein selbständiges Leben (la loro logica interna conferisce ad essi una vita autonoma S. 19), durch welches sie aus den geschichtlichen Zusammenhängen gelöst, höher als alle Geschichte seien: in un senso universale e vorremmo dir metastorico. Daher, eingeengt durch die Einseitigkeit der Fragestellung, habe die historische Schule auch niemals eine genügende Erklärung der Rezeption des römischen Rechts in Deutschland geben können.

Endlich aber müsse man sich über eine Grundtatsache klar werden, welche eigentlich alle früheren Überlegungen zusammenfasse. Sie liege darin, daß im Laufe der Entwicklung die rein rationalen als Erzeugnisse des menschlichen Geistes einander konformen Bestandteile der Institutionen mehr und mehr über die ursprünglichen, völkischen, noch halb im Unbewußten geschaffenen Bildungen die Oberhand gewännen. So ergebe sich ein Zusammenstreben, eine immer fortschreitende Gleichordnung und Übereinstimmung zwischen den Rechten der verschiedenen Völker. Diese allgemeine Neigung sei nichts anderes als die unter bestimmtem Gesichtswinkel gesehene Entwicklung des menschlichen Geistes, die notwendig und von äußeren Einflüssen gelöst sei (questa tendenza non è se non un aspetto dello sviluppo dello spirito umano [S. 21]). So vollende sich fortschreitend unter der Herrschaft universeller juristischer Merkmale eine societas humani generis, welche gegründet sei auf die von Natur jedem Menschen eingewurzelten Rechte (S. 22).

Aufgabe der Wissenschaft einer allgemeinen Rechtsvergleichung sei es nun (wie schon eingangs erwähnt), alle Phasen dieses Entwicklungsprozesses, welcher der Verwirklichung einer Endforderung der menschlichen Vernunft zustrebe, ordnend zum

Bewußtsein zu bringen. Solche U. R. G. betrachte die Rechtsgebilde nicht allein als einstige Tatsachen, sondern sie erforsche die letzteren im wesentlichen zugleich insoweit, als dieselben einen bestimmten Entwicklungsstand des menschlichen Geistes in der Form des Rechtes anzeigten. Unter Überwindung des historischen Standpunktes nehme jede Rechtsbildung den Platz ein, der ihr in Beziehung auf die Idee, welche sie aufdecke, zukomme. Nach solchem Kriterium, welches höher sei denn alle Geschichte, sei es möglich, eine jede erfahrbare Rechtsbildung anzuordnen nach der juristischen Grundvorstellung, welche sie verwirkliche. So bewege sich zwar die Wissenschaft universaler historischer Rechtsvergleichung auf dem Boden der Erfahrung, zugleich aber sei sie einem System philosophischer Konstruktion und Voraussetzungen unterworfen, ohne welche sie in sich zusammenfallen würde. Gleichzeitig zeige sie die Annäherungsgrenze zwischen Rechtswissenschaft und Rechtsphilosophie an. In letzterer finde sie ihre Grundsätze und ihre Vollendung, wie umgekehrt wieder die Rechtsphilosophie aus der U. R. G. Nutzen zu ziehen habe für Anwendung und Erhärtung ihrer Prinzipien. Die für die Gesamtvorstellung del Vecchios entscheidenden Stellen lauten: „I dati dell' esperienza giuridica non sono considerati .... ma anche, ed essenzialmente, in quanto rappresentano un certo atteggiamento o grado di esplicazione dello spirito umano nella forma del diritto; ... ogni formazione giuridica assume il posto che le compete per il suo contenuto d'idea; ... Secondo tale criterio, che suppone bensì la notizia storica, ma è per sè metastorico .... debbono esser raccolte in un solo gruppo, sempre che in esse si presenti attuata la medesima concezione giuridica (S. 22). ..... ha nondimeno tutta una serie di premesse e di addentellati filosofici, senza dei quali necessariamente cadrebbe ..... è per altro il limite di approssimazione della scienza alla Filosofia del diritto (S. 23).

Überblickt man del Vecchios Ausführungen, so erkennt man neben der Berufung auf den Kantianismus Feuerbachs auch unschwer seine allgemeine Einstellung in die Philosophie des Königsberger Weisen aus jenen Worten, in denen er ausdrücklich vor dem Irrtum warnt, als sei jemals aus dem Material der Forschung auch das Prinzip seiner Wertung ablesbar: „L'oggetto della valutazione non può esserne al tempo stesso il criterio" (S. 8, auch S. 12). Liegt doch in diesen Worten das Bekenntnis zum kritischen Grundgesetz, die Überzeugung notwendiger Trennung des Sollens vom Sein beschlossen. Aus ihr kann dann del V. mit gutem Grunde trotz voller Anerkennung des Wertes prähistorischer vergleichender Forschungen doch auch ihren Anspruch, die Philosophie entthront zu haben (H. Post), zurückweisen.

Anschließend hätte er aus jener kritischen Überlegung heraus aber auch eine Verurteilung des Kohler-Berolzheimerschen Neuheglianismus, in welchem solche Forschungsart umgekehrt mit der Behauptung, selbst Philosophie zu sein, auftritt, folgern können. Es ist ja hinreichend bekannt, daß Berolzheimer in seiner sog. Rechtsphilosophie Bd. I keine geringere Forderung stellte, als die Ablösung des ganzen Kritizismus durch seine (Berolzheimers) vergleichende prähistorische Methode.

So geht del Vecchio von dem allein möglichen Fundament für den Bau einer methodologischen Besinnung — eben dem Kritizismus — aus. Und auch seine offensichtliche Kenntnis der deutschen Literatur hätte del V. das weitere Rüstzeug bei der Findung neuer Wege geben können. Aber gerade jene Lehren, welche die methodische Auseinanderlegung von Geschichte und Philosophie einerseits behandeln und andererseits auch die Trennung zwischen beiden von allen Naturwissenschaften vollzogen haben, — die Lehren der Badener Philosophenschule hat del V. offensichtlich nicht verwertet. Das kommt bereits in jener Besinnung zum Ausdruck, in der del V. sich von der stets wachsenden Unübersehbarkeit des rechtshistorischen Materials Rechenschaft gibt und zugleich diese Tatsache fortschreitender Reichtumssammlung durch Ausdehnung des Forschungsgebietes mit dem Endziel der U. R. G. widerspruchslos zu einen sucht (S. 6 f.). Nicht ein resignierendes Sichbescheiden, sondern vermehrte Arbeit habe — wie schon erwähnt — jene Unabgrenzbarkeit des Materials zu bedeuten. Indessen enthält dieser Vergleich neben einer unbedingt richtigen Erinnerung doch auch wieder so viel falsche Momente, daß er nicht unwidersprochen bleiben darf. Insoweit diese Meinung die Unerfüllbarkeit der Anforderung an den Willen betont und zugleich mit der vollen Erkenntnis der empirischen Unerreichbarkeit die Berechtigung des Postulates an sich gründet, wird man natürlich eine leichte Erinnerung an jene grundsätzliche Einstellung der Besinnung erkennen, die im tiefsten Wesen der Transzendentalphilosophie liegt. In spezieller methodischer Hinsicht indessen— und Methode gerade will del V.s Lehrmeinung sein — ist die Bedeutung der Unabgrenzbarkeit des Materials in Kulturwissenschaft einerseits und in Naturwissenschaft andererseits von grundsätzlich anderer Bedeutung. Haben uns doch die Untersuchungen des Badener Neukantianismus unter Führung Windelbands und Rickerts wieder gelehrt, wie sehr das Prinzip der Naturwissenschaft Vereinfachung ist. Heraushebung des den Dingen Gemeinsamen unter Abstrahierung des Besonderen, Unwesentlichen zum Zwecke der Zusammenfassung unter Beherrschendes. Umgekehrt wieder suchen die Kulturwissenschaften, insonderheit die Geschichte gerade das zu sehen, was die Dinge voneinander unterscheidet. Die Geschichte will zwar, so haben Windelband und namentlich Rickert gezeigt, nicht wie die Philosophie unmittelbar werten, aber sie muß doch das einzelne Geschehnis in Beziehung zu irgendeinem anerkannten Kulturwert setzen. Und nur insoweit liest sie aus der unendlichen Fülle ihre Objekte der Betrachtung aus, als diese eine solche Beziehung weisen lassen. Darum aber wird gefragt, wie die Verknüpfung gerade dieses einzelnen Ereignisses mit späterem Kulturwerden gewesen ist. Nach dem Individuellen, dem Einmaligen dieser besonderen Gestaltung schaut der Historiker aus. Dies ist ihm Ziel der Darstellung unter Abstoßung alles dessen, was seinem Forschungsobjekt mit anderem Geschehenen unter mancherlei Hinblick gemeinsam ist. Stets Neues also sucht der Historiker. Das was schon immer die Dinge beherrscht hat, was in gewissem Sinne also ewig erscheinen muß, will der Naturwissenschaftler an den Gegenständen seiner Erkenntnis finden.

Damit wird das vollständige Auseinanderfallen dieser Erscheinung unübersehbar anwachsenden Materials in Geschichte einerseits und in Naturwissenschaft andererseits klar. Denn in letzterer ist ein solches Phänomen immer ein Prinzip der Bejahung.

Je größer das Material, um so zahlreichere Bestätigung des Gesetzes in ihm kann der Naturwissenschaftler erhoffen. Und wo die Unterordnung neuer Erkenntnisse unter das Gesetz nicht möglich ist, da bedeutet solche Findung des Materials nur die Notwendigkeit, nach anderen Gesetzen zu suchen. Keinerlei Verneinung also an das Methodische der Besinnung als solche, lediglich eine Absage an die erfolgte Zusammenfassung der Prämissen.

Geht also das Grundsätzliche der Gedankenbewegung lediglich auf die Einsicht, daß wegen mangelnder Erfassung von Prämissen nicht genügend Theorie vorlag, so zwingt hier eine wachsende Fülle rechtshistorischen Materials grundsätzlich zu einer stetigen Aneinanderreihung neuer Erkenntnisse, und verneint der Art des Gedankenablaufes nach mehr und mehr die Möglichkeit einer Abgrenzung aller Erkenntnisse zu einer Einheit des Bewußtseins. So wird hier letzteres grundsätzlich vor eine neue Aufgabe gestellt, und es ist durchaus unklar, wie es sich mit jenem Versinken in ein (scheinbar) Unendliches abfinden kann und soll. Damit aber dürfte das methodisch Unbefriedigende des gen. Vergleiches del V.s klar sein. Und wenn er aus ihm nun die Berechtigung zur universalen rechtshistorischen Forschung ableitet (Se però la legittimità della ricerca anzidetta è ormai fuor di questione S. 6), so scheint mir bis dahin noch jeder Nachweis, die Legitimation zu solchen Forschungen in etwas anderem als in ungeprüften synthetischen Forderungen zu finden, zu fehlen. Dabei muß man sich immer der Gegensätzlichkeit klar sein, die der Auflösung zu harren scheint: Synthetische Antriebe des Bewußtseins locken zur Sammlung und Zusammensetzung des Materials, und in dieser Tätigkeit des Aufbaues gesicherter rechtshistorischer Kenntnisse verflüchtigt die Art der Gedankenbewegung mit Notwendigkeit die Einheit der gesuchten Vorstellung. Es heißt nur die Frage derart zu stellen, um sich darüber klar zu sein, wie vollständig del V. an dem, was eigentlich in seiner Besinnung zur Klärung gelangen sollte, unter Berufung auf einen methodisch unrichtigen Vergleich vorübergegangen ist.

Und weiter dann begeht del V. trotz seines Bekenntnisses zum kritischen Grundgesetz einen Verstoß, der zwar in der These nur versteckt auftritt, der aber in seinen Folgerungen sich rächend die ganze ursprünglich richtig gegründete Meinung beeinflußt. Die Worte del V.s, mit denen er die Möglichkeit, das Seinsollende aus dem Seienden abzulesen, verneint (S. 8 u. 12), wurden bereits angeführt. Mit gutem Grunde lehnt del V. aus solchem Argument heraus auch die Art der Betrachtung des römischen Rechtes als einer unabänderlichen ratio scripta ab. Gleichwohl scheint die kritische Verankerung del V.s nicht allzufest zu sein. Denn wenn er meint, man müsse sich aus dem Bann der Anschauung dieses einzelnen Rechts befreien, indem man es in seiner Bedingtheit und als Erscheinung einer Entwicklung ansehe, so tritt del V. doch wieder nur für eine historische Betrachtung des römischen Rechts ein. An solcher hat es doch aber so gänzlich wirklich nicht gefehlt. Augenscheinlich hat denn auch der Verf. seinen Gedankengang vollständig umgeworfen. Nicht zum Ziel einer Absage an die mit jener Forschungsart verknüpfte Verwischung der Unableitbarkeit des Seinsollenden aus dem Seienden gelangt er, wie seine These dieses vermuten läßt; sondern das Einzige, was er erreicht, ist eine Vermehrung des Materials. Aus ihm leitet er dann in gleich fehlerhaftem Verfahren wie seine Gegner den Wert ab. Was del V. eigentlich will, wird in seiner ersten Ablehnung nur klar, wenn man die Betonung legt auf das Wort „quel", d. h. Solo uscendo dall' ambito di quel particolare diritto. Ganz deutlich aber wird die Umbiegung des Gedankenganges zu dem falschen Prinzip, welches er anfänglich bekämpft (nur weil es seine Gegner in zu engem Umfange geübt), am Schluß jener Ausführungen, in denen del V. zwar immer wieder zu betonen sucht, daß das rechtshistorische Material nur in Raum und Zeit gefunden werden könne, daß also ohne vorgängige historische Erfahrung keine wissenschaftliche Erkenntnis möglich sei, daß die formale Idee des Rechts gleichwohl das logische Prius sei. Aus dieser allein richtigen kritischen Grundstellung heraus heißt es dann aber unvermittelt: **Nè osta a quanto dicemmo l'aggiungere che l'esame dei dati storici, nei quali siasi riconosciuto il carattere del diritto, può anche alla sua volta occasione di astrarre e rilevare in modo riflesso quella nozione formale, che nell' ordine logico li precede, e che in essi è soltanto applicata o esemplificata.**

Hier bekennt sich del V. demnach zur völligen Umkehrung des kritischen Leitsatzes. Falsch war es seiner Meinung nach, das römische Recht als ratio scripta anzusehen, d. h. dieses Recht als etwas unmittelbar Vernünftiges zu lesen, die formale

Idee in ihm finden zu wollen. Richtig doch wieder ist es seiner Meinung nach, aufzusteigen aus der Kenntnis des Seins der Rechtsbildungen zahlreicher Völker zu der Idee des Rechts. Keinerlei grundsätzliche Differenz also trennt del V. von den Vorkämpfern jener alten Meinung, da auch er die Fäden des Seins mit dem Seinsollenden verschlingend schließlich mit jenen nur hinsichtlich der Menge des zu verarbeitenden Materials sich in einer Meinungsverschiedenheit befindet.

Daher durchzieht alle ferneren Ausführungen auch immer dieses Leitmotiv: Jedwede Rechtsbildung ist Erscheinungsform des „juristischen Gedankens der Menschheit". Da dieser derartig bis zu gewissem Grade in jedem Gebilde zum Ausdruck gelangt, muß es möglich sein, durch mosaikartige Zusammensetzung eine universale Geschichte des Rechtes zu erkennen, in ihr auch zugleich jede Einzeleinsicht zur Einheit zusammenzufassen.

Zu welch absonderlichen Folgerungen dann diese Meinung im Verein mit der mangelnden Einsicht von der methodischen Eigenart geschichtlicher Erkenntnis führen muß, zeigt sich z. B. in del V.s Beurteilung der Lehrmeinungen über die Rezeption des römischen Rechts in Deutschland. Unter Berufung auf Bechmann sagt der Verfasser (wie erwähnt), daß die historische Schule niemals eine befriedigende Erklärung der Rezeptionsvorgänge habe geben können. Begreifen könne man diese nur, wenn man an die Eignung jeder Rechtsgestaltung, bei fremdem Volke kraft eben dieser inneren Vernünftigkeit zu gelten, denke. So nur seien ja auch zahlreiche ähnliche Rezeptionsprozesse wirklich geworden. Glaubt del V. tatsächlich im Zeitalter der historischen Vernunft [Windelband] mit solcher Erklärung über das Maß der Einsicht hinauszukommen, welches uns die geschichtlichen Forschungen über jenes einmalige Geschehen geboten? Besteht denn überhaupt eine methodische Möglichkeit — so muß man fragen — das, was wir gerade in seiner unwiederholten Eigenart erkennen, durch den Hinweis auf ein psychisches Geschehen auflösen zu wollen? Wird unsere historische Kenntnis durch die Kenntnis, daß auch in zahlreichen andern Fällen fremdes Recht von Völkern rezipiert worden ist, etwa gefestigt oder vertieft? Begreift nicht vielmehr das Nomen: Rezeption ein so unübersehbar vielgestaltiges Geschehen, daß sich die einander entgegengesetztesten Vorgänge darunter verbergen können? Was also soll der vergleichende Hinweis auf ähnliche Vorgänge nützen, wenn es sich darum handelt, überhaupt erst Einsicht in das zu Vergleichende zu gewinnen? Was dann doch wieder nur mit dem Ziel zur Vergleichung gestellt werden kann, seine Verschiedenheit im Werden von andern derartigen Ereignissen, welche im ersten Augenblick ähnlich schienen, zu sehen. Denn historisch werden können ja doch solche Ketten von Vorgängen nur eben dadurch, daß sie als einmalige d. h. mit Notwendigkeit voneinander verschiedene Vorgänge erkennend von uns geschaffen werden.

Del Vecchio hingegen ist in seiner Grundthese von der Einheit des menschlichen Geistes und von der Konformität der Äußerungen der menschlichen Vernunft so befangen, daß er zu der gerade umgekehrten Ansicht kommt. Alle geschichtliche Erfahrung hat uns doch gezeigt, daß das Individuum ursprünglich unfrei in seiner Sippe lebte, daß alle seine Äußerungen mehr oder minder auf die Versorgung der Zwecke der letzteren abgestellt war, daß also Kulturfortschritt und Herausarbeitung aller Individualität aus typischen Lebensformen wechselseitige Größen sind. Wir wissen auch aus unserer letzten Vergangenheit, wie das Bewußtsein um die Gefahr, welche dem Individuum durch sozialisierende, d. h. naturwissenschaftlich verankerte breite Strömungen drohte, mit reger Leidenschaftlichkeit lebendig wurde und um das Wertvollste, was der Menschheit gegeben ist, — die Unersetzlichkeit der Einzelleistung des Kulturträgers — sich sorgte. Wir wissen endlich aus der Rechtsgeschichte, daß der Mensch infolge allgemeiner gleicher psychischer und physischer Ausstattung gleichen sozialen Bedürfnissen, welche in seinem gesellschaftlichen Zusammenleben sich einstellen, durch ungefähr gleichgeartete Gestaltungen in der Gemeinschaftsordnung gerecht zu werden sucht. Darüber hinaus aber führt alles Kulturstreben ins Einmalige, dorthin wo die fragliche Leistung niemals mehr in ganz gleicher Schattierung nicht in Vergangenheit, nicht in Gegenwart noch Zukunft von redlichem Denken gefunden werden kann.

Kulturleben ist Geistesleben, Geistesleben ist individuelle Tat. Seine Bedeutung ist Einzigartigkeit der Einzelnen, wie der Volksgemeinschaften. Daß dieses Streben auf allgemeingültige Werte gerichtet ist, widerspricht ja durchaus nicht der durch die Geschichte immer wieder bestätigten Einsicht, daß dieses „Wie" gleichgerichteter Strebungen in ganz besonderer Färbung ineinander verlaufen kann und muß. Der Blick des Juristen wird vielleicht über die der steigenden Kulturhöhe entsprechende Differenzierung des rechtlichen Lebens dadurch leicht getäuscht, daß er gleichgeschriebene Rechtssatzungen bei verschiedenen Völkern findet; daß, sei es auf Grund internationaler Vereinbarung, sei es durch andere Kräfte bewirkt, eine Herübernahme einer Vielheit von Rechtsnormen in fremde Gemeinschaftsordnungen sich zeigt. Man denke nur an die Wanderungen deutschen Städterechts nach dem Osten, denke an die Erscheinungen fränkisch-normannischen Heimatsrechts in den Assisen von Jerusalem und Antiochia, den Assisen der Roumanie. Man erinnere sich der Ausbreitung des Code Civil, des Code de Commerce und vergegenwärtige sich z. B. die neuzeitlichen Bestrebungen zur Vereinheitlichung des Seerechts.

Man mag sich doch ja vor einer Überschätzung der Herübernahme fremden geschriebenen Rechts auf heimisches Rechtsleben hüten und mag doch lieber der recht enge gezogenen Grenzen aller solcher Ausgleichsbestrebungen sich bewußt bleiben. Tatsächlich ist die Einwirkung geschriebenen fremden und in die Gemeinschaftsordnung rezipierten Rechts durchaus nicht in dem Maße im voraus zu berechnen, daß die erstrebte Gleichheit im Rechtsleben daraus mit Notwendigkeit sich ergeben müßte. Was die Völkerindividualität vielmehr aus jenem Komplex von Satzungen durch Umarbeitung alter überkommener Rechtsgedanken, durch das Auftauchen neuer aus seiner Eigenart der Einstellung keimender Impulse hervorwirkt, das kann und wird in den meisten Fällen etwas so verschiedenartiges sein, daß der, der mit praktischem Handeln in diese Rechtswelt gestaltend, die gesetzlichen Prämissen klug beobachtend eingreifen will, für seine Pläne Belehrung hinsichtlich des wahren heimischen Rechtslebens durchaus nicht gewinnen kann. Es sei denn, daß er sich der Gefahr bitterer Prüfung aussetzen wolle.

An solcher Erfahrung, die sich genau forschendem Blicke aus der Einmaligkeit aller geistigen Leistung heraus mit Notwendigkeit einstellen muß, ändert auch nichts die oft zu beobachtende Selbsttäuschung, welcher eine ganze fremdländische Rechtswissenschaft verfallen kann. Daß man sich in Belgien z. B. auf die Praxis des Pariser Kassationshofes berief, um mit seinen Sprüchen hier und dort bona fide wesentlich andere Gedankeninhalte zu verbinden; daß z. B. aus dem Code de Commerce nach Belgien gekommene juristische termini technici so andere Inhaltsmomente annahmen, daß auch ihre Rechtswirkungen im Mutterlande und in Belgien wesentlich auseinanderstrebten, ohne daß man sich in der belgischen Jurisprudenz wie in der Rechtswissenschaft der Heimat des Code Comm. darüber jemals Rechenschaft gegeben hat,[2]) ist

[2]) Den Nachweis dieser These muß ich mir für eine größere romanistische Arbeit aufsparen, welche ich im Herbst 1914 abzuschließen gedachte. Ich hoffe sie kurz nach dem Kriege veröffentlichen zu können.

in methodischem Hinblick jedenfalls ein durchaus nicht überraschendes Ergebnis. Denn immer wieder handelt es sich doch um geistiges Leben, immer also um Einmaligkeit.

Gerade umgekehrt also, als del V. mit den Universalrechtshistorikern glaubt, verläuft die Entwickelung. Nicht leitet das National-Gleiche ins Farblose über, sondern mit der Steigerung der geistigen Potenzen führt es zu unübersehbarer Mannigfaltigkeit von Strebungen. Strebungen, denen nur eines mit Notwendigkeit gemeinsam ist: Die Einstellung auf einen allgemein anerkannten Kulturwert hin. Insoweit letzterer nun gemeinsame Träger in den Rechtsordnungen verschiedener Kulturvölker sich erwählt, wird vielleicht die Erfahrung bis zu gewissem Maße ähnliche Rechtsbildungen aufzufinden wissen. Notwendig bleibt diesen aber nichts anderes als das formale Verhältnis, in welchem sie zu jenem Wert stehen. Es mag sich eine Gleichheit bestimmter Rechtsgestaltungen miteinander vielleicht in weitem Maße zufällig einstellen. Jedenfalls aber (es sei erlaubt, schon hier darauf hinzuweisen) kann diese Gleichheit nach Inhaltsmomenten aus Ursache der Individualität aller geistigen Leistung niemals jenes gesuchte Einheitsprinzip sein, vermöge dessen die Mannigfaltigkeit des Rechtsseins geordnet werden könnte.

Soll Rechtsvergleichung also als Wissenschaft möglich sein, so kann sie ihre Eigenart jedenfalls nicht in dieser empirisch noch so oft zu beobachtenden Ähnlichkeit von Rechtssatzungen finden. Ist sie von letzterer aber unabhängig, so ist sie hinsichtlich des Materials ihrer Erkenntnis auch nicht mehr an eine Vielheit von Rechtsordnungen gebunden. Kann sie sich damit nicht durch die Besonderheit des Materials ihrer Forschung als gesonderte Disziplin abheben, so kann sie sich nur noch durch die Form ihrer Darstellung legitimieren. Von ihrer Erkenntnis allein ist daher eine Rechtsvergleichung als gesonderte Disziplin abhängig. Die Form der Darstellung allein kann sie rechtfertigen; das Prinzip der Vielheit der Durchforschung von Rechten hingegen, welches aus del V.s Forderung nach möglichster Dehnung des zu verarbeitenden Materials herausgelesen werden muß, steht zu der Methode der Vergleichung an sich gänzlich wesensfremd.

So dürfte es schwerlich mehr begründetem Widerspruch begegnen, daß der ganze Gedankenbau del V.s auf methodisch brüchigem Fundament aufgeführt ist, daß seine Meinung, auf Grund der (S. 12 f.) entwickelten methodischen Prinzipien lasse sich die scienza autonoma costituire, schwerlich wird vor logischem Gewissen bestehen können. Nebensächlich dabei, daß das, was del V. als Besinnung über methodische Grundsätze bezeichnet, überhaupt nichts Methodisches begreift, sondern lediglich eine erste Auseinandersetzung mit der Frage der Materialauslese ist. Wohl aber träfe den Kern seines Irrtums über die mit fortschreitender Rationalisierung des Rechts verwobene Abschleifung seiner Eigenart die Erhebung der Frage, wie es wohl dann zu erklären sei, daß man zwar für einzelne Rechtsgebiete an eine Universalrechtsgeschichte in primitiven Entwicklungsstadien herangetreten sei, daß aber noch niemand es sich habe einfallen lassen, eine solche Vergleichung für das letzte Werden modernen Rechts durchführen zu wollen. Der Einwand, daß nur die Menge der zu solchem Ziel zu verarbeitenden Normen hindernd gewesen sei, träfe nicht das Wesen der Sache. Denn eben jene Zahllosigkeit des Materials müßte nach del V.s These kraft innewohnender rationaler Bestandteile doch wieder verringert und vereinfacht werden.

Aber auch von ganz anderer Seite her drohen allen jenen Strebungen, welche del V. und mit ihm wohl die allgemeine Meinung als Rechtsvergleichung bezeichnet, schwere Bedenken. Mag man nun, wie der Verfasser nach einer universalen Rechtsvergleichung blicken, mag man sich mit einer nicht so weiten Aneinanderreihung auf Grund irgendwelchen engeren Zusammenfassungsgrundsatzes verschiedener Rechtsnormen begnügen — immer doch wird, wer überhaupt über Sinn und Grenzen der Rechtsvergleichung nachzudenken beginnt, sich Rechenschaft über diese kaum überwindbar scheinende Gefahrenquelle geben müssen. Muß hier auch eine kurze Hindeutung auf sie genügen, und darf für eingehendere Betrachtung auf meine S. 460 erwähnte Schrift und die dort angeführte Literatur verwiesen werden, so wird bereits die Aufwerfung der Frage zu der Einsicht genügen, wie sehr leicht auch hier wieder del V. sich die Gründung der „neuen Wissenschaft" gemacht hat. Nun dürfte es doch auch allgemeiner bekannt sein, in welch geringem Grade das zu einem Denkerlebnis zugehörige Wort eben jenes psychische Geschehen widerspiegelt, es repräsentiert, wie der terminus technicus lautet. Letzteres ist vielmehr um so viel reicher als seine sprachliche Repräsentation, daß es nur die Bedeutung einer ganz bestimmten Herausfaserung aus dem tatsächlichen Geschehen hat. Alles was gedacht ist, was die Bedeutung eines Erlebnisses hatte, kann also nur bis zu gewissem Grade mitgeteilt werden. Umgekehrt aber, so lehrt uns die Denkpsychologie, die jüngste der psychologischen Sonderdisziplinen, sind Wort und Sinn (Bedeutungserlebnis) so fest einander zugeordnet, daß die Sprache unmittelbar für uns denkt. Durch das Wort also wird ein bestimmtes denkendes Erlebnis wirklich, als Folge der Sinnzuordnung an das Wort. Aus diesem Grunde zerflattert der Begriff des Synonyms zur Wesenlosigkeit. Um ein einfaches Beispiel zu brauchen. Die Bedeutung, die wir mit dem Worte „Rathaus" verknüpfen, d. h. die Gedankenwelt, welche das Wort „Rathaus" in uns erzeugt, ist ihrer inhaltlichen Schattierung nach vollständig verschieden von den Denkprozessen, die der terminus „hotel de ville" in uns auslöst. Und da unserem Denken diese Bezeichnung nicht zugeordnet ist, so müssen wir naturgemäß wieder etwas Bedeutungsfremdes jenem Worte zumessen.

Denkpsychologisch betrachtet sind alle diese Vorgänge derart disparat, daß an eine Gruppierung gewonnener Begriffe ihren

Inhalten nach gar nicht mehr gedacht werden kann. Und nun vergegenwärtige man sich, daß die Rechtsvergleichung in den meisten Fällen zwar mit sprachlicher Verschiedenheit zu rechnen hat. Daß, wo sie aber überhaupt auf diese zu reflektieren begonnen hat, sie es höchstens mit dem Zweck der Beleuchtung sprachtechnischer Schwierigkeit tat. Daß sie sich über die denkpsychologische Unmöglichkeit, zwei sprachlich verschiedenen Rechtsordnungen angehörende Normen über eine tabellarische Zusammenstellung hinaus in e i n e m Denkerlebnis zusammenzufassen, wohl überhaupt noch nicht gekümmert hat. Zwar wissen wir, daß die Befolgung wollender Norm in Kunst und Wissenschaft niemals richtig sein kann, wissen daß die großen Historiker Geschichte geschaffen haben ohne jede Besinnung auf eine Methode; haben es auch erlebt, daß mancher Historiker unleidlich wurde, sobald er die Methode seiner Forschung sich selbst und anderen begreiflich machen wollte. Aber wer selbst Methode lehren will, wie del V., der nach der Methode universaler Rechtsgeschichte gestrebt, der darf uns nicht jeden V e r s u c h einer Besinnung über die Grenzen möglicher Gedankenbewegung schuldig bleiben — mag darüber hinaus schon manche treffliche Rechtsvergleichung in glücklicher Intuition geschaffen sein. Mit jener denkpsychologischen Einsicht nun aber scheint überhaupt jeder Gedanke an eine Rechtsvergleichung, welche nicht bereits an Äußerlichkeiten geschriebenen Rechts haften bleiben will, zu entschwinden. Man erinnere sich doch nur einmal der zahlreichen denkbaren Schwierigkeiten der sprachlichen Übersetzung, welche ganz schematisch zusammenstellbar sind.

Indessen wird man vielleicht einwenden können, daß aller Denkpsychologie zum Trotz die Menschen sich doch bis zu gewissem Maße verstehen. Zweifellos ist das, sieht man von notwendig einsetzenden Selbsttäuschungen der Beteiligten ab, bis zu gewissem Maße der Fall. Dann aber wird von uns auch Rechenschaft hierüber erfordert, da doch etwas zur Frage steht, was nicht jenseits des Erfahrbaren liegt. Nach zwei Richtungen hin bedarf dabei offensichtlich das Problem der Klärung. Einmal heißt es die denkpsychologischen Ergebnisse zu logisieren, sie aus der Sphäre der Subjektivität zu allgemein gültigen Ergebnissen, zur Wahrheit zu führen. Und weiter gilt es für den Rechtsvergleicher, sich zu besinnen auf den Wert gemeinsamer logisierender Denktätigkeiten, welche das Studium römischen Rechts auswirkt. Was del V. über den Wert römischen Rechts sagt (S. 8. f.), erhebt sich durchaus nicht über das Maß jener Überlegungen, mit denen man seine Kenntnis von jeher mit etwas mehr oder minder umgeprägter Münze rechtfertigen zu müssen und können glaubte. Daß uns sein Wert als einziges Mittel juristischer Verständigung überhaupt trotz aller immanenten Umwandlung in der Rechtsvergleichung schlechthin unersetzlich erscheinen muß, sei hier auch nur wieder kurz vermerkt. Seine Bedeutung für jede Rechtswissenschaft, welche die Objekte ihrer Betrachtung aus mehreren, nicht in derselben Sprache geschriebenen Ordnungen hernimmt, liegt eben darin, daß es die notwendig jeweils auseinanderfallende Korrelation Wort und Sinn bis zu gewissem Maße zu objektivieren vermag.

Was nun jenes erste Postulat der Logisierung denkpsychologischer Erkenntnisse überhaupt anlangt, so sei neben dem Hinweis auf die fraglichen eingehenden Überlegungen in jener Arbeit hier auch nur wieder die allgemeine Richtung der Möglichkeit widerspruchsloser Gedankenbewegung angedeutet. Sie ist durchführbar in Parallelität mit jener inneren Umwandlung, welche aus dem apriorischen Psychologismus zu der Philosophie reinen Geltens geführt hat. Die purpurnen Tiefen, in welche die Denkpsychologie mit solchem Begehren wird hinabsteigen müssen, werden auf die Dauer sicherlich nicht die fortschreitende Erkenntnis hemmen und werden bald über die ersten Ansätze, welche in der Parallelisierung mit dem Grundprinzip der Philosophie reinen Geltens gemacht sind, hinausführen. Das letztere ist zu bekannt, als daß es längerer Erläuterung bedürfte. Indessen wird man es sich hier gegenwärtig halten müssen zum Verständnis der folgenden Lehre von den Veränderungseinheiten und damit zum Einblick in das Wesen vergleichender Rechtswissenschaft. Nur aus diesem Grunde sei es erlaubt, hier an die bekannte Tatsache zu erinnern, daß der Grundgedanke aller Transzendental-Philosophie auf die Platonische Vorstellung des Geltens der Wahrheiten zurückführt. Ihr verdanken wir jenes große θαυμάζειν über das Gelten von Wahrheiten, die „nicht selber sind wie die Dinge und die doch das Verhalten der Dinge beherrschen".[3]) Wie Lotze dann in seiner Logik die Platonische Ideenlehre zunächst versachlicht hat,[4]) indem er den Wahrheiten überpersönliche Geltung und die Berechtigung zu dem Anspruch an das Individuum, als Wahrheiten empfunden zu werden, zuerkannte — wie er dieser Versachlichung der Ideenlehre jene Ausweitung zufügte durch die Parallelisierung von Wahrheit und Wert, ist in der Geschichte des Wahrheitsbegriffes so sehr berühmt. Und auch die dann folgende gedankliche Zusammenbindung des erkenntniskritischen Grundgesetzes mit der Platonischen Ideenlehre wird man niemals wieder vergessen dürfen: Wertvoll an sich durch seine bloße Existenz ist nichts, das Denken macht es erst dazu. Also Zuerkennung des Wertes vom erkennenden Subjekt nach außen,[5]) — so würde man mit Kant

[3]) Lotze, Logik § 320.

[4]) Die klassische Stelle in Lotzes Logik lautet: „Nichts sonst wollte Platon lehren, als die ewig sich selbst gleiche Bedeutung von Ideen und Geltung von Wahrheiten, gleichviel ob es Dinge gibt, die sie in der Außenwelt zu Erscheinung bringen, oder ob es Geister gibt, die ihnen, in dem sie sie denken, die Wirklichkeit eines sich ereignenden Seelenzustandes geben (§ 317). Ewig sind die Ideen, denn die Wirklichkeit ihrer Geltung bleibt unberührt von dem Wechsel der vergänglichen Dinge, die sich bald mit ihnen schmücken, bald nicht. Sie sind unabhängig von dem Geiste, der, indem er sie denkt, sie nicht schafft, sondern nur anerkennt. Auch die niemals vorgestellte Wahrheit gilt (§ 318)."

[5]) Windelband hat übrigens gezeigt, daß dieser Psychologismus bei

und Hamlet schließen. Umgekehrt spricht Lotze mit Platon: Wertvoll an sich ist nichts (erkenntniskritisches Grundgesetz). Aber es ist da, kommt auf den Urteiler zu und muß nun „seinen Wert durch seine Fähigkeit zur Erzeugung von Lust" beweisen. Es muß vor dem erkennenden Subjekt die Prüfung wert oder unwert bestehen. So kam Lotze, achtend das erkenntniskritische Grundgesetz zu der tiefen Einsicht, daß „wir von dem eigenen Werte der Dinge bezwungen werden", daß diese kraft ihrer Objektivität Anerkennung von allen vernünftigen Menschen heischen und als Musterbegriffe Nachschöpfung im Kulturleben, der Kulturordnung verlangen können.

Lotzes Schüler Windelband, mit und nach ihm Rickert und Lask führten das unverlierbare Gut, welches Lotze hinterlassen, zu der festen Lehre, daß das ὀργανον der Philosophie jene allgemein gültigen Werte, wie Kunst, Religion, Philosophie und auch Staat und Wissenschaft seien. Das ist die vielgenannte Fortführung von Kants Kritizismus zu einer transzendentalen Kulturphilosophie.[6])

An diese Erinnerung an die Hauptthese der Badenerlehre darf für eine Besinnung auf die Möglichkeit vergleichender Rechtsgeschichte aber auch ein kurzer Hinweis darauf angeschlossen werden, wie sehr trotz gewisser Gleichheit im Resultat diese Philosophie reinen Geltens doch ihrer Lagerung nach vom Hegelianismus geschieden ist. Das scheint um so notwendiger, als ja Kohler die vergleichende Rechtswissenschaft auf das engste mit seinem sog. Neuhegelianismus verknüpft und das Programm einer universalen Rechtsgeschichte gleicher Art wie del V. aufgestellt hat. Einsicht in die sachlogische Verschiedenheit der transzendentalen Kulturphilosophie von der Philosophierweise

---

Kant auch mehr in der Formulierung sich zeigt, als daß er in der Sache vorliegt.

[6]) Vgl. insbes. Windelband, Die Erneuerung des Hegelianismus 1910 (Heidelberger Akademierede).

Hegels zu nehmen, bedeutet in unserm speziellen Zusammenhang auch hier das Erkennen, daß im Verfolg der Kohlerschen Forderungen niemals die Methode der Rechtsvergleichung gefunden werden kann.

Gemeinsam ist beiden Richtungen nur der Ausgangspunkt, das ist die Überzeugung von der Notwendigkeit vorgängiger Betrachtung eines reichhaltigen Kultursubstrates. Nun aber bindet sich die Philosophie reines Geltens an das erkenntniskritische Grundgesetz, fordert die Unterordnung unter letzteres durch die unumgängliche Anforderung des wertenden Subjektes. Nicht unmittelbar aus dem Seienden, wie dieses der Neuhegelianismus tut, wird von ihr der Wert gehoben, sondern die überpersönliche Wertwirklichkeit tritt kraft ewiger Würdigkeit an das erkennende Subjekt heran, um dessen Urteil gut oder böse zu erfragen. Und indem der Wert seine Anerkennung durch das kritische Subjekt durchsetzt, schafft er die Träger, die nach ihm, in Gemäßheit der Anerkennung eine objektivrichtige Zwangsordnung für die Zukunft setzen wollen, oder aber (es sei dieses gleich hier betont) einst herrschende Gemeinschaftsordnungen nach ihrem Abstand von einem Kulturwert als vernünftige Gebilde zu sehen vermögen. Daher definierte Windelband die Vernunftkritik als die „Wissenschaft von den begreiflichen Grundlagen der Kultur, die sie in ihrer sachlichen Selbstverständlichkeit aufdeckt".

Trotz aller Annäherung in den Ergebnissen trennt diese Lehren der Badener Philosophenschule doch immer jener Grundsatz der spekulativen Philosophie, der in Hegel sein höchstes Maß erreicht. Es fehlt der Badener Lehre der rationalisierende Ausgangspunkt. Sie kennt nicht die Herrschaft der Hegelschen These, derzufolge das Denken des Menschen überhaupt die ganze Wirklichkeit erschaffe, derart, daß systematisches Denken und Erkenntniskraft aller Wirklichkeit zur Identität werden. Die Wertphilosophie hingegen, der dieser Zug rationalen Denkens unbekannt, schafft nicht durch Erkenntnis neue Werte, sondern sie wirkt nur die kritische Anerkennung von in sich gültigen, teils auch in sich von Ewigkeit zu Ewigkeit ruhenden Musterbegriffen (Platon).

So mag es für den Juristen nicht überflüssig erscheinen, stets sich darüber klar zu sein, daß der Neuhegelianismus durch seine Verletzung des erkenntniskritischen Grundgesetzes auch zur Klärung aller methodischen Fragen der Rechtsvergleichung ungeeignet sein muß. Darüber helfen auch die Berufungen del V.s auf Kohlers Thesen nicht hinweg. Sollte aber del V. etwa des Glaubens sein, jene repräsentierten deutsche Philosophie, so muß doch mit Hermann Cohen[7]) betont werden, daß die Eigenart deutschen Denkens immer nur dort in die Erscheinung treten kann, wo seine Gründung in der Transzendentalphilosophie unmittelbar erblickbar ist.

Anders der Gedankengang del V.s. Mit seiner Verankerung in der kritischen Philosophie weiß er zwar die richtigen Ansätze zu finden, kommt aber über diese nicht hinaus. Ursache davon scheint mir das Fehlen der kopernikanischen Wendung in seiner philosophischen Einstellung, sowie eine gewisse Neigung, den Rechtsgedanken als solchen zu vermaterialisieren. Wenn del V. davon spricht, daß jeder Mensch den Gedanken des Rechts in sich trage, daß ein juristisches Bewußtsein der Menschheit lebe, so besagt in Wahrheit doch die Idee der Gerechtigkeit nichts anderes, als daß dem Menschen das Recht als etwas Seinsollendes erscheint, ohne daß diese Vorstellung die geringste Auskunft über den Inhalt dieses Seinsollenden gibt. In den Ausführungen del V.s hingegen nimmt diese Trägerschaft der formalen Idee einen bestimmten Gehalt an.

Nun will zwar del V. nicht das Wesen universaler Rechtsgeschichte ergründen, sondern er betitelt seine Untersuchung ausdrücklich als Idee zu einer universalen vergleichenden Rechts-

[7]) H. Cohen, über das Eigentümliche des deutschen Geistes. Achter Kantvortrag 1914.

wissenschaft. Gleichwohl durchzieht der Gedanke an vergleichend-rechtsgeschichtliche Forschungen doch seine ges. Darlegungen. Dann aber fehlt (abgesehen von der erw. Andeutung, daß die Methode der erstrebten Wissenschaft über geschichtliches Erkennen hinausgehe und einem System philosophischer Konstruktionen unterworfen sei, ohne welche sie nicht gedacht werden könne) — jede nähere Untersuchung über das methodische Beginnen solcher Wissenschaft.

Und dieses doch gerade stand zur Klärung. Man wird sich freilich fragen müssen, worin nun das Spezifische jener Art von Formung und worin ihr Geltungswert eigentlich zu finden sei. Denn es scheint doch, daß vergleichende Rechtsgeschichte (unter Ausscheidung dogmatischer Betrachtungsweise)[8]) eben entweder Geschichte oder Philosophie (resp. Geschichtsphilosophie) sein müsse. Referent hatte Gelegenheit, auf dem Heidelberger Kongreß der Internat. Vereinigung für vergleichende Rechtswissenschaft usw. seine im engen Aufbau auf die Lehren der Badener Philosophenschule gewonnene Meinung „über das Wesen und die Grenzen der Rechtsvergleichung" darlegen zu können. Es darf daher auf die fraglichen Verhandlungen, in deren Berichten des Referenten Ansicht über die Methode der Rechtsvergleichung in Entwicklungskategorien dargelegt ist, verwiesen werden. Daß Rechtsvergleichung mit einer Vielheit von Rechtsordnungen nichts zu tun hat, daß auch ein einzelnes Recht vergleichend dargestellt werden kann, diese Grundeinsicht wurde bereits oben entwickelt. Vergleichend ist die Betrachtung eben dann, wenn das fragliche Rechtsgebilde so dargestellt wird, daß es jeden Augenblick einem anderen Rechtsgebilde gegenübergehalten werden kann mit dem Anspruch, in eine Einheit des Bewußtseins überführt zu werden. Und da, wie wir gesehen, jede direkte gedankliche Beziehung von Recht zu

---

[8]) Der Streit über die Berechtigung dogmatischer Betrachtung in der Rechtsgeschichte hat natürlich mit diesen Fragen überhaupt keinen Zusammenhang.

Recht unmöglich ist, so muß die Verbindung stets durch eine höhere Ordnung, etwas was zwei Rechtserscheinungen oder einer größeren Mehrheit derselben gemeinsam ist, hindurchgehen. Daß dieses im geschichtlichen Erkennen allein nicht erreicht werden kann, ergibt sich daraus, daß die historische Methode nur das Werden der einzelnen kulturbedeutsamen Erscheinung sehen will, daß sie das Gewordene aber als Ruhendes denkt. Denn jede historische Besinnung ist eine Feierstunde, welche der erkennende Geist dem durch ihn selbst rastlosen Weltgeschehen aufzwingt. Mögen in jenem geschichtlichen Sein noch so zahlreiche Keime zu späterem Werden schlummern, welche wieder eine Auslese nach Kulturwerten ermöglichen ließen. An sich ist die historische Betrachtung mit der Erkenntnis des Gewordenen aus bestimmten Zusammenhängen heraus abgeschlossen. Die Geschichte fragt nicht, ob an diesem Ereignis irgendeine Gemeinsamkeit mit anderen ungefähr gleichen Phänomenen gesehen werden kann.

Und die Philosophie wieder mit ihrer Frage nach wert und unwert, mit ihrem Suchen danach, in welchem Grade die fraglichen Rechtsgebilde einem Kulturwert gerecht zu werden vermögen, weiß grundsätzlich von einer Gegenüberstellung zweier Rechtsgebilde auch noch nichts. Gleichwohl ist es ohne weiteres klar, daß ein gemeinsames Moment zwischen zwei Bildungen gleicher Funktionalität in verschiedenen Rechtsordnungen insoweit hergestellt werden kann, als sie als Ausdrucksformen eines Wertes denkbar sind, oder jedenfalls mit ihm nicht völlig beziehungslos stehen. Insoweit hat del V. vollständig recht, wenn er meint, ohne Philosophie gebe es keine Rechtsvergleichung. Denn eben die gemeinsame Ergreifung durch jenen übergeordneten Wert überwindet allein die im Psychischen liegende Unmöglichkeit direkter Verknüpfung. Gleichwohl muß doch eine methodische Differenz zwischen rechtsphilosophischer und rechtsvergleichender Betrachtungsweise auffindbar sein, andernfalls uns hier die Sprache mit ihrer Unterscheidung getäuscht hätte, und es damit um eine gesonderte Disziplin vergleichender R. W. geschehen wäre. Del V. ist gleicher Art ja wieder der Ansicht, daß Rph. und Rvgl. nicht zu identifizieren seien, ohne daß er freilich die unterscheidenden Merkmale zu zeigen sich bemüht.

Die Lehre von den Entwicklungskategorien geht in der Deutung der verschiedenen Formen der Gedankenbewegungen davon aus, daß sie sich jenes Momentes des in sich Ruhenden auch für die rechtsphilosophische Betrachtungsweise voll bewußt bleibt. Es ist ja die Befragung des Wertes um die Lagerung eines Rechtsgebildes und die folgende Einordnung in ein System, die Beantwortung der Frage um gerecht oder ungerecht. Das Systematische aber bedeutet gerade die begriffliche Zusammenbindung zu einer Welt ohne Bewegung, zu einem Reich ruhender Vollendung.

Die Entwickelungseinheit hingegen bringt das Moment des geschichtlichen Werdens zum Ausdruck, sie wird Ausdrucksform des Abstandes zwischen dem mit empirischem Material unauffüllbaren Wert und der erreichten Stufe seiner Verwirklichung in dem fraglichen Rechtsgebilde.

Damit ergibt sich die unverkennbare Parallelität zwischen Rechtsvergleichung und Rechtspolitik, um deren wissenschaftliche Möglichkeit sich Stammler ja in so glücklicher Weise gemüht hat. Daß hier gedankliche Zusammenhänge lebendig sind, hat man mehr gefühlt, als erkannt. Hierfür liefert das Unternehmen einer vergleichenden Darstellung des deutschen und ausländischen Strafrechts zur wissenschaftlichen Gründung der Strafrechtsreform den besten Beweis. Aber während in der Rechtspolitik die Frage der Neuschöpfung auf den Wert hin maßgebend ist, also nur die Frage nach der Verwirklichungsmöglichkeit zur Klärung steht, fehlt dieser Gehalt praktischer Besinnung an sich der Rechtsvergleichung. Soweit es sich um Vergleichung modernen Rechts handelt, kann sie gewiß praktischen Zwecken dienen. Aber sie ist nur Vorarbeit zur Verwirklichung jenes. Niemals ist die

Besinnung als solche praktisch orientiert. Andernfalls handelt es sich überhaupt nicht um Rechtsvergleichung, sondern lediglich um eine mit allen Fehlerquellen behaftete Materialsammlung zum Zwecke der späteren Fällung eines Werturteils.

Die Entwicklungseinheit hingegen trennt, wie erwähnt, von der geschichtlichen Betrachtung das Moment der Veränderung, in welcher es sein Untersuchungsobjekt begriffen sieht. Mit der Bewegung auf den Wert hin aber ist auch der Begriff der Entwickelung im Gegensatz zur wertindifferenten Veränderung gegeben. Zugleich teilt die Rechtsvergleichung mit der geschichtlichen Betrachtung doch wieder die gemeinsame Verankerung im Genetischen. Die Geschichte sieht etwas in Beziehung auf einen Kulturwert Gewordenes, wie und aus welchen Voraussetzungen es als etwas jetzt in sich Ruhendes entstanden ist — die Entwicklungskategorie erblickt ein sich auf den Wert zu Bildendes, etwas was sich in Umformung auf einen Wert hin befindet.

Daraus erklärt sich auch, warum die Rechtsvergleichung sich vornehmlich der Geschichte zugewendet hat, warum sie in der Bearbeitung der letzteren mehr oder minder uneingestanden ihre vornehmste Aufgabe gesehen hat. Diese Erscheinung beruht nur darauf, daß jene Veränderung in der Richtung auf einen Kulturwert zu solange schwer zu sehen ist, solange sie nicht historisch geworden ist. Jede Erklärung, welche das vornehmliche Erscheinen geschichtlicher vergl. Studien nicht aus der Methode der Gedankenbewegung, sondern etwa aus Mannigfaltigkeit des Materials ableiten wollte, wäre nur subjektiv begründet. Die Entwicklungskategorie löst diese Zwiespältigkeit in allen rechtsvergleichenden Forschungen in allgemein gültiger Weise auf.

Nach der Einsicht in die Methode vergleichender Rechtsgeschichte ist man denn endlich berechtigt, die Frage nach der inneren Möglichkeit einer Universalrechtsgeschichte zu prüfen. Bedeutet die Entwicklungskategorie ihren Inhaltsmomenten nach nun einen Ausschnitt durch das auf einen Wert hin in Umformung begriffene rechtliche Gebilde, so kann das historische Moment in ihr doch in mannigfaltiger Abstufung zum Ausdruck kommen, je nachdem der Vergleicher in seiner Betrachtung mehr die einmaligen, d. h. im innersten Kern historischen Momente bevorzugt, oder sie mehr und mehr durch Bestandteile zurückdrängen läßt, welche allen Rechten gemeinsam sind. Ob diese schon der Vergangenheit angehören, ist dabei natürlich gleichgültig, sofern sie nur nicht in geschichtlicher Betrachtung erfaßt werden können. Es waren dieses jene Inhaltsmomente rechtlicher Gebilde, welche, wie wir gesehen, der Ausdruck der Notwendigkeit sind, mit der Erreichung ungefähr gleicher Kulturhöhe Bedürfnisse des Gemeinschaftslebens in ungefähr gleicher Art zur Ausgleichung zu bringen. Die vollständige Zusammensetzung der Veränderungseinheit aus solchen Momenten würde die Erfüllung des auf Universalität gerichteten Strebens des Vergleiches scheinbar bedeuten. Zugleich aber würde bei dem Mangel aller Einmaligkeit jeder historische Gehalt aus der Betrachtung ausscheiden, und es bliebe nichts als eine naturwissenschaftliche Gruppierung übrig. Daher muß das Sinnen auf eine Universalgeschichte des Rechts in nicht mehr ganz primitiven Stadien des Gemeinschaftslebens immer scheitern an der Unmöglichkeit, einerseits zwar eine Veränderungseinheit rechtlicher Phänome von aller kulturellen Individualität zu lösen, und doch wieder alle solche Einmaligkeit in die Kategorie zusammenstimmend eingehen zu lassen.

Dabei gilt es noch, methodische Bedingung und psychische Voraussetzung auseinanderzuhalten. Methodisch hat die Entwicklungskategorie mit einer Vielheit von Rechten nichts zu tun. Geschaffen kann sie dem Moment der Einmaligkeit nach nur aus dem Material eines einzelnen Rechtes werden, an dessen jeweiligen Formungen die Abweichungen in anderem Recht gemessen werden. Daß dabei letzteres nicht der Erkenntnisgrund irgend eines Wertes sein darf, wird nicht noch einmal betont zu werden brauchen. Die letzte Entschließung geht also immer aus der Erkenntnis von Einzigartigkeit hervor. Wohl aber wird der Abstand von einem Kulturwert leichter erkannt werden können durch die Einbeziehung konformer Rechtsgebilde aus anderen Gemeinschaftsordnungen in die Betrachtung. Die methodisch mit Notwendigkeit isolierende Herausheburg wird durch Nebenordnung gleichender Vorgänge im Bewußtsein wesentlich erleichtert. So ist es psychologisch durchaus erklärlich, daß der Rechtsvergleicher sich einer Mehrheit von Rechten zuzuwenden pflegte, und daß man der Täuschung verfallen konnte, die vergleichende Methode sei doch mindestens an eine Zweiheit von Rechtsordnungen begrifflich gebunden. Und da die vergleichende Darstellung zumeist dann angewendet wird, wenn der Urteiler eine Mehrheit von Rechtserscheinungen in seinem Bewußtsein einen will; da ferner auch historische Momente, einmalige Bestandteile in einstigen rechtlichen Gebilden auch dann noch gesehen werden, sobald die zur Untersuchung stehenden Rechtserscheinungen wieder als Objekte einzigartigen kulturbedeutsamen Ablaufes erhofft werden können, so wird die Methode in Entwicklungskategorien dort vornehmlich gefunden werden, wo es sich um die Betrachtung der Auswicklung einer bestimmten Rechtskultur handelt. Bei allem rechtsvergleichenden Beginnen führen die oben angedeuteten synthetischen Antriebe denn immer wieder vor die Entschließung, ob der Vergleicher seine Einheiten bauen wolle aus der Betrachtung kulturell zusammengehöriger Ordnungen oder ob er sie in rechtlichen Allgemeinbegriffen abstrahieren wolle aus einer größeren Zahl von Gemeinschaftsordnungen, die nicht der gleichen Kultur angehören. Stellt er seine Besinnung auf dieses letztere Ziel ein, so gelangt er natürlich zu Resultaten, denen man gemeinhin eine gewisse Universalität in der rechtlichen Ordnung des Gemeinschaftslebens aller Menschen wird zuerkennen dürfen. Zugleich aber verflüchtet sich alle kulturelle Inhaltlichkeit des Rechts, da diese Betrachtungsweise nur bestehen kann, sofern aller Gehalt bewußt ausgeschaltet wird. Es bleibt nur die funktionelle Gleichartigkeit zur Versorgung rechtlicher Notwendigkeiten in jedem Gemeinschaftsleben. Wenn von Vertretern der U. R. G. [so namentlich auch von Kohler] häufig programmatisch auf die Zusammengehörigkeit von Kultur und Recht hingewiesen wird, so scheint — worauf ich bereits gelegentlich eines Rundschreibens an die Mitarbeiter an einem Handbuch zu einer vergleichenden Rechtsgeschichte hingewiesen habe — über solch verschwommene Forderungen hinaus die Denkmöglichkeit dieser Arbeitsmethode nicht erbringbar zu sein.

Denn zwischen den universalen und den kulturellen Einheiten steht die Gegensätzlichkeit, daß die letzteren, auf kulturelle Phänome gegründet, nicht auf auseinanderstrebende kultur-bedeutsame, d. h. rechtliche Emanationen restlos angewendet werden können — daß erstere hingegen von spezifischer Kulturgestaltung schon in ihrem Werden in der Vorstellung nichts wissen können, daß sie daher niemals die Vielheit der Kulturen sehen und die Beziehungen der einzelnen Einheiten zur Kultur begreifen können.

Endlich sei es dann noch erlaubt, darauf hinzuweisen, wie die Unzulänglichkeit der universalrechtshistorischen Spekulation auch in der Form der Darstellung zum Ausdruck gelangt. Denn in denn meisten Fällen wird bei derartig orientierter Aufzeichnung irgendeines zeitlich oder inhaltlich fern hinter dem Kultursein zurückliegenden Rechts lediglich der zumeist überaus geringe Abstand spezieller Rechtsgestaltung von der universalen Einheit festgestellt, im übrigen aber auf die weitgehende Übereinstimmung mit den Erfahrungssätzen der Universalrechtsgeschichte verwiesen. Daher ist es schließlich für unsere Einsicht auch ganz gleichgültig, ob man eine Darstellung des Rechts jenes oder vielleicht eines ganz anderen Volkes sieht. Die wenigen ausdrücklich bemerkten Abweichungen von den universalen Einheiten vermögen wir zu keinem unterscheidenden Bilde zusammenzuschließen, und die neuerliche Aufdrängung dessen, was wir schon wissen, kann unser synthetisches Bedürfnis nicht mehr befriedigen. Dabei wird es den Meistern der U. R. G. sicherlich nicht klar, daß ihre Arbeitsweise eigentlich im Negativen liegt, insofern sie wesentlich nur bemerken, was „nicht ist" (eben nicht universal).

Daher dann schließlich auch jene leicht ersichtliche fortschreitende Vereinfachung der Darstellungen wirklich intensiv universal sich mühender Forscher. Ganze Rechte werden auf wenigen Druckseiten restlos unserer Kenntnis geboten, wobei dann immer wieder die Darlegungen in jene beiden Typen: Hinweise auf Gleichheiten für ganze weite Gebiete des Rechts und Beobachtung von Abweichungen in seltenen Einzelfällen zerfallen müssen.

Gewißlich wird man jenes Walten synthetischer Antriebe begrüßen, wie es fortschreitend von der Bindung an einige auserwählte klassische oder uns heimische Stätten befreit und mehr und mehr Völker in den Kreis der Betrachtung zieht. Aber immer nur wird uns eine Besinnung fördern können, welche gerade die Erkenntnis des Kulturgehaltes einer Rechtsgestaltung und der letzteren Verwebung mit dem fraglichen Kulturboden erstrebt. Denn historisch vergleichend kann die Forschung nur arbeiten, wenn sie um die Aufzeigung von Ungleichheiten sich müht. Was anderes denn als die besonnenem Denken immanente Überzeugung von der Einmaligkeit alles kulturbedeutsamen Geschehens kann uns zum Zusammenhalt der Größen treiben? Die Inhaltslosigkeit universaler Entwicklungseinheit legt für die Richtigkeit dieser Überzeugung ihr methodisch notwendiges Zeugnis.

Nicht zu recht wird aber jene freilich mehr und mehr schwindende Abkehr von einer Wissenschaft der Rechtsvergleichung bestehen. Die noch oft zu beobachtende ὕβρις des Juristen der Kenntnisnahme von Rechtsbildungen scheinbar weltfremder Völker gegenüber bedeutet ja nichts anderes als eine bereits leidlich abgenutzte Erscheinungsform der Wahnvorstellung des auserwählten Volkes. Del V.s Meinung hierüber hat zweifellos ein gewisses Maß von Berechtigung. Eine bewußte Abschließung gegenüber synthetischen Strebungen bedeutet doch nur eine Frage des denkenden Wahrheitssinnes. Über die Ausstattung mit diesem läßt sich freilich nicht rechten.

Aber gegen eine Zusammenschließung aller Kenntnis rechtlichen Werdens zu einer universalen Rechtsgeschichte erhebt sich letzten Endes auch ein geschichtsphilosophisches Bedenken. Dieses gründet sich auf die Einsicht von der Doppelwertigkeit der letzten Werte. Denn diese scheiden sich, wie neuerdings O. Ewald (Kultur und Technik) und mit Nachdruck G. Mehlis (Geschichtsphilosophie 1915) gezeigt, in die überzeitlichen, absoluten Werte und die objektiven Werte, welche im Gemeinschaftsleben ihre Verwirklichung finden. Jene sind Religion, Kunst und Philosophie, die das Moment der Vollendung als Ewigkeit zum Ausdruck bringen; diese, spezifisch sozialen Charakters — wie Staat, Recht, Wissenschaft — sind der Herrschaft der Zeit unterworfen. Denn obwohl auch sie auf ein letztes objektiv gültiges Endziel hinweisen, haben sie an ewig gültiger Vollendung keinen Anteil. Ihr Inhalt ist fortdauernder Veränderung in der Zeit unterworfen, derart, daß der werthafte Wechsel des Gehaltes rechtlicher Erscheinungen gerade die Herrschaft der Zeit zum Ausdruck bringt. Es ist die Idee der Steigerung werthaften Gehaltes in einem Nacheinander der Leistungen auf ein Endziel hin. Und dieses gemeinsame Unterworfensein unter die Zeit gibt auch die Verwandtschaft dieser Werte mit der Geschichte. Daher ist es ein innerer Widerspruch, solche Entwicklungskategorien der Erkenntnis des rechtlichen Werdens zugrunde legen zu wollen, welche mit Notwendigkeit die rechtliche Inhaltlichkeit verflüchtigen. Damit fällt aber weiter auch der Gedanke der Konstruktion einer Universalrechtsgeschichte aus der Zusammensetzung solcher Entwicklungskategorien, welche aus der Kulturgemeinsamkeit mehrerer Rechte gehoben waren, in sich zusammen. Denn insoweit die Entwicklungskategorien zeitlich bedingtes Material in Bewegung befindlich zur Darstellung bringen, können sie niemals die Form der Ausdeutung einer überzeitlichen Geltung sein. Doch vorausgesetzt einmal, diese Gebundenheit in der Zeit bestände für das Endziel eines konkreten Rechtswerdens nicht, derart, daß die Summe dieser Inhaltlichkeit als etwas in Vollendung Seiendes begriffen werden könnte, und daß damit diese Ausformungen als in Bewegung befindliche Mustergestalten zu einem einheitlichen Geschehen zusammengedacht werden könnten. Dann könnte doch solches Beginnen wieder nur der rechtfertigen, der alles Menschheitswerden als ein rechtliches Werden deuten und ihm nur solchen Sinn zumessen wollte. Es bedarf nur des Hinweises auf die großen philosophischen Systeme, der Erinnerung an die Weihe der Menschheit durch das Heilige, um die Einseitigkeit solcher Auffassung deutlich zu machen.

Nur wer die Welt als das Ganze einer rein juristischen absoluten Wahrheit anzusehen vermöchte, kann sich zu solcher Enge der Auffassung bekennen. Die Idea di una scienza nuova del Vecchios und die Universalrechtsgeschichte des Neuhegelianismus sind Truggestalten, welche durch den reichen Beutel ihres Materials und mit ihrem klangvollen Namen uns über die Beschränktheit ihrer Weltanschauung täuschen wollen. Daß dieses überhaupt möglich sein konnte, hat seinen Ursprung wohl freilich in dem ganzen methodischen Beginnen des Juristen und in der Herrschaft eines eigentümlich vorkantischen Wahrheitsbegriffs, dem sich die Juristerei noch immer unterworfen. Auf diese Zusammenhänge und den Versuch ihrer Auflösung [vgl. S. 460 Anm.] kann hier auch nur wieder hingewiesen werden. Mit vollem Recht betont Mehlis, daß nur die überzeitlichen Werte weltanschauungsbildend seien, daß nur der Heilige oder der Weise alles Vollendete erschauen und zu einem Ganzen zusammenschließen könne.

Doch jener Wahrheitssinn, an welchen wir vorher gedacht, er kann uns dem Endziel rechtlichen Wollens nur entgegenführen, wenn er in Demut sich vor dem kritischen Grundgesetz beugt. Damit aber enthüllte sich die Komplexität der Frage nach einer vergleichenden Rechtswissenschaft wenigstens nach einigen Richtungen hin. Es zeigte sich die Gemeinsamkeit ihrer Begriffsbildung mit den Denkformen der Geschichte in ihrer Unterworfenheit unter die Zeit mit dem Streben nach Materialhäufung; es zeigte sich ihre Abwendung von der Historie durch das Moment der Bewegung ihres Objektes gegenüber dem Ruhenden des geschichtlich Gewesenen. Es enthüllte sich wieder ihr nahes Verhältnis zur Philosophie durch den gemeinsamen Charakter des Werthaften, und doch zugleich wieder die Herrschaft des Unsystematischen gegenüber der Ruhe des Systems in Begriffen. Und diese Darstellungsform des sich in Bewegung [auf das Endziel sozialen Lebens] befindlichen rechtlichen Seins in Entwicklungskategorien erster Ordnung schien zugleich vollständig in die Geschichtsphilosophie überzuleiten, bis ihr die Unfähigkeit, zur Anschauung des Weltganzen jemals zu gelangen, Halt gebot. Denn das ihr notwendige Streben nach Mehrung ihres Materials verknüpfte sie immer wieder mit der Geschichte, und sobald sie die bewußte Zweckbefolgung auf das objektive Ziel hin in breiter Allgemeinheit zu erkennen versuchte, verflüchtete sich ihr durch unbewußte Überleitung in naturwissenschaftliche Betrachtungsweise gerade das, was sie sehen wollte: Der kulturelle Gehalt. Je universaler die Kategorie, desto weniger kulturbedeutsamer Inhalt, desto weniger Herrschaft der Zeit. Die Erhabenheit über die Zeit aber kennzeichnet allein die absoluten Werte, die Ewigkeitswerte, an denen das Endziel rechtlichen Wollens keinen Anteil hat.

Wie aber war es möglich, daß jene synthetischen Antriebe die Erkenntnis so sehr trübten, daß letztere zu solcher unrichtigen Wertzuordnung, zu diesem Suchen, zeitlich bedingtes Rechtsmaterial unter die Herrschaft eines unzeitlichen, das Weltganze in Vollendung begreifenden Wertes zu stellen, überhaupt gelangen konnte? Wenn ich nicht irre, beruht diese Erscheinung (Streben nach universaler Rechtsgeschichte) in Verschlingung mit jenem spezifisch-juristischen, verabsolutierenden Wahrheitsbegriff in dem Schein eines Schwindens der Spannung zwischen Wert und Wertindifferenz des Untersuchungsobjektes mit der Mehrung kulturbedeutsamen Materials gegenüber der Herrschaft der Zeit. Denn die Gewinnung und Verarbeitung fast nur mehr naturwissenschaftlich interessierenden Materials in generalisierender Methode gestattet freilich eine gewisse Ausrichtung zur Zeitlosigkeit, d. h. zur Vollendung im Endlichen; zugleich aber wieder führt es vom letzten Ziel der motivierenden Antriebe: das rechtliche Werden in Totalität zu umfassen, mit Notwendigkeit ab. Denn die Feindseligkeit der objektiven Werte gegenüber dem Naturdasein, welches diese immer zu überwinden trachten müssen, kennen die zeitlosen Werte nicht. Vielmehr schwindet in ihnen die Abneigung gegen das Naturhafte, indem sie [wie O. Ewald treffend erwiesen] nicht nach dessen Ausschaltung, sondern nach dessen Gestaltung zum in sich Vollendetem, Ewigen streben. Und indem man nun die logische Struktur des in generalisierender Betrachtung gewonnenen Materials verkannte, dieses vielmehr noch immer als kulturbedeutsames Sein sich vorstellte, der schwindende Gehalt zudem tatsächlich auf wertindifferentes Substrat hinführte, konnte man der Täuschung einer Versöhnung mit der Tyrannei der Zeit über alle rechtliche Auswicklung verfallen. Dabei freilich vergaß man wieder, daß der Rechtsvergleicher sich selbst untreu wurde, sein Beginnen zur Ergebnislosigkeit methodisch verurteilt war.

Denn eben immer wieder — wie man auch bei der wechselseitigen Verknüpfung der Rechtsvergleichung mit jenen anderen Arten der Gedankenbewegungen die Gruppierung vornehmen mag — immer wieder bleibt diese Fehlerkette: die synthetischen Antriebe führen zur naturhaft geformten Entwicklungskategorie; deren Inhalt enthüllte eine rechtliche Sinnbezogenheit überhaupt nicht mehr; aber mit dem Schwinden alles kulturbedeutsamen rechtlichen Gehaltes, mit ihrer Abkehr von der Erreichung letzten Wertes durch zweckhafte rechtsbildende Tat schien eine Beziehung auf die Ewigkeit sich zu öffnen. Und indem die synthetischen Motive in Idealismus um die Vorstellung der Vollendung ihres Materials über alle Zeit hinaus sich mühten, sahen sie nicht mehr, daß sie bereits ein rechtliches Nichts zu gestalten trachteten. So ist es auch nicht mehr wunderbar, daß dort, wo der geschichtliche Ablauf die längste Dauer rechtlichen Lebens bis jetzt uns gezeigt hat, wo seine zeitliche Geltung am vollendetsten in rechtlicher Gestaltungskraft überwunden zu sein scheint — im römischen Recht — daß dort diese Herausfaserung aus der tatsächlichen Inhaltlichkeit des Geschehens am stärksten zutage tritt. So sehr scheint in ihm die Herrschaft der Zeit überwunden, daß dieses an eine totale Abstoßung der speziellen Kulturbezogenheit heranführt und die Annäherung an ein (scheinbar) vollendetes System logisierender Tätigkeiten bedeutet. Damit verliert die einstige Behandlung des römischen Rechtes als einer ratio scripta einiges von ihrer Wunderlichkeit, sofern man mit der Erkenntnis seiner annäherungsweisen Überzeitlichkeit, und der gedanklichen Abstoßung seiner besonderen in jener Kultur wurzelnden Beziehungen nur eben immer wieder der Notwendigkeit des auf seine Werthaltung bezüglichen erkenntniskritischen Aktes sich bewußt bleibt.

Jene Ausweitung der alten rechtshistorischen Disziplinen zur antiken Rechtsgeschichte (Wenger) erscheint aber in solcher Besinnung wieder nur als eine Ausformung der allgemeinen geistigen Einstellung. Denn das Zeitalter der historischen Vernunft drängt durch die Methode seiner Strebungen nach der Mehrung kulturbedeutsamer Erkenntnisse. Und je fester die einzelne rechtshistorische Forschung diesem einstigen Sein der Kultur durch Bindung der Betrachtung seines Objektes an diese Frage nach der Kultur, der es zugehört, gerecht wird, desto mehr muß sie danach streben, die spezifisch romanistische Betrachtung auf ihr berechtigtes Maß zurückzuführen. Sonst führt sie notwendig zu einer Vergewaltigung der historischen Vernunft, indem sie das unsystematische Moment des Kulturgeschichtlichen, dessen Streben nach neuem, einzigartigem Gehalt durch die systematische Vollendung an die Ewigkeit rührender Gestaltungskraft logisierender Tätigkeit überwindet. Doch eignet solch überzeitlicher Wert dem römischen Recht, so kann er verloren nicht sein. Wo er immer wieder in die Erscheinung treten wird, das wurde vorher zu deuten gesucht.

Doch mag es wohl scheinen, daß die Einsicht in die Antinomie, welche jene synthetischen Motive auswirken, dem Bestande einer Disziplin vergleichender Rechtswissenschaft nicht feindlich ist. Denn würde alle dort auftauchende Gegensätzlichkeit ausgeglichen werden können, so wäre es um die Rechtsvergleichung geschehen. Müßte sie damit doch ihrer Auflösung zu einer jener anderen Arten des Gedankenablaufes entgegengehen. So aber bleibt sie mit ihrer Verneinung verschwimmender vermaterialisierender Gedankengänge del Vecchios wie auch unter Abkehr von allem Kohler-Berolzheimerschen Neuhegelianismus als eine Formenlehre bestehen, die weder Philosophie noch Geschichte ist und die doch wieder mit beiden so viele formale Momente teilt.

F. Holldack.

IV.

Zivilrecht.

1. Das Bürgerliche Gesetzbuch erläutert von Reichsgerichtsräten. Zweite vermehrte Auflage. Band I 862 S., Band II 543 S., Band III 853 S. mit Register. Berlin 1913, J. Guttentag, Verlagsbuchhandlung.

Das schon nach drei Jahren notwendig gewordene Erscheinen einer zweiten Auflage beweist, daß der Kommentar in weiten Kreisen Beifall gefunden hat. Dieser Beifall ist auch durchaus gerechtfertigt, wenn auch nicht geleugnet werden kann, daß der Praxis noch mehr gedient wäre, hätten die Verfasser auch das EG. BGB. zum Gegenstande der Erläuterung gemacht.

Bei dem von den Verfassern verfolgten Zweck, den Bedürfnissen der Praxis zu dienen, war es sehr richtig, die Heranziehung der Literatur auf das äußerste zu beschränken und das Schwergewicht auf die Orientierung über die reichsgerichtliche Rechtsprechung zu legen. Dies schloß nicht aus, daß sich die Verfasser die Selbständigkeit der Gesetzesauslegung vollkommen gewahrt haben.

Die Darstellung zeichnet sich durch große Übersichtlichkeit und Durchsichtigkeit aus.

Selbstverständlich werden nicht alle Auslegungsergebnisse ungeteilte Zustimmung finden. Im Rahmen einer Besprechung ist es untunlich, auf alle Fragen, die Widerspruch oder Zweifel hervorzurufen geeignet wären, einzugehen. Aber einiges, was dem Berichterstatter besonders erwähnenswert dünkt, soll zur Erörterung gestellt werden.

Zu § 4 BGB. wird die in Abs. 2 zugunsten der minderjährigen Witwe getroffene Bestimmung auf die minderjährige geschiedene Frau ausgedehnt. Mit welchem Rechte diese Abweichung von dem zweifellosen Gesetzeswort stattfinden soll, wird nicht gesagt; mit gleichem Rechte könnte man die Minderjährige, deren Ehe für nichtig erklärt wurde, der minderjährigen Witwe gleichbehandeln wollen. Daß zu § 7 Nr. 1 u. Nr. 3 der Wohnsitz als „Mittelpunkt" der Lebensverhältnisse eines Menschen bezeichnet und von einem „gleichmäßigen Mittelpunkt an mehreren Wohnorten" gesprochen wird, bleibt zum mindesten ein Schönheitsfehler. Den abgeleiteten Wohnsitz der Ehefrau läßt die Erläuterung zu § 10 Nr. 2 durch Scheidung der Ehe oder durch Aufhebung der gleichen Gemeinschaft oder durch Nichtigkeitserklärung der Ehe aufhören. Hieran ist jedenfalls ungenau: „Durch Aufhebung der ehelichen Gemeinschaft"; denn solche Aufhebung kann auch rein faktisch erfolgen und ist dann ohne jede Bedeutung für die Wohnsitzfrage; gemeint ist demnach nur die Aufhebung durch richterliches Urteil. Über den Einfluß des Todes des Ehemanns fehlt jede Äußerung. Auch wird keine Stellung zu der Streitfrage genommen, ob nicht der für die Ehefrau einmal begründete abgeleitete Wohnsitz auch nach Beendigung der Ehe ihr solange verbleibt, bis sie selbständig einen neuen Wohnsitz begründet bzw. den bisherigen aufgibt.

Daß das Pseudonym von Künstlern und von Schriftstellern den Schutz des § 12 genieße, wird nur behauptet, nicht begründet.

Als sehr beachtenswert ist hervorzuheben die (Bd. I S. 30 Nr. 1) enthaltene Stellungnahme des Kommentars zur Theorie der juristischen Person. Er lehnt bestimmt ab die Fiktionstheorie und die Realitätstheorie und schließt sich der neuerdings von Hölder und von Binder aufgestellten Konstruktion an, wonach der statutarisch oder gesetzlich Verfügungsberechtigte als Subjekt des Vereins- oder Stiftungsvermögens zu betrachten, mithin die Kategorie der juristischen Person als etwas von der physischen Verschiedenes nicht anzuerkennen ist.

Bezüglich der Art des Anfalls von Vermögen eines aufgehobenen Vereins teilt der Kommentar (§ 45 Nr. 2) die herrschende Meinung, die zwischen dem Anfall an den Fiskus und dem an andere Personen unterscheidet und nur im ersteren Fall Gesamtnachfolge annimmt. Die Begründung des Kommentars besteht lediglich darin: weil für den Anfall an andere Personen als den Fiskus eine Bestimmung wie § 46 nicht getroffen wurde, so bleibt nur übrig, ihnen einen schuldrechtlichen Anspruch auf Ausantwortung des Vermögens gegen die Liquidatoren zu geben. Diese Begründung ist durchaus unschlüssig. Es darf auf diese Zeitschrift, 3. Folge Bd. XV. S. 394 ff. verwiesen werden. Für das Stiftungsgeschäft unter Lebenden erachtet der Kommentar (§ 81 Nr. 2) eine Vermögenswidmung nicht für geboten. Wie dies mit der S. 30 Nr. 1 vertretenen Theorie der juristischen Person vereinbar sein soll, ist nicht abzusehen. Denn dort heißt es wörtlich: „Das Wesentliche der jurischen Person ist darin zu sehen, daß an Stelle des Eigentümers der Verfügungsberechtigte — bei der Stiftung der Verwaltungsberechtigte — auf Grundlage der Stiftungsurkunde tritt." Ohne Verwaltung also keine Stiftung. Die Verwaltung aber erfordert einen Gegenstand. — Die Einleitung zu dem von den Willenserklärungen handelnden Titel wandert auf den bekannten ausgetretenen Pfaden der empfangsbedürftigen und der nicht empfangsbedürftigen Willenserklärungen. Die letzteren sollen dann gegeben sein, wenn der Wille so kundgetan ist, daß die Absicht, die angestrebte Rechtsänderung herbeizuführen, denjenigen, die es angeht, erkennbar wird.

Wie wenig zu Ende gedacht diese Definition ist, zeigt das Beispiel der Auslobung als einer angeblich nicht empfangsbedürftigen Willenserklärung. Denn die verpflichtende Wirkung der Auslobung tritt bekanntlich ein, auch wenn derjenige, der die gewünschte Handlung vornimmt bzw. den gewünschten Erfolg herbeiführt, von der Auslobung gar keine Kenntnis hat und auch nicht haben kann. Auch die Anführung des eigenhändigen

Testaments unter den nicht empfangsbedürftigen Willenserklärungen bedenkt nicht, daß der eingesetzte Erbe mit dem Tode des Testators die Erbschaft erwirbt, auch wenn er ohne Kenntnis des Testaments verstorben ist, ihm also die Existenz des Testaments nie zum Bewußtsein gekommen ist und nie zum Bewußtsein kommen konnte. Ganz nebenher[1]) (zu § 134 Nr. 3) bekennt sich der Kommentar zur Naturalobligation. Dagegen darf ich auf diese Zeitschrift 3. Folge Bd. XVII S. 54 ff. verweisen.

Die Bestimmung des § 179 Abs. 1 wird der herrschenden Meinung gemäß als Festsetzung eines Wahlschuldverhältnisses mit Gläubigerwahlrecht aufgefaßt. Dabei wird außer Betracht gelassen, daß die Erfüllungspflicht gemäß § 249 Schadensersatzpflicht ist. Denn ohne den zum Ersatz verpflichtenden Umstand (Vollmachtsmangel) würde der Vertragsgegner den Anspruch auf Erfüllung verlangt haben; wenn der Verpflichtete mithin seinerseits erfüllt, so ist nicht abzusehen, wie der Vertragsgegner diese Erfüllung sollte ablehnen dürfen und wie er imstande sein könnte, einen Schaden zu liquidieren, der über die Erfüllung hinausginge.

Über die Frage, ob ein Vermögenswert der Leistung für ein gültiges Schuldverhältnis erforderlich sei, geht die Erläuterung zu § 241 Nr. 1 mit ein paar den Grund der Streitfrage nicht erschöpfenden Bemerkungen hinweg, so daß eine Förderung der Erkenntnis nicht bewirkt wird. Das gleiche läßt sich sagen bezüglich der Stellungnahme zu der Frage, ob in den Fällen der §§ 325, 326 die Austauschtheorie oder die Differenztheorie berechtigt sei. Die auf S. 355 für die letztere Theorie verwerteten Gründe sind leicht widerlegbar und daher nicht überzeugend.

Die Abtretbarkeit künftiger Forderungen wird (S. 413 f.) in Befolgung der reichsgerichtlichen Rechtsprechung ohne weitere Prüfung als zulässig behandelt. Die m. E. sehr beachtenswerten Argumente von Bergk (Übertragung künftiger

[1]) Vgl. übrigens auch zu § 762 Nr. 2.

Rechte) gegen die Übertragbarkeit sind nicht berücksichtigt worden. Das halte ich in der Nichtberücksichtigung des Schrifttums für zu weit gegangen.

Zu § 414 unternimmt der Kommentar in Nr. 1 eine Unterscheidung der Schuld übernahme in: a) translative, befreiende, privative, b) gehäufte Schuldübernahme.

Diese — gleichfalls auf reichsgerichtlicher Rechtsprechung beruhende — Unterscheidung ist durchaus unbegründet und irreführend; denn in demselben Atem wird dargelegt, daß die sog. kumulative Schuldübernahme keine Schuldübernahme im Sinne des Gesetzes ist.

Zu § 465 vertritt der Kommentar mit dem Reichsgerichte wenigstens die Möglichkeit der Wandlungsklage auf direkte Rückgängigmachung der Kaufvertragswirkungen neben der „Vertragstheorie".

Die Bestimmung des Begriffes „Geschäftsbesorgung" in BGB. § 662 und daher auch in § 675 (s. S. 615) ist im ganzen und großen zutreffend; sie berührt sich sehr nahe mit dem, was ich zuletzt in dieser Zeitschrift (3. F. Bd. 15 S. 400) dargelegt habe.

Zu § 675 Nr. 1 akzeptiert der Kommentar ohne weiteres die in einem früheren Reichsgerichtsurteil (RG. 56 S. 84) ausgesprochene Ansicht, daß der sog. Zustellungsauftrag der Partei an den Gerichtsvollzieher ein Rechtsverhältnis des bürgerlichen Rechts zwischen Partei und Gerichtsvollzieher begründe.

Es ist zu vermuten, daß das Reichsgericht bei gegebener Gelegenheit diesen Irrtum ebenso einsehen wird, wie es ihn bezüglich des Vollstreckungsauftrages eingesehen hat, freilich ohne zu erwähnen, daß die ganze Frage bereits in SeuffBl. Bd. 53 S. 273 ff. erörtert worden war.

In den einleitenden Bemerkungen zur Besitzlehre (Bd. II S. 1 vor § 854) kann es gewiß nicht als eine glückliche Redeweise angesehen werden, wenn der Kommentar mehrfach von einem „wirklichen" Rechte spricht.

Zur Frage der Notwendigkeit des Besitzwillens für den Besitzerwerb steht der Kommentar (§ 854 Nr. 3) auf dem unklaren Standpunkt der herrschenden Meinung, wonach zwar Herrschaftswille, aber kein rechtsgeschäftlicher Wille erforderlich sein soll. Demgegenüber ist zu betonen, daß das BGB. diesen Unterschied nicht kennt. Das BGB. geht davon aus, daß auf dem Rechtsgebiete die Willensäußerung einer Person unter gewissen Umständen als gleichgültig zu erachten ist.[2]) Da der Besitzerwerb ins Rechtsgebiet gehört, so muß das auch für ihn wahr sein und daraus wieder folgt, daß ein Willensunfähiger auch originär keinen Besitz erwerben kann.

Zu § 857 wird wohl ganz zutreffend angenommen, daß die Vererblichkeit des Besitzes auch Platz greife, auch wenn der Erblasser Unterbesitzer gewesen ist, es wird aber die Frage nicht berührt, ob der mittelbare Besitz schlechthin vererblich ist.

Die übrigen Parteien des Kommentars zum Sachenrechte des BGB. geben zu besonderer Betrachtung keinen Anlaß. Aus dem Kommentar zum Familienrecht und zum Erbrecht seien nur wenige Punkte erwähnt.

Zu § 1329 nimmt der Kommentar Stellung gegenüber der in der neueren Rechtslehre vertretenen Ansicht, daß die noch nicht durch Urteil für nichtig erklärte Ehe trotz Bestehens des Nichtigkeitsgrundes nicht nichtig sei, sondern daß man für sie die besondere Kategorie der Vernichtbarkeit aufstellen müsse. Der Kommentar lehnt m. E. mit Recht diese Ansicht ab.

Über die Zulässigkeit des Testamentum mysticum hat sich der Kommentar nicht geäußert, obwohl eine Äußerung mit Rücksicht auf die neueste Literatur und Rechtsprechung (RG. 85 S. 8) wünschenswert wäre.

Die Anschauung, daß die mündliche Mitteilung des letzten

---

[2]) S. neuestens auch JW. 1915 S. 570 Nr. 2.

Willens an Notar oder Gericht in deutscher Sprache erfolgen müsse, hat inzwischen durch eine reichsgerichtliche Entscheidung (RG. 85 S. 308 ff.) die erforderliche Korrektur erfahren.

Die Entscheidung des Reichsgerichts in RG. 85 S. 347, wonach BGB. § 2338 auch dann anzuwenden ist, wenn der eingesetzte Abkömmling auf mehr als seinen Pflichtteil eingesetzt ist, wird in künftigen Auflagen Berücksichtigung finden müssen, an denen es bei der Stimmung des heutigen juristischen Interessentenkreises gewiß nicht fehlen wird.

† Hellmann.

2. Plancks Kommentar zum Bürgerlichen Gesetzbuch nebst Einführungsgesetz herausgegeben von Dr. E. Strohal, ordentlichem Professor in Leipzig, in Verbindung mit Dr. F. André, o. Professor, E. Brodmann, Reichsgerichtsrat, Dr. F. Flad, Oberlandesgerichtsrat, M. Greiff, Oberlandesgerichtspräsident, Dr. F. Knocke, ordentl. Honorarprofessor, Dr. A. Mendelsohn-Bartholdy, ordentl. Professor, Dr. H. Siber, ordentl. Professor, Dr. O. Strecker, Reichsgerichtsrat, Dr. K. von Unzner, Senatspräsident. I. Band: Allgemeiner Teil (§§ 1—240). Vierte völlig neu bearbeitete Auflage. LXV u. 606 S. Berlin 1913 (J. Guttentag Verlagsbuchhandlung). II. Band: Recht der Schuldverhältnisse. 1. Halbband. Allgemeiner Teil (§§ 241 bis 432). Vierte völlig neu bearbeitete Auflage. VIII u. 640 S. Berlin 1914. III. Band, erste Lieferung: Sachenrecht (§§ 854—1011). Vierte völlig neu bearbeitete Auflage. 544 S. Berlin 1915.

Wir haben hier die vierte Auflage des von Planck begründeten Kommentars vor uns, deren Ziele und Grundsätze aus dem Strohalschen Vorwort ersichtlich sind. Dieser selbst, der die Herausgabe der vierten Auflage besorgen sollte, ist inmitten der Arbeit aus der Zeitlichkeit abberufen worden. Aus der Reihe der auf dem Titelblatt des ersten Bandes genannten Mitarbeiter ist inzwischen ausgeschieden: Mendelsohn-Bartholdy. Unter den gegenüber den früheren Mitarbeitern neueingetretenen wird das juristische Publikum vor allem die Namen Brodmann und Siber begrüßen.

Ein Vergleich des äußeren Umfangs der neuen Auflage

— soweit sie bis jetzt vorliegt — mit den entsprechenden Bänden der dritten Auflage zeigt zunächst, in welchem Maße der äußere Umfang des Kommentars sich ausgedehnt hat.

Der allgemeine Teil der 3. Auflage zählt 392 Seiten, der der vierten Auflage 606 Seiten, wovon 20 Seiten auf das diesmal beigegebene selbständige Sachregister entfallen.

Die allgemeinen Lehren des Rechtes der Schuldverhältnisse, die in der dritten Auflage 326 Seiten umfaßten, nehmen jetzt 640 Seiten ein und die erste Lieferung des Sachenrechts (§§ 854 bis 1011), die in der dritten Auflage 346 Seiten enthielt, ist auf 544 Seiten angewachsen.

Von dem sachlichen Inhalte des Werkes lassen sich selbstverständlich nur Stichproben geben.

Der allgemeine Teil des Kommentars beruht noch auf einem von Planck hinterlassenen Manuskript, das nach Mitteilung Strohals im Vorwort von Knocke, Strecker und Flad für die vierte Auflage bearbeitet werden ist. Von Knocke rühren her: die Einleitung, die Bestimmungen über die natürlichen und über die juristischen Personen sowie die Erläuterungen zu §§ 186 bis 240, von Strecker die Erläuterungen der Vorschriften über die Sachen und von Flad der Abschnitt über die Rechtsgeschäfte.

Knocke bemerkt zu § 13 Nr. 1, daß zwar der erste Entwurf unter einem „Verschollenen" denjenigen verstand, in dessen Person die Voraussetzungen der Todeserklärung vorliegen, daß aber im BGB. der Begriff der Verschollenheit in einem anderen Sinne gebraucht werde, wie die §§ 14—17 ergäben. Als Gegner dieser Auffassung erwähnt er Hellmann in KrVJSchr. Bd. 40 S. 179. Demgegenüber ist ein Doppeltes zu bemängeln: einmal, daß er nicht zeigt, wieso sich aus §§ 14—17 ein anderer Sinn des Verschollenheitsbegriffs ergeben soll, sodann daß er meine späteren Ausführungen in KrVJSchr. Bd. 51 S. 392—394 unerwähnt und unberücksichtigt läßt.

Zu § 45 hält auch die neue Auflage an der früheren Ansicht

fest, daß da, wo das Vermögen des aufgelösten Vereins nicht an den Fiskus fällt, der Anfallsberechtigte nur einen Anspruch gegen den Verein in Liquidation auf Aushändigung des Vermögens erlangt, nicht aber Gesamtrechtsnachfolger des Vereins wird. Die Begründung hat in der neuen Auflage nicht an Überzeugungskraft gewonnen. Die Beweisführung für die gegenteilige Ansicht, die ich in dieser Zeitschrift Bd. 51 S. 394—396 unternommen habe, wird nicht einmal erwähnt, geschweige entkräftet.

Die Frage, ob das Stiftungsgeschäft eine Vermögenszuwendung enthalten müsse, wird wie in den früheren Auflagen bejaht und eingehender begründet (zu § 81 N. 3). Man wird diese Anschauung nur billigen können und es ist zu erwarten, daß sie das erforderliche Gegengewicht zu der entgegengesetzten Meinung des Kommentars von Reichsgerichtsräten bieten wird.

Während die früheren Auflagen in der Lehre von der Anfechtbarkeit der Rechtsgeschäfte von der sogen. Gläubigeranfechtung völlig abgesehen hatten, zieht sie die neue Auflage (I. S. 228 f.) in den Bereich der Erörterung, jedoch nur mit wenigen, der Erkenntnis in keiner Weise dienenden Sätzen. Es wird nämlich lediglich unter Hinweis auf Jaeger, Konkursordnung, behauptet, daß diese Anfechtung mit der im BGB. geregelten nichts gemein habe, daß vielmehr der Anfechtungsanspruch des Gläubigers nur ein Forderungsrecht bilde auf Beseitigung der den Gläubigern nachteiligen Folgen einer Rechtshandlung. Dies alles wird so hingestellt, als gäbe es über diesen Punkt gar keine Meinungsverschiedenheiten. Wenn diese Fassung dem Planckschen Manuskripte entnommen ist, so war es sicherlich die Aufgabe des Herausgebers, eine orientierende Bemerkung hinzuzufügen.

Zu begrüßen ist die Erläuterung zu § 179 Nr. 4 c, wo — soviel ich sehe zum ersten Male in der Literatur des BGB. — zugegeben wird, daß die Worte zu Abs. 1 „nach seiner Wahl" nicht notwendig ein „Wahlschuldverhältnis" bezeichnen und daß die Erfüllung nur eine Art des Schadensersatzes ist.

Aus dem zweiten Bande, 1. Halbband, verdienen vor allem hervorgehoben zu werden die Vorbemerkungen Sibers unter Nr. III S. 16—36, in welchen mit wohltuender Klarheit und Vollständigkeit das Problem von Schuld und Haftung in seiner Bedeutung für die Dogmatik des geltenden Rechtes seine Beleuchtung empfängt. Hervorheben möchte ich in dieser Richtung vor allem zwei Sätze: „Der Gedanke, daß jemand den Zugriff in sein ganzes Vermögen dulden und doch das, was durch solchen Zugriff daraus beigetrieben wird, nicht leisten solle, gehört aber einer primitiven und längst überwundenen Stufe der Rechtsentwicklung an; er darf nicht zu Ehren historischer Forschung wieder in modernes Recht hineingetragen werden" und weiter: „Ein rechtliches Leistensollen steckt daher in jeder Schuld mit unbeschränkter Haftung" (S. 24).

Siber nimmt in den Vorbemerkungen (S. 10 ff.) auch zu der Kontroverse Stellung, ob zu einem gültigen Schuldverhältnisse nötig sei, daß die geschuldete Leistung einen Vermögenswert besitze. Er verneint die Frage mit der herrschenden Ansicht, ohne sich die Frage vorgelegt zu haben, ob denn nicht in allen Fällen der Verpflichtung zu einer nicht vermögenswerten Leistung gesagt werden müsse, daß diese Verpflichtung gegen die guten Sitten verstößt, weil sie dann eben auf dem Gebiete von Religion, Liebe, Anstand, Betätigung persönlicher Freiheit liegt, das dem Rechtszwang nach der herrschenden sittlichen Auffassung entzogen ist. Freilich darf man nicht, wie Siber (S. 11) Forderungen auf Auskunft und auf Vorlegung von Urkunden als Beispiele von Forderungen ohne Vermögenswert ansehen. Einen Vermögenswert hat die Leistung, wenn sie in irgendwelcher Beziehung zum Vermögen des Gläubigers oder des Schuldners steht. Die Gestattung der Urkundeneinsicht hat eine Sache des Schuldenbesitzes, also ein Stück seines Vermögens zum Gegenstande und die Auskunftspflicht bezieht sich gleichfalls auf Vermögen. Die Theorie, welche Vermögenswert der Leistung erfordert, würde aber nicht verstanden, wenn man ihr unterstellte, daß sie damit die Beschaffbarkeit der Leistung um Geld bezeichnen wolle.

Zu § 253 Nr. 4 möchte ich betonen, daß auch Siber nicht in der Lage war, ein Beispiel dafür beizubringen, daß bei Zufügung eines Schadens, der nicht Vermögensschaden ist, die Naturalrestitution möglich sei.

Zu §§ 325, 326 wird die Streitfrage, ob der Surrogationstheorie oder der Differenztheorie der Vorzug zu geben sei, zugunsten der Differenztheorie entschieden. Die sehr eingehende Erörterung der Frage (S. 378 ff.) läuft schließlich darauf hinaus, daß die Regelung des § 326 Abs. 1 auch auf den Verzug mit Erfüllung der Kaufpreisforderung anzuwenden sei, daß dies aber nach der Surrogationstheorie undurchführbar wäre, weil danach ein Ersatzanspruch wegen Nichterfüllung der Kaufpreisschuld losgelöst von der Kaufsachenschuld gar nicht zu denken sei; ein solcher Anspruch wäre nämlich mit dem Erfüllungsanspruch identisch und dieser sei doch nach § 326 Abs. 1 gerade ausgeschlossen.

Demgegenüber dürfte doch darauf hinzuweisen sein, daß wegen Nichterfüllung der Kaufpreisschuld dem Verkäufer Schädigungen mancherlei Art entstehen können, deren Ausgleichung keineswegs mit Berichtigung des Kaufpreises und der Verzugszinsen zusammenfällt, z. B. der Gewinnentgang, weil dem Verkäufer der Abschluß eines Geschäftes vereitelt wurde, für den Barzahlung erforderlich war, die wegen Nichtzahlung des Kaufpreises an ihn unmöglich wurde. Wenn aber jenes Argument für die Differenztheorie nicht durchschlägt, so wird man m. E. allerdings aus dem Wortlaut des Gesetzes notwendig zur Surrogationstheorie gedrängt. Denn die Worte „wegen Nichterfüllung" in § 325 Abs. 1 Satz 1 beziehen sich auf die vorausgehenden: „Dem einen Teile obliegende Leistung"; in § 325 Abs. 1 Satz 2 bedeutet folglich auch die „teilweise Erfüllung des Vertrags" gleichfalls so viel wie „teilweise Erfüllung des Vertrags von seiten des leistungspflichtigen Gegners" i. e. teilweise Erfüllung seiner Verbindlichkeit.

Zum Schlusse sei noch die eingehende und überzeugende Begründung der Schuldnachfolgetheorie bei Schuldübernahme nach §§ 414 ff. hervorgehoben, die voraussichtlich dem Meinungsstreit über diesen Punkt ein Ende bereiten wird.

Der dritte Band, erste Lieferung, behandelt vom Sachenrecht die §§ 854—1011. Verfasser sind Brodmann und Strecker. Die Urheberschaft des einen und des andern ist zu den einzelnen Erläuterungen nicht nachweisbar.

Den Erläuterungen der einzelnen Paragraphen des Gesetzbuchs sind umfangreiche Vorbemerkungen über Inhalt und System des Sachenrechts, die dinglichen Rechte, die Grundsätze für ihren rechtsgeschäftlichen Erwerb vorausgeschickt.

Von diesen Vorbemerkungen bietet der erste Satz Anlaß zu Bedenken. Er lautet: „Das Sachenrecht hat die Aufgabe, die unmittelbaren Rechtsbeziehungen der Person zur Sache zu ordnen!" Wenn es nämlich auch keinem Zweifel unterliegt, daß die Verfasser sich völlig klar darüber sind, daß es Rechtsbeziehungen nur zwischen Personen geben kann und daß daher die Wendung „Rechtsbeziehungen zwischen Personen und Sachen eine Bewilligung" ist, so wäre es doch wünschenswert gewesen, wenn sie an so signifikanter Stelle die Bedeutung dieser Bewilligung scharf herausgestellt hätten.

In der Lehre vom Besitz fällt auf, daß die Verfasser an der Möglichkeit einer Definition des Besitzes verzweifeln (S. 29 f.). Wenn sie sagen (S. 29 unten): „Wir suchen den Tatbestand, an den die Rechtsordnung den Besitzschutz knüpft, und worauf wir hinauskommen, ist, daß Besitz ist, was unter dem Schutz der Rechtsordnung steht"; so trifft dieser Vorwurf doch nicht die

Definition Dernburgs, wonach Besitz der tatsächliche Zustand ist, der nach der Verkehrsauffassung als ein unter normalen Verhältnissen gesicherter Zustand der Ausschließung Dritter von der Einwirkung auf die Sache erscheint, wobei die Gesichertheit nicht als eine auf die Rechtsordnung, sondern als eine auf das friedliche Zusammenleben zurückzuführende zu denken ist.

Das Vorhandensein des Besitzwillens wird (S. 36) für den Besitzerwerb als unentbehrlich erklärt, jedoch ebenso, wie in dem Kommentar von Reichsgerichtsräten mit der m. E. unzutreffenden Maßgabe, daß der Wille kein rechtsgeschäftlicher zu sein brauche.

In der Zurückweisung der Auslegung des § 864², daß einmal eine urteilsmäßige Feststellung auch auf Grund eines schuldrechtlichen Anspruchs genügend sei und sodann, daß auch dies Urteil genüge, welches vor der Verübung der Eigenmacht erlassen wurde, kann man den Verfassern nur beistimmen. Diesen Standpunkt habe ich bereits in dieser Zeitschrift Bd. 51 S. 402 u. 422 vertreten.

Wie die früheren Auflagen, so vertritt auch die vierte zu § 941 Nr. 5 die Meinung, daß nach der Wiedererlangung des unfreiwillig verlorenen Ersitzungsbesitzes die Fiktion der Nichtunterbrechung der Ersitzung gemäß § 940 Abs. 2 auch mit Wirkung gegen den Eigentümer Platz greife, der in der Jahresfrist nach dem Verlust des Ersitzungsbesitzes, die Eigentumsklage gegen den Zwischenbesitzer erhoben hat.

Diese Auffassung läßt die Gegenerwägungen v. Tuhrs in Bd. II S. 26 zu Note 105 unberücksichtigt.

Zu § 957 wäre hervorzuheben, daß die Verfasser der Vorschriften des § 956 nicht, wie es der Text vorschreibt, direkt anwenden, sondern nur analog. Hiefür besteht nicht der geringste Anlaß. Bei den vorstehenden Einzelfragen muß es sein Bewenden haben. Soll noch ein Wort über den Gesamtcharakter des Werkes beigefügt werden, so kann es nach dem, was vorliegt, nur dahin lauten, daß die vierte Auflage den Planckschen Kommentar jedenfalls auf der Höhe hält, auf der er bisher gestanden hat.

† Hellmann.

3. Dr. Bernhard Matthias, Professor an der Universität Rostock, Lehrbuch des Bürgerlichen Rechtes mit Berücksichrigung des gesamten Reichsrechtes. Sechste und siebente verbesserte und ergänzte Auflage. XV u. 798 S. gr. 8. Berlin 1914, Julius Springer.

Die Tatsache, daß der 5. Auflage schon nach vier Jahren eine weitere Doppelaufgabe folgen mußte, bestätigt das Urteil, welches ich über die 5. Auflage in dieser Zeitschrift Bd. 51 S. 390 ff. abgegeben habe. Da die Anlage des Buches nicht geändert wurde, so kann das von der 5. Auflage a. a. O. Gesagte wiederholt werden.

Hinzufügen möchte ich aber, daß M. von den Ausstellungen, die ich a. a. O. an der 5. Auflage zu machen hatte, nicht berücksichtigt hat: Die Bemängelung seiner Definition der Verschollenheit sowie der Definition von „Bedingung" (a. a. O. S. 392 ff., 396 f.), die Ablehnung der Naturalobligationen (a. a. O. S. 398), die Bekämpfung des Satzes, daß bei Gattungsschulden der Gläubiger auch berechtigt sei, Sachen von bester Art und Güte zurückzuweisen (a. a. O. S. 393), die Beanstandung der Verfügungstheorie zur Erklärung der Schuldübernahme (a. a. O. S. 398) u. a. m. Insoferne ist Ref. nicht in der Lage, der Bezeichnung der neuen Auflage als einer „verbesserten" beizustimmen. Das kann aber natürlich dem Werte des Buches keinen Abbruch tun, welches alle Voraussetzungen erfüllt, um dem Studierenden als trefflicher Wegweiser beim Studium des bürgerlichen Rechtes zu dienen.

† Hellmann.

V.

Strafrecht.

1. Coenders, Albert, Dr., Richtlinien aus den Lehren Feuerbachs für die moderne Strafrechtsreform. V und 56 S. Tübingen 1914. 1.60 Mk.

Die als 7. Heft der 1913 begonnenen Sammlung „Recht und Staat in Geschichte und Gegenwart" erschienene kleine Schrift des Bonner Privatdozenten enthält dessen Antrittsvorlesung v. 14. Jan. 1914. Sie untersucht in großen Umrissen die Bedeutung der Feuerbachschen Lehren für das heutige Strafrecht, um sie für die Strafrechtsreform nutzbar zu machen. Der Gedanke, an den Altmeister der deutschen Strafrechtswissenschaft des vorigen Jahrh. anzuknüpfen und von seinem Standpunkt aus die Ziele moderner Strafrechtsreformen zu überschauen, ist nicht neu; er liegt so nahe wie die Gefahr einseitiger Betrachtung. Dieser Gefahr ist auch Coenders unterlegen. Er unterscheidet nicht zwischen Wesen und Zweck des staatl. Strafrechts und der staatl. Strafe (S. 3 f.); psychologischer Zwang, Aufrichtung von Gegenmotiven gegen mögliche verbrecherische Handlungen oder m. a. W. Abschreckung ist ihm alles. Daß er dem im Volke wurzelnden Vergeltungsgedanken nicht gerecht wird, versteht sich damit von selbst (S. 5 ff.).

Daneben enthält die Schrift aber auch manche zutreffende Bemerkungen, so insbes. gegen die Besserungstheorie und gewisse übermoderne Richtungen, die das Strafrecht der Heilkunde ausliefern und die Strafrechtspflege durch therapeutische Methoden ersetzen wollen (S. 8 f., 13 f., 25 ff.), sowie gegen die Überschätzung der Einzelhaft (S. 39 ff.). Doch hätten nicht ganze Seiten aus der Literatur abgedruckt zu werden brauchen (z. B. S. 40—44, 51—53).

München. Dr. Fr. Doerr.

2. **Feuerbach**, Anselm, Ritter von, Merkwürdige Verbrechen in aktenmäßiger Darstellung. In Auswahl herausgegeben von Wilhelm von Scholz. 2 Bde. XVI, 361 u. 351 S. München und Leipzig 1913. Brosch. 7 Mk., geb. 10 Mk.

Die Neuherausgabe der kriminalistisch und psychologisch gleich interessanten, in ernster, schlichter Sprache objektiv ohne dichterische Zutat oder romanhaften Aufputz geschilderten 20 Fälle (meist Tötungsdelikte) hat in der Literatur eine derart willkommene Aufnahme gefunden, daß mit dieser Feststellung meine Aufgabe erschöpft ist; denn zu einer kritischen Bemerkung oder Ausstellung findet sich kein Anlaß.

Vgl. u. a. Kohler in GoltdArch. f. Strafr. 60. Bd. S. 512 f., A. Köhler in Jurist. Literaturblatt 1913 S. 112, Lindenau in DJZ. 1914 S. 707, v. Lilienthal in ZStW. XXXV S. 377 und Knapp ebenda XXXVI S. 238.

München. Dr. Fr. Doerr.

3. **Grünbaum**, Dr. Josef, Voraussetzungen der Unbrauchbarmachung im RStGB. (§ 41) und [in] den Spezialstrafgesetzen des Reichs. [Strafrechtl. Abhandl., Heft 166.] VIII und 82 S. Breslau 1913, Schlettersche Buchhandlung. 2.20 Mk.

Die von Oetker=Würzburg zum Druck empfohlene Dissertation behandelt nach einem geschichtlichen Überblick die Voraussetzungen der vom Richter im Strafverfahren verhängten, abweichend von der Einziehung des § 40 StGB. eine polizeiliche Maßnahme darstellenden Unbrauchbarmachung oder Vernichtung nach §§ 41, 42 StGB. und folgenden reichsstrafrechtlichen Nebengesetzen:

Ges., betr. das Urheberrecht an Mustern und Modellen, vom 11. Januar 1876, Ges., betr. das Urheberrecht an Werken der Literatur und der Tonkunst, vom 19. Juni 1901, Ges., betr. das Urheberrecht an Werken der bildenden Künste und der Photographie, vom 9. Januar 1907, Ges., betr. die Bezeichnung des

Raumgehalts der Schankgefäße, vom 20. Juli 1881/24. Juli 1909, Ges. über den Feingehalt der Gold- und Silberwaren vom 16. Juli 1884, Ges. zum Schutz der Warenbezeichnungen vom 12. Mai 1894, Maß- und Gewichtsordnung vom 30. Mai 1908, WeinG. vom 7. April 1909.

Auf die Voraussetzungen der Einziehung ist auch da nicht eingegangen, wo diese Maßregel nach Ansicht des Verf. den Rechtscharakter mit der Unbrauchbarmachung gemeinsam hat, also nicht wie im § 40 StGB. Strafe ist. Dagegen wird gelegentlich der Feststellung der rechtlichen Natur der Einziehung und der Abgrenzung dieses Begriffs von der Unbrauchbarmachung für die unterschiedslose Einziehung (auch gegenüber Nichttätern usw.) die Theorie der kriminellen Garantie oder Haftung Dritter erwähnt und hierbei ohne ersichtlichen Grund der Vorschlag Oetkers bekämpft, Gegenstände eines Dritten nur bei dessen schuldhaftem Verhalten einziehen zu lassen. Dieses soll nicht notwendig sein und die Außerachtlassung der nötigen Sorgfalt durch leichtsinniges Verwahren oder Herleihen des betr. Gegenstandes genügen (S. 26); ist das aber nicht auch schuldhaftes Verhalten oder wo liegt der Unterschied?

Auch dieser Verf. hat die aus §§ 41 f. StGB. für Schriftsteller, Künstler und Verleger entspringende Gefahr anscheinend nicht erkannt (vgl. KrVJSchr. Bd. 52 [3. Folge Bd. XVI] S. 453 Note 2), jedenfalls nicht genügend gewürdigt — weder bei der an sich richtigen Darstellung des geltenden Rechts (S. 40 f., 75 f.), noch bei seinen Gesetzesvorschlägen (S. 81 f.); die nur auf den „Fall der Verurteilung des Erzeugers" abzustellende Maßnahme (S. 82) schützt wohl den Erzeuger, dieser Schutz wird aber durch die Vorschrift des § 42 wieder nahezu illusorisch.

München. Dr. Fr. Doerr.

4. Lifschütz, A., Dr. jur., Die strafrechtl. Bekämpfung geistlicher Übergriffe in weltliches Gebiet. [Strafrechtliche Abhandl. Heft 177.] 83 S. Breslau 1913, Schlettersche Buchhandlung. 2.20 Mk.

Die von v. Hippel zum Druck empfohlene Schrift befaßt sich mit dem Kanzelparagraphen 130a StGB., der zwar seine äußere Entstehung dem Kulturkampfe der 70er Jahre des vorigen Jahrh. verdankt, aber zahlreiche partikularrechtl. Vorgänger hat. Diese werden im ersten, historischen Teil der Arbeit übersichtlich zusammengestellt (S. 3 ff.): Preuß. Allg. Landrecht, bayr. StGB. v. 1813, württemberg. StGB. v. 1839, bad. StGB. v. 1845 und Ges. v. 9. Okt. 1860, hess. StGB. v. 1841, nassauisches StGB. v. 1849, hannov. KrimGB. v. 1840, braunschweig. KrimGB. v. 1840, Code pénal usw. Bei der referierenden Art dieses 1. Teils bleibt für kritische Auseinandersetzungen und Ausstellungen von allgemeinem Interesse wenig Raum; befremdend ist nur, daß S. 38, 46 Zweibrücken zu Elsaß-Lothringen gerechnet wird.

Der zweite, dogmatische Teil (S. 47 ff.) behandelt und erläutert den geltenden § 130a StGB., insbes. Wesen, Zweck und Fassung dieser Strafbestimmung, sowie die kriminalstatistischen Ergebnisse. Kriminalpolitische Erörterungen sind schon in diesen Abschnitt (namentlich über die Fassung des Gesetzes) eingestreut; Vor- und Gegenentwurf und die Beschlüsse der Strafrechtskommission werden aber noch eigens behandelt (S. 64 ff.). Überall tritt Verf. geschickt für die Beibehaltung des § 130a ein, für den er folgende Fassung vorschlägt (S. 77, 79):

> Ein Religionsdiener, welcher in Ausübung oder in Veranlassung der Ausübung seines Berufs vor mehreren Angelegenheiten des Staates in einer den öffentl. Frieden gefährdenden Weise zum Gegenstand einer Verkündung oder Erörterung macht, wird . . . bestraft.

> Wird mit einer Erörterung oder Verkündung staatlicher Angelegenheiten die Androhung irgendwelcher Nach-

teile gegenüber einer bestimmten Person für die Vornahme oder Unterlassung bestimmter Handlungen verbunden, — Strafschärfung.

Der Vorschlag verdient Beachtung; er bedeutet gegenüber dem geltenden Rechte teils eine wohltuende Vereinfachung des strafbaren Tatbestands, teils eine wirksame Ausdehnung auf besonders strafwürdige Handlungen. Soweit sich Verf. hierbei an v. Hippel, Goldschmidt und andere Schriftsteller anlehnt, hat er dies kenntlich gemacht. Vgl. Feisenberger in ZStW. Bd. 36 S. 256 f.

München. Dr. Fr. Doerr.

5. Mohr, Karl, Dr., Die Bemessung der Geldstrafe. [Strafrechtliche Abhandl. Heft 168.] X u. 76 S. Breslau 1913, Schletterſche Buchhandlung. 2 Mk.[1])

Die von Oetker-Würzburg zum Druck empfohlene Dissertation geht von der Erkenntnis aus, daß das Anwendungsgebiet der Geldstrafe ihrer strafpolitischen Bedeutung gemäß in der heutigen Strafrechtspflege erweiterungsbedürftig und -fähig ist. Diese Erkenntnis bricht sich immer mehr Bahn — nicht bloß in der Doktrin, sondern auch in der Gesetzgebung und der Praxis. Man denke beispielsweise nur an die letzte Novelle zum RStGB. von 1912, die wieder mehrfach alternative Geldstrafdrohungen neu einführte, und an das Verhältnis der Anzahl der von den Gerichten erkannten Freiheitsstrafen zu der Zahl der ausgesprochenen Geldstrafen, das sich immer weiter zugunsten der letzteren verschiebt! Doch bleibt hier noch vieles zu tun — in der Gesetzgebung sowohl wie in der gerichtl. Praxis. Vor allem sind die Geldstrafdrohungen zu vermehren; nur über

---

[1]) Vgl. hierzu Kriegsmann in ZStW. XXXV S. 324 f., Weiser in Oesterr. Zeitschr. f. Strafr. V S. 344 ff., Löwenstein in DJZ. 1914 S. 707, Seidel in Aschaffenburgs Monatsschr. XI S. 475 f., Hellwig im Jur. LitBl. 1915 S. 178.

die bezügl. Auswahl der Delikte läßt sich im einzelnen Falle streiten.[2]) Welch unnötige Härten durch ausschließliche Freiheitsstrafdrohungen bei verhältnismäßig geringfügigen, namentlich fahrlässigen, Straftaten entstehen, hat die Praxis während des gegenwärtigen Krieges gezeigt (vgl. z. B. Art. 4 bayr. KriegszustandsG. v. 5. Nov. 1912). Die Gerichte müssen, soweit zulässig, noch mehr als bisher nicht nur zu kleinen, sondern auch zu ausgiebigeren Geldstrafen greifen, statt die Umwandlung ausgesprochener Freiheitsstrafen in entsprechende Geldstrafen der Gnadeninstanz zu überlassen.

Mohr betont mit Recht die Vorzüge und den Strafcharakter der Geldstrafe (S. 2ff.); beides wird heutzutage kaum mehr angezweifelt. Er behandelt dann in kurzen Umrissen die Geldstrafrahmen im geltenden Recht (S. 8ff.), das Verhältnis zwischen Geld- und Freiheitsstrafe im RStGB. (S. 12ff.) und ausführlicher die richterl. Straffestellung oder Strafzumessung (S. 17ff.). Schon de lege lata sind auch ohne ausdrückl. Vorschrift bei Bemessung der Geldstrafe neben anderen Zumessungsgründen die wirtschaftl. Verhältnisse des Täters entsprechend zu berücksichtigen, wie es bislang jeder vernünftige Richter mehr oder weniger bereits getan hat, da die Empfänglichkeit des Delinquenten für das Strafübel oder die Fühlbarkeit der Strafe für ihn das Strafmaß mitbestimmt (S. 18). Das will natürlich nicht heißen, als ob sich die Höhe einer Geldstrafe ausschließl. oder hauptsächlich nach dem Umfange des Vermögens oder Einkommens des Verurteilten richte. Eine geringe Geldstrafe gegen einen Wohlhabenden kann vielmehr im einzelnen Fall ebenso angebracht und mit den Kosten des Verfahrens ebenso oder mehr fühlbar sein wie eine Haftstrafe gegen einen mittellosen Landstreicher, der sie in schlechter Jahreszeit sogar als Wohltat empfindet. Die Menschen sind nun einmal gegenüber

---

[2]) In dubio mitius, d. h. Zulassung der Geldstrafe, gilt auch hier.

Strafen nicht gleich empfänglich; die richterliche Strafzumessung, die am besten möglichst wenig durch den Gesetzgeber beschränkt wird, soll hier zwar im Interesse der Gerechtigkeit ausgleichend wirken, aber menschliche Vollkommenheit ist so wenig wie anderswo zu erreichen. Daß bei geringfügigen Verfehlungen der Gesichtspunkt der Empfänglichkeit des Strafübels so wesentlich hinter die übrigen Strafzumessungsgründe zurücktritt, daß eine Berücksichtigung der wirtschaftl. Lage des Täters bei der Geldstrafbemessung nur in geringerem Umfange Platz greift, unter Umständen ganz ausscheidet, hat Mohr S. 20 richtig hervorgehoben. In ähnlicher Weise sind die Vermögensverhältnisse bei der Umwandlung der Geld- in Freiheitsstrafe zu beachten (S. 26 f.).

Nachdem sich der 1. Abschnitt der Schrift nur mit dem geltenden Rechte befaßt hat, enthält der zweite Reformvorschläge, die auf bessere Ausgestaltung der Geldstrafe in intensiver und extensiver Beziehung abzielen (S. 32 ff.), also zunächst auf Erhöhung der Strafmaxima entsprechend dem veränderten Geldwert und größere Anpassung der Geldstrafe an die wirtschaftliche Lage des Täters, um die Strafwirkung für Arm und Reich möglichst gleich zu gestalten. Verf. wünscht eine gesetzl. Anordnung, daß die Strafbemessung dies berücksichtigen, aber auch der Schwere der Tat und der Schuld entsprechen müsse (S. 38 f., 45); eine solche Anordnung ist überflüssig (s. auch Weiser a. a. O. S. 345).

Wegen der Schwierigkeiten, die Geldstrafe nach Quoten oder Vielfachen des steuermäßig erfaßten Einkommens zu bemessen (S. 40 ff.), bleibt nur die Möglichkeit, sie wie bisher auf Grund freien richterlichen Ermessens nach Summen festzusetzen. Das ist auch die Ansicht des Verf.; nur will er für die Regel eine Zweiteilung des Verfahrens: Der Richter soll aus dem zur Verfügung stehenden, einem „Durchschnittsvermögen" entsprechenden gesetzl. Strafrahmen zuerst ohne Rücksicht auf die Vermögensverhältnisse des Täters diejenige Geldstrafe in öffentl. Verhandlung aussprechen, welche bei Annahme eines „Durchschnittsvermögens" dem Verschulden entspricht,[3]) sodann in einem nicht öffentl. Nachverfahren diese Strafe durch berufungsfähige Entscheidung erhöhen oder ermäßigen, wenn dies die ermittelten wirtschaftl. Verhältnisse des Verurteilten rechtfertigen (S. 45 ff.). Diese umständliche, teils öffentl., teils geheime und in jedem Abschnitte mit einem Urteil abschließende Prozedur, die nur bei geringfügigen Straffällen unterbleiben soll, ist wenig glücklich und praktisch nicht durchführbar, da — abgesehen von der Belastung der Gerichte eine genauere Feststellung der Vermögensverhältnisse schwierig und peinlich ist (ebenso Weiser a. a. O. S. 345, Löwenstein a. a. O.); das Rechtsmittelverfahren hat Verf. überhaupt nicht durchgedacht, oder wie hat er es sich vorgestellt? Der Einwurf, daß die öffentl. Meinung ihrer Beurteilung der Schwere einer Straftat und des Maßes des Verschuldens nur die urteilsmäßig festgesetzte Strafe zugrunde legt und daher bei einheitlicher, öffentlicher Festsetzung der das Vermögen des Täters berücksichtigenden Geldstrafe den verurteilten Reichen gegenüber einem in gleicher Schuld befindlichen Armen stets als den größeren Übeltäter ansehen würde (S. 47), ist nicht stichhaltig, und wäre er es, so würde er mehr beweisen und gegen die Berücksichtigung des Vermögens überhaupt sprechen. Um auch den Reichsten empfindlich treffen zu können, will Verf. bei Verbrechen und Vergehen den Strafrahmen ohne Maximalgrenze überschreiten, gegenüber Reichen also jedes Geldstrafmaximum abschaffen (S. 46, 48); dieser Vorschlag erinnert an die mehrfach angestrebte Beseitigung der gesetzl. Höchstbeträge schlechthin, ist aber praktisch bedeutungslos, da diese, zumal wenn sie erhöht werden, doch nur in den allerseltensten Fällen erreicht werden.

[3]) Für die Beurteilung der Verschuldung können aber gerade die Vermögensverhältnisse des Täters von Wichtigkeit sein. Vgl. Seidel a. a. O.

Neben Erhöhung der Geldstrafmaxima und Anpassung der Geldstrafe an die wirtschaftl. Verhältnisse des Täters beziehen sich die Vorschläge des Verf. auf Teilzahlungen und Stundung von Geldstrafen (S. 49 ff.) statt der jetzigen gnadenweise zu bewilligenden Milderungen oder Zahlungserleichterungen und auf die nachträgliche[4]) Umwandlung unbeibringlicher Geldstrafen in Freiheitsstrafen (S. 52 ff.) statt zwangsweise Abverdienens (S. 55), sowie auf bessere Ausgestaltung der Geldstrafe in extensiver Beziehung: Vermehrung der Geldstrafdrohungen, wobei man noch weiter als Verf. gehen kann (S. 56 ff.), während er die allgemeine Ersetzung kurzzeitiger Freiheitsstrafen durch Geldstrafe mit Recht ablehnt und sich als Anhänger der bedingten Verurteilung bekennt (S. 62 ff.); zu letzterem Kapitel hätte er insbesondere P. Heilborn, Die kurze Freiheitsstrafe, Leipzig 1908, heranziehen können.

Der 3. und letzte Abschnitt der Abhandlung nimmt zum deutschen Vorentwurf Stellung (S. 66 ff.). Die Reformvorschläge des vorausgegangenen Abschnitts bieten hierfür Grundlage und Vergleichspunkte. — Im übrigen verweise ich auf die vom Verf. nicht erwähnte Arbeit von Rauh, Die Vermögensstrafen des Reichsstrafrechts und ihre Reform, Breslau 1912, ebenfalls eine Würzburger Dissertation, und meine Bemerkungen hierzu in dieser Zeitschr. Bd. 52 (3. F. XVI) S. 452 ff., die z. T. auch auf die Mohrsche Dissertation zutreffen.

München. Dr. Fr. Doerr.

6. Ollendorff, Friedr., Dr. jur., Die Wegnahme von Sparkassenbüchern zum Zwecke der Erhebung von Teilbeträgen. (Ein Beitrag zur Lehre vom Diebstahl, insbes. vom furtum usus, vom Betruge und von der Verbrechenskonkurrenz.) [Strafrechtl. Abhandl., Heft 185.] X u. 72 S. Breslau 1914, Schlettersche Buchhandlung. 2 Mk.

Die von Gretener-Breslau zum Druck empfohlene Arbeit gelangt zu Ergebnissen, die in der Hauptsache dem von mir im

[4]) Auch dies enthielte eine überflüssige Mehrarbeit, die nach geltendem Rechte vermieden wird (ebenso Weiser a. a. O. S. 345, Hellwig a. a. O.).

„Gerichtssaal“ Bd. 52 S. 1 ff. vertretenen Standpunkt entsprechen. Abgelehnt wird die Behandlung der unbefugten Wegnahme und Benützung eines fremden Sparbuchs zu Abhebungszwecken als Diebstahl oder Unterschlagung, aber auch der subjektive Tatbestand der Urkundenunterdrückung nach § 274[1] StGB. (S. 38 f.); ob dieser bei Abhebung des ganzen Sparguthabens gegeben ist, wird nicht erörtert. Die Bewirkung der Eintragung des abgehobenen Betrags usw. ist weder eine Beschädigung oder Vernichtung einer Urkunde oder eine Sachbeschädigung, noch eine mittelbare Falschbeurkundung i. S. § 271 StGB. Dagegen erfüllt die Gesamtheit der Handlungen des Täters bei der Sparkasse den Tatbestand des Betrugs, nach Ollendorff jedoch den des vollendeten Betrugs nur dann, wenn der auszahlende Beamte — was regelmäßig anzunehmen sei — sich eine Vorstellung von der Berechtigung des Täters bilde; anderenfalls sei Betrugsversuch anzunehmen. Diese Unterscheidung, die in der einschlägigen Literatur häufig wiederkehrt, ist psychologisch verfehlt; sie verkennt, daß unbewußte Empfindungen und Vorstellungen, d. h. Vorgänge ohne Bewußtseinsinhalt oder „Bilder“, nicht nur gelegentlich in uns sich finden, sondern daß der psychische Lebenszusammenhang jederzeit der Hauptsache nach in solchen sich abspielt und nur gelegentlich an ausgezeichneten Punkten das, was in uns wirkt, in zugehörigen Bildern sein Dasein unmittelbar kundgibt (Lipps, Leitfaden der Psychologie, 2. Aufl. S. 65). Mag also der Sparkassenbeamte sich häufig im Drange der Geschäfte keine bewußte, in seinem Bewußtsein lebendige, Vorstellung von der Berechtigung des Täters bilden, hieran vielleicht aus Nachlässigkeit keinen Augenblick denken, so schließt das die unbewußte, im Halb- oder Unterbewußtsein vorhandene Vorstellung nicht aus — es sei denn, daß er in mala fide ist. Darnach kann es für die Frage des vollendeten oder versuchten Betrugs, der vollendeten oder versuchten Täuschung nicht darauf ankommen, ob der Auszahlende bei der Auszahlung das „Bild“ von der Berechtigung des Zahlungsempfängers in seinen Gedankenkreis ausdrücklich aufgenommen hat. Auch dieser Fall zeigt wieder deutlich die Notwendigkeit psychologischer Vorbildung unserer Juristen.

De lege fer. empfiehlt Verf., die zu einer Vermögensbeschädigung führende Gebrauchsanmaßung (furtum usus) allgemein unter Strafe zu stellen (S. 31 ff.), so daß damit auch die den Gegenstand seiner Arbeit bildenden Handlungen getroffen würden (Idealkonkurrenz?). Hiergegen habe ich mich schon vor 2 Jahrzehnten im „Gerichtssaal“ Bd. 52 S. 61 gewendet und seitdem keinen Anlaß gefunden, in diesem Punkte meine Auffassung zu berichtigen.

Das vorwürfige Thema ist schon so oft bearbeitet worden, daß sich Verf. zur Vermeidung unnötiger Wiederholungen unbeschadet der Gründlichkeit seiner Untersuchung und der Überzeugungskraft seiner Ausführung manchmal hätte kürzer fassen dürfen. Dadurch hätte er wohl auch zahlreiche Ungenauigkeiten in der Darstellung und in der Heranziehung der Literatur vermieden, die im einzelnen des allgemeinen Interesses entbehrend hier außer Betracht bleiben mögen.

Vgl. Alsberg, JW. 1915 S. 1548, Feisenberger, ZStW. XXXVII S. 734 f.

München. Dr. Fr. Doerr.

7. Rommel, Dr. jur. Curt, Zur einfachen Sachbeschädigung aus § 303 des Reichsstrafgesetzbuches. XII u. 123 S. Breslau 1914, Schletter'sche Buchhandlung. 3.20 Mk.[1])

Die als Heft 184 der „Strafrechtlichen Abhandlungen“ erschienene, von Wachenfeld-Rostock zur Aufnahme in diese Sammlung empfohlene Schrift behandelt einleitend die geschichtliche Entwicklung der Sachbeschädigung. Das eigentliche Thema bildet die

[1]) Vgl. dazu Feisenberger in ZStW. Bd. 37 S. 299, Alsberg in JW. 1915 S. 1547 f.

dogmatische Darstellung des § 303 StGB. Die Begriffsmerkmale des Vergehens, das Objekt der Deliktshandlung sowie diese selbst nach ihrer objektiven und subjektiven Seite, werden eingehend untersucht. Hierauf folgen Ausführungen über Antrag und Strafe, Abgrenzung zwischen Versuch und Vollendung, zwischen einfacher Sachbeschädigung und den qualifizierten Formen der §§ 304, 305 StGB. und über Konkurrenz von Sachbeschädigung und anderen Delikten. Den Schluß bilden Erwägungen de lege ferenda.

Verf. vertritt die Eigentumsdeliktstheorie. Der Schutz des Eigentümers ist ihm alles und die Sachbeschädigung infolgedessen nur die Verletzung des Eigentumsrechts oder die Störung des Eigentümers in der Ausübung seines Eigentumsrechts durch beschädigende oder zerstörende Einwirkung auf seine Sache (S. 27). Daß noch andere Personen in ihren vermögensrechtlichen Interessen durch Sachbeschädigung erheblich beeinträchtigt werden können, wird als unwesentlich kaum beachtet; und ob das Gesetz mit dem Begriffe „fremd“ genau so wie mit dem Begriffe „fremdes Eigentum“ sagen will, daß die beschädigte Sache unbedingt im nachgewiesenen Eigentum eines anderen stehen müsse und daß es nicht genüge, wenn die Sache nur nicht dem Täter selbst gehöre, wird nicht weiter geprüft, obwohl dies doch im Rahmen einer solchen Monographie lag (vgl. S. 30). Man denke z. B. an Beschädigung gewilderter Tiere, die noch in niemands Eigentum stehen! Vgl. Doerr in SeuffBl. 1912 S. 81 ff. Rommel kennt nur eine einzige Schwierigkeit, die bezüglich der Fremdheit der Sache für den Fall bestehe, daß sich die Sache bloß in fremdem Miteigentum befindet (S. 28 f.); aber hier ist die Entscheidung doch sehr naheliegend und ohne unbillige Folgen.

Daß Verf. S. 32 ff. den Wert der Sache für belanglos erklärt, entspricht seinem prinzipiellen Standpunkt. Wenn er aber S. 34 vom Standpunkte der Vermögensdeliktstheorie den böswilligen Zerstörer einer objektiv wertlosen, also kein Vermögensobjekt darstellenden Sache, die nur für ihren dermaligen Besitzer einen sogenannten Affektionswert hat und ein teures, nicht für Geld feiles Andenken bildet, für nicht strafbar erachtet, so übersieht er, daß die Strafbarkeit in solchen Fällen auf einem anderen Gebiet als dem der Vermögensdelikte begründet ist. Übrigens will Verf. die Eigentumsdeliktstheorie S. 38 insofern einschränken, als er zwar den Wert der Sache für einflußlos hält, aber doch „irgendein Interesse, irgendeine Bedeutung, die der Eigentümer seiner Sache zukommen läßt," verlangt. Das heißt also, die Tauglichkeit einer Sache als Objekt der Sachbeschädigung in das Belieben des Eigentümers stellen oder von seiner augenblicklichen Laune abhängig machen. Vermieden wird ein solch unbefriedigendes Ergebnis nur durch die Objektivierung jenes Interesses an der Sache oder m. a. W. durch die Forderung eines objektiven, von subjektiven Empfindungen und Stimmungen unabhängigen Sachwerts.

Der prinzipiellen Auffassung des Verf. entspricht es, wenn er für die Deliktshandlung (S. 38 ff.) eine Interessenverletzung des Eigentümers, aber keine Wertminderung oder Verschlechterung der Sache fordert (S. 47 ff.). Was diese Interessenverletzung eigentlich sei, darnach fragt man vergebens; ebensowenig wird beantwortet oder auch nur daran gedacht, warum „beschädigen" i. S. § 303 StGB. etwas anderes bedeuten soll als beispielsweise in § 263 StGB. Der Mangel eines Schadens soll nur für den subjektiven Tatbestand der Sachbeschädigung, für das Bewußtsein der Rechtswidrigkeit Bedeutung haben (S. 69 f.).

Für antragsberechtigt hält Verf. nur den Eigentümer (S. 84 f.). Auch das entspricht seinem grundsätzlichen Standpunkt. Aber gerade diese Folgerung, die zahlreiche Vertreter der Eigentumsdeliktstheorie nicht zu ziehen wagen, hätte ihn veranlassen sollen, seinen Ausgangspunkt zu berichtigen (s. Doerr, Objekt bei den strafbaren Angriffen auf vermögensrechtliche Interessen, S. 208). Alle Sachen, deren Eigentümer ungewiß, abwesend oder sonst an der Antragstellung verhindert sind, wären darnach schutzlos unberechtigten Zugriffen und böswilliger Vernichtung preisgegeben!

S. 103f., 108 erklärt Verf. Idealkonkurrenz zwischen § 303 und § 304 oder § 133 StGB., wenn der Täter nicht der Eigentümer ist, um deswillen für möglich, weil §§ 133, 304 kein privatrechtliches Verhältnis des Täters zum Objekte der Handlung erwähnen und sonach auch der Eigentümer diese Straftaten begehen kann. Wäre diese Erwägung zutreffend, so müßte sie in gleicher Weise für das Verhältnis der §§ 303 nnd 306 zu einander maßgeben, was Verf. S. 111 ohne ersichtlichen Grund ablehnt. Die Unmöglichkeit, einen Gedanken folgerichtig durchzuführen, hätte aber mindestens zur Nachprüfung seiner grundsätzlichen Richtigkeit führen müssen.

Alles in allem handelt es sich hier um die fleißige Arbeit eines Anfängers, die weder Neues bringt, noch Neues bieten kann, da sie zu wenig in die Tiefe der einschlägigen Probleme geht. Auch Form und Ausdruck verraten die Erstlingsschrift.

Vgl. Alsberg, JW. 1915 S. 1547f., Feisenberger, ZStW. XXXVII S. 299.

München, Herbst 1915. Dr. Fr. Doerr.

8. Schreiber, Dr. jur. Rudolf, Täterschaft und Teilnahme bei Straftaten, die aus physischen Gründen nur von bestimmten Personen begangen werden können. [Strafrechtl. Abhandl., Heft 172.] XII und 73 S. Breslau 1913, Schlettersche Buchhandlung. 2 Mk.

Nach einer verhältnismäßig umfangreichen „Einleitung" über den Begriff des Sonderverbrechens wird zunächst in einem „Allgemeinen Teil" Täterschaft und Teilnahme im Sinne der objektiven Theorie dargestellt und erst in einem weiteren „Besonderen Teil" (S. 32ff.) das eigentliche Thema ohne neue Gesichtspunkte im Anschluß an die herrschende Lehre behandelt. Es wird insbesondere dargetan, ob und inwieweit eine Frau Mittäterin, mittelbare Täterin und Teilnehmerin bei gewissen Sittlichkeitsdelikten sein kann, deren gesetzliche Tatbestände zur

Allein- und unmittelbaren Täterschaft männliches Geschlecht voraussetzen.

Den Schluß der Abhandlung (S. 60ff.) bilden Gesetzesvorschläge, die zunächst auf eine Änderung der Begriffe Täterschaft und Teilnahme und hauptsächlich auf Selbständigmachung der Teilnahme abzielen, Anstiftung und mittelbare Täterschaft als Urheberschaft zusammenfassen und auch die Gehilfenschaft von der Strafbarkeit der Haupttat unabhängig gestalten; dadurch würde man den aus der Akzessorietät der Teilnahme folgenden Schwierigkeiten (S. 24ff.; Kriegsmann i. ZStW. XXXV S. 777f.) allerdings am wirksamsten begegnen. Außerdem wird teils eine Vermehrung, teils eine Minderung der betreffenden Sonderverbrechen verlangt.

München. Dr. Fr. Doerr.

9. Warneyers Jahrbuch der Entscheidungen. B. Strafrecht und Strafprozeß. 9. Jahrg., enthaltend die Lit. u. Rechtspr. des Jahres 1914 usw. XX u. 236 S. Leipzig 1915, Roßbergsche Verlagsbuchhandlung.

Über frühere Jahrgänge ist in dieser Zeitschr. Bd. 49 (3. F. XIII) S. 403 und Bd. 52 (3. F. XVI) S. 592f. berichtet. Ihnen schließt sich der neue Jahrg. an, der nach Form und Inhalt keine wesentlichen Änderungen aufweist.

Die Hauptrichtpunkte für ein solches Werk müssen Zuverlässigkeit und Zweckmäßigkeit sein. Die fortschreitende Erkennung der Zweckmäßigkeit wird wie bisher auch die weitere Ausgestaltung des Buches günstig beeinflussen. Was die inhaltliche Zuverlässigkeit des vorliegenden Jahrg. anlangt, so haben mich die vorgenommenen Stichproben davon nicht völlig überzeugen können.

Nur ein Teil der Ausstellungen bezieht sich auf bloße Druckfehler, so S. 75: Kuriatin statt Kuziatin, Die Unverantwortlichkeit der Abgeordneten, S. 190: Wachinger statt Wochinger. Die doppelte Zitierung von Wachenfelds

Lehrbuch auf S. 2 beruht auf einer offenbaren Flüchtigkeit des Verf.

Mein Artikel in der Zeitschr. f. Rechtspfl. i. B. 1914 S. 228 über die Ablehnung der Eröffnung des Hauptverfahrens wegen Unzuständigkeit des Gerichts ist übersehen, bei den Religionsdelikten die Dissertation von W. Bode, Würzburg 1914, noch nicht erwähnt. Auch die sonstigen bis Oktober 1914 erschienenen Veröffentlichungen, z. B. die „Strafrechtl. Abhandlungen" (Breslau, Schletter), sind nicht vollständig berücksichtigt.

Die schwere Zeit, die wir alle — der eine mehr, der andere weniger — durchzukämpfen haben, macht sich wohl auch hier geltend. Immerhin ist die praktische Brauchbarkeit des Buches unbestritten.

München. Dr. Fr. Doerr.

VI.

Staats- und Verwaltungsrecht.

1. Lenel, Paul, Wilhelm von Humboldt und die Anfänge der preußischen Verfassung. Deutschrechtliche Beiträge, Forschungen und Quellen zur Geschichte des Deutschen Rechts, herausgegeben von Konrad Beyerle. Bd. IX, Heft 3. 27 S. Heidelberg 1913, Carl Winter. 0.80 Mk.

Die kleine Schrift gibt in aller Kürze eine klare, anschauliche Schilderung der Stellung Humboldts in und zu dem Werke der preußischen Verfassungsprojekte nach den Befreiungskriegen. Mancherlei neue Gesichtspunkte werden dem zum Teil neuen Material entnommen, für das man die Quellennachweise freilich nur ungern vermißt. Die Schrift bildet so einen sehr beachtenswerten Beitrag zur preußischen Staatsgeschichte. Daran ändert es nichts, wenn man der Ansicht ist, daß eine rechtswissenschaftliche Arbeit über eine staatsgeschichtliche Materie die staatsrechtlichen Gesichtspunkte nicht ganz ausschalten dürfe. So mag man mit Lenel im Gegensatz zu Treitschke der Ansicht sein, daß die Verordnung vom 22. Mai 1815 vom König politisch nicht als Versprechen gemeint sei; juristisch kann man nicht einfach die in Form eines Gesetzes geschehene, also rechtliche Bindung erzeugende, Willensäußerung des absoluten Monarchen als ein ganz unerhebliches programmatisches Monologisieren ansehen, es sei denn, man beweise die Richtigkeit dieser Auffassung mit den Mitteln juristischer Interpretation. Andererseits muß eine staatsrechtliche Betrachtung feststellen, daß der absolute Monarch — und das ist der König, solange er noch keine Verfassung wirklich gegeben hat —, wie er imstande ist, durch gesetzgeberischen Akt sich selbst rechtlich zu binden, ebenso imstande ist, diese Bindung gesetzgeberisch aufzuheben oder durch authentische Interpretation umzudeuten. Nicht aber kann eine staatsrechtliche Betrachtung, wie Lenel dies tut, die Verantwortung für die „Leichtsinnigkeit" einfach auf den Minister (Hardenberg) übertragen. Sie kann höchstens, als an einem Gegenbeispiel, darauf hinweisen, wie wertvoll die Ministerverantwortlichkeit des konstitutionellen Staatsrechts für die Integrität des monarchischen Gedankens ist. Um nicht mißverstanden zu werden: ich verkenne nicht, daß diese Fragen für den Verfasser, dem es nur auf die Entstehungsgeschichte der preußischen Verfassung ankam, an sich unerheblich waren; nur meine ich, eine rechtswissenschaftliche Arbeit dürfe auch nur beiläufig auftauchende Fragen nicht unter Gesichtspunkten betrachten, die den juristisch gegebenen schlechterdings entgegengesetzt sind, oder müsse wenigstens auf die Ausschaltung der rechtlichen Gesichtspunkte und ihre Gründe hinweisen. — Bei Erörterung der Frage der Volkstümlichkeit der Verfassungsforderungen wäre für das Thema m. E. nicht unwesentlich gewesen die Untersuchung der interessanten Frage, wieweit Humboldt und die übrigen preußischen Reformer (auch bei der Überschätzung der Bedeutung des freien Pflichtbewußtseins in der Landwehrorganisation durch Boyen spielt dies Moment eine Rolle) nicht doch insofern noch völlig in dem eudämonistischen Geiste des Polizeistaats standen, als sie bei der Volksbeglückung weniger nach den Bedürfnissen fragten, die das Volk hatte, als nach denen, die es der Aufklärung gemäß hätte haben sollen; entsprechend dem für die damalige Geisteswelt faszinierenden Einfluß des Denkens der französischen Revolution, das die Willensbildung der bei der Abstimmung in der Minorität gebliebenen Bürger als auf Irrtum beruhend ansah. — Die vom Verfasser angedeutete Verschiedenheit der Auffassung Humboldts und Hardenbergs über das monarchische Prinzip würde vermutlich bei näherer Untersuchung das Bild der völligen materiellen Unbestimmtheit dieses Prinzips, das sich aus der Darstellung Meisners ergibt (dazu meine Ausführungen ArchÖffR. Bd. 34 S. 478ff.) in interessanter Weise ergänzt haben.

Marburg i. H. — Wolzendorff.

2. Mannhardt, Dr. Joh. W., Die polizeilichen Aufgaben des Seemannsamtes. Heft 3 der Abhandlungen und Mitteilungen aus dem Seminar für öffentliches Recht und Kolonialrecht, Jahrbuch der Hamburgischen Wissenschaftlichen Anstalten, Bd. XXX 1912. 8°. 83 S. Hamburg 1913, Kommissionsverlag von Lucas Gräfe & Sillem. 3 Mk.

Die Studie ist schon durch die Wahl ihres Themas verdienstlich, denn die polizeilichen Aufgaben des Seemannsamtes sind für die Kenntnis sowohl unseres staatlichen Lebens als dessen rechtlicher Ordnung bedeutsam. Liegen doch diese Aufgaben auf einem Gebiete, das im modernen Staate prinzipiell Gegenstand des Zivilrechts und der Zivilgerichtsbarkeit, in neuester Zeit aber wieder stark ins öffentliche Recht hineingezogen ist: dem Arbeitsrecht. Die interessantesten Gesichtspunkte ergeben sich daher staatsrechts- und sozialgeschichtlich für die Betrachtung der polizeilichen Aufgaben des Seemannsamtes daraus, daß, ähnlich wie teilweise im Gesinderecht, im Seemannsrecht noch heute sich Residuen der polizeistaatlichen Rechtsordnung finden, die, bei allen sonstigen Gegensätzen, in der Grundidee der Betonung des öffentlichen Interesses bei der Regelung des Arbeitsverhältnisses unserer modernen sozial orientierten Rechtsordnung näher steht als die des — manchesterlich jene dem Privatwillen und Privatrecht überlassende — des strengen Rechtsstaats der ersten Hälfte des neunzehnten Jahrhunderts. Diese materiellen Gesichtspunkte jedoch schalten in der Studie Mannhardts aus. Sie ist ganz von den formellen, juristischen, beherrscht und will unter ihnen einen Beitrag zu der allgemeinen Frage der Beziehungen von Justiz und Verwaltung geben. So sehr an sich das Streben nach Gewinnung allgemeiner Erkenntnis aus der Behandlung einer Spezialmaterie und die sorgfältige Art, wie Verfasser es durchführt, Anerkennung verdienen, müssen doch Zweifel bestehen, ob die Ergebnisse der gehaltvollen Spezialuntersuchung (auch rein juristisch — von der soziologischen Bewertung des Rechtsgehaltes ganz abgesehen) durch das starke Betonen begrifflicher Distinktionen gefördert ist. Denn schließlich muß die begriffliche Konstruktion ihre Grundlage in dem vollständigen Rechtsstoff haben, dessen Sammlung und Sichtung also zunächst zum Abschluß gebracht sein muß. Unterbau und Konstruktion sind deshalb in gleicher Weise gefährdet, wenn sie gleichzeitig hergestellt werden sollen. Die Feststellung des positiven Rechtsstoffes so unmittelbar mit begrifflichen Untersuchungen zu durchtränken, wie Verfasser es unternommen hat, ist daher bei der ersten Bearbeitung einer Materie nie unbedenklich. Sie ist doppelt bedenklich, sowohl für die praktische Rechtsbelehrung, wie rein wissenschaftlich, wenn, wie hier, die Begriffskonstruktion sich ausschließlich auf Theorien aufbaut, die für die Rechtsanwendung vielfach, bei allem wissenschaftlichem Wert, noch durchaus nicht spruchreif sind (Fleiner, Kormann, W. Jellinek), und für die Verfasser eine gründliche, selbständige gedankliche Stütze im Rahmen der Arbeit naturgemäß nicht geben konnte. Diese Bedenken nehmen der Studie — an der besonders die klare Sprache auffällt — in keiner Weise den Charakter einer beachtenswerten wissenschaftlichen Leistung.

Marburg i. H. Wolzendorff.

3. Orloff, Wladimir, **Le vice fondamental de la classification dominante des états.** 48 S. Paris 1914, Jouve & Cie.

Die geistreichelnde, aber interessanter Gedanken nicht entbehrende und gewandt geschriebene Studie steht mit so verblüffender Naivität in der Fülle der Probleme, daß eine kritische Würdigung geradezu unmöglich erscheint. Nur ein Beispiel: S. 24 macht Verfasser die erstaunliche Entdeckung: „Tout le monde parle, par exemple, de la séparation des pouvoirs,“ um daran die andere zu knüpfen — ganz offenbar in der ehrlichsten Überzeugung von der Neuigkeit beider —, daß es nicht mehrere Gewalten, sondern nur eine Staatsgewalt gebe. In demselben Stile ist es, wenn er die Jellinekſche Scheidung der Staatsformen in Monarchie und Republik mit dem Hinweis bekämpft, daß damit das Wesen der verschiedenen politischen Organisationen nicht allseitig bestimmt sei; oder, wenn er sein eigenes Scheidungsprinzip darauf aufbaut, daß der Staat sich in État-Intelligence (Législation) und État-Volonté (Pouvoir) teile, ohne eine Ahnung von den mit solcher biologisch-organischen Staatsauffassung verbundenen Problemen zu haben. Als das interessanteste an der Schrift erscheint mir die Tatsache, daß sie für wichtig genug gehalten wurde, dem angesehensten kritischen Organ der deutschen Wissenschaft vorgelegt zu werden. Denn diese Tatsache beruht nicht auf Zufall, sondern ist nur die Folge einer allgemeineren psychologischen Erscheinung, über die uns seit dem Herbst 1914 die Augen geöffnet worden sind.

Marburg i. H. Wolzendorff.

4. Waldecker, Ludwig, Über den Begriff der Korporation des öffentlichen Rechts nach preußischem Recht. Ein Beitrag zur Feststellung der Grenze zwischen der Korporation des öffentlichen und des Privatrechts überhaupt. 174 S. Berlin 1913, J. Guttentag. 4 Mk.

Die Arbeit „will — unter ausdrücklicher Anlehnung an die von Gierke aufgestellte Theorie über die Grenzen zwischen der Korporation des öffentlichen und der des Privatrechts — einmal die praktische Probe machen, inwieweit diese theoretischen Sätze gegenüber der geschichtlichen Untersuchung in Ansehung eines ganz bestimmten Staatsrechts standhalten". Die Arbeit verfolgt also einen doppelten Zweck. Sie will einmal eine Einzelfrage des preußischen Rechts auf historischer Grundlage dogmatisch klären, zum andern damit einen kritischen Beitrag zu einer allgemeinen theoretischen Frage liefern. Dieses Streben nach zwei Zielen hat eine Anlage der Untersuchung bedingt, die deren Übersichtlichkeit und Überzeugungskraft in ihren ersten Abschnitten nicht förderlich gewesen ist. Es ist daher für die Beurteilung des Werkes wichtig, daß man seinen doppelten Zweck im Auge behält.

Im Interesse seines mittelbaren, theoretischen Zieles hat Verfasser geglaubt, sich dem unmittelbaren Ziele der Erforschung des positiven preußischen Rechtes nur auf dem Umwege über einige allgemeine Erörterungen nähern zu können, die, ohne die unmittelbare und Hauptfrage zu fördern, lediglich der Problemstellung für die mittelbare Aufgabe der theoretischen Kritik dienen. Da die hier gegebenen begrifflichen Ausführungen zahlreiche Anknüpfungspunkte zu theoretischer Diskussion geben, wäre es zweckmäßig gewesen, wenn Verfasser ihren besonderen Zweck, nur dem mittelbaren Ziele seiner Arbeit zu dienen, schärfer betont hätte. Denn, da man so vermutet, daß diese einleitenden begrifflichen Erörterungen als Unterlage für die historische Untersuchung, als das unmittelbare Ziel der Arbeit, dienen sollten, legt man unwillkürlich allen den Punkten, in denen man die scharf ausgeprägten Auffassungen des Verfassers nicht teilen kann, größere Bedeutung bei, als solche etwaige Divergenzen für das Gesamtergebnis der Arbeit und deren Beurteilung haben. Es ist um so nötiger, das hervorzuheben, als der positivrechtliche Teil der Arbeit, für sich genommen, auch ohne den Zusammenhang mit diesen allgemeinen Erwägungen Bestand haben könnte und sehr beachtliche Ergebnisse von allgemeiner Bedeutung liefert. Ja es scheint mir sogar, als läge hier in diesem positivrechtlichen Teil der Arbeit ihre Hauptbedeutung. Um die angedeuteten Schwierigkeiten nicht noch zu erhöhen, soll hier eine kritische Stellungnahme zu den einleitenden theoretischen Erörterungen des Verfassers vermieden, vielmehr nur kurz deren wichtigster Inhalt angedeutet werden. Verfasser bekennt sich zur Scheidung des Rechts in Sozialrecht und Individualrecht. Die vom römischen Recht geschaffene Trennung von öffentlichem und Privatrecht sei künstlicher und daher nur formaler Natur, bestimmt und bestimmbar nur durch die Grenzlinie, die die jeweilige positive Rechtsordnung zieht (§ 1, S. 14—20). Die Gesamtpersonen seien soziale Bildungen, die vom Recht nicht geschaffen, sondern lediglich anerkannt werden, und zwar durch Verleihung der Rechtsfähigkeit im öffentlichen oder im privaten Recht, jedoch kenne das heutige Recht erstere nur in Verbindung mit letzterer (S. 21—26). Ob eine Körperschaft eine solche des öffentlichen oder des Privatrechts sei, hänge nur davon ab, „ob der Staat das Gemeinleben der Korporation für wichtig genug erachtet, sie gleichartigen Normen zu unterstellen, wie sie sein eigenes Privatleben beherrschen". Auch hier gebe es also kein absolutes materielles Prinzip der Scheidung, diese werde vielmehr nur formell durch das jeweilige positive Recht bestimmt (§ 2, S. 26—37).

Der geschichtliche Teil der Arbeit beginnt mit einem kurzen Überblick über die Entwicklung des Korporationsbegriffs bis zum preußischen Allgemeinen Landrecht (§ 3, S. 37—48), der sich im Rahmen der Arbeit naturgemäß im wesentlichen auf ein Referat der Gierkeschen Forschungen beschränken mußte. Hier scheint mir Verfasser infolge seiner — übrigens von mir durchaus geteilten — Hochschätzung vor der Gedankenwelt des deutschen Rechts und dem Bedauern über ihre Zurückdrängung in der geschichtlichen Entwicklung allzustark für diese das römische Recht verantwortlich zu machen, dessen Eindringen doch vielfach mehr Wirkung als Ursache der veränderten sozialen Verhältnisse war. Gewiß ist es etwas großartiges um den germanischen Rechtsgedanken, der in gleicher Weise „die Beziehungen der einzelnen zueinander und zur Gesamtheit" durchdrang (obwohl die Absetzbarkeit des Kaisers, auf die Verfasser exemplifiziert, ein nicht so ganz klarer und einfacher Rechtsgrundsatz ist). Aber es war doch nicht die Rezeption des römischen Rechts, die die Reste germanischen Genossenschaftswesens im ständischen Staat vernichtete und die moderne einheitliche Staatsgewalt schuf, deren rechtliche Beziehungen zu den „Untertanen" wesentlich andere wurden, als die Beziehungen dieser zueinander. Das römische Recht gab nur die Ausdrucksformen für diese

Beziehungen: die Entstehung des römischen Staates und einer besonderen Staatsrechtslehre, von dem Naturrecht aufgebaut mit den Begriffsmitteln des römischen Rechts, sind, wie Laband gezeigt hat (Straßb. Rektoratsrede 1880), entwicklungsgeschichtlich organisch verbunden. Zudem ist, was auch sonst meist übersehen wird, der Gegensatz zwischen germanistischer und modernromanistischer Auffassung auch historisch gar nicht so einfach. Denn der Feudalismus steht zwischen beiden. Das Lehnrecht stellt eine eigentümliche Umwandlung des deutschrechtlichen Denkens dar, die gerade zu einer Zersetzung der für dieses typischen Gemeinschaftsgedanken führen mußte. Gerade die dem Lehnrecht eigene Auflösung aller Sozialverhältnisse in Vertragsverhältnisse mußte einen günstigen Boden für das Eindringen eines spezifisch zivilrechtlichen Denkens bieten, dessen scharfe Ausbildung eben das Wesen des römischen Rechts ist. Nimmt man noch dazu, daß ein bedeutsamer Faktor in der Verbreitung römischrechtlichen Denkens — und als solcher auch vom Verfasser erwähnt —, das Naturrecht, stark mit lehnrechtlichen Gedanken durchsetzt ist (was allerdings allgemein zu wenig beachtet wird), so ergibt sich, daß man mit der Verwendung der Antithese „deutschrechtliches — römischrechtliches Denken" zu entwicklungsgeschichtlichen Erklärungen sehr vorsichtig sein muß. Wie sich aus späteren Arbeiten des Verfassers ergibt, berührt sich seine Ansicht sehr nahe mit der hier angedeuteten, und wenn vorliegend das deutsche Recht so betont wurde, so hängt das wohl damit zusammen, daß für Verfasser nur die W i r k u n g der Rezeption in Frage kam (vgl. S. 41). — Verfasser schließt diesen Überblick der vorlandrechtlichen Entwicklung mit einer Wiedergabe der wichtigsten Sätze Nettelbladts, dessen Lehre für das Allg. Landrecht vorbildlich war.

Die geschichtliche Betrachtung des preußischen Rechts beginnt Verfasser mit derjenigen des Systems des Allgemeinen

Landrechts (§ 4, S. 48—51). Tatsächlich zeigt das preußische Recht vor dieser Zeit nur Sonderfälle, speziell Privilegskorporationen, von denen die friderizianischen Aktiengesellschaften an anderer Stelle erwähnt sind. Die in diesem und den folgenden Paragraphen gegebene gründliche Untersuchung und klare Darlegung der Vorschriften des Gesetzbuchs bildet m. E. den wichtigsten Abschnitt der Abhandlung. Als bedeutsam von den allgemeinen staatsrechtlichen Gedanken des Landrechts wird hervorgehoben die absolute Gewalt des Monarchen, die diesen zu jeder Privilegienerteilung befähigt, einerseits, die Beschränkung der Polizeigewalt andererseits.[1])

Das „Gesellschaftsrecht des ALR." (§ 5, S. 51—61) entspricht in seinen Grundzügen diesen staatsrechtlichen Gedanken. Dies Ergebnis der Untersuchungen des Verfassers hätte vielleicht noch etwas deutlicher hervorgehoben werden können. Wie nach dem vom Allg. Landrecht festgehaltenen Gedanken des ausgeprägten Obrigkeitsstaates — der Begriff des „Polizeistaates" ist doch etwas anders — alle Gemeinschaftszwecke Staatszwecke sind, so ist von ihm auch die korporative Tätigkeit als rechtlich vom Staate abgeleitet und daher eines Privilegs des Staates bedürftig konstruiert. Andererseits ist dies Verhältnis infolge der Beschränkung der Polizeigewalt im Allg. Landrecht nicht ein Gegenstand der Polizeigewaltübung: die

[1]) Die Einschränkungen, die Verfasser gegen meine Bemerkung, mit § 10 II. 17 sei in Preußen der Polizeistaat rechtlich beendet, geltend machen zu müssen glaubt, beruhen auf einem Mißverständnis meiner Ausführungen, deren Inhalt sich ganz mit seiner Ansicht deckt. Gewiß war in der „Praxis" der absolute Staat in Preußen auch nach dem Allg. Landrecht „allmächtig". Rechtlich stand ihm aber, worin mir Waldecker zustimmt, von da an die „Polizeigewalt" nicht mehr zur Verfolgung aller Staatszwecke, sondern nur der im § 10 II. 17 genannten zu. Nun glaube ich aber den Begriff und Namen „Polizeistaat" nur dadurch erklären zu können, daß in ihm die Polizeigewalt zur Erfüllung aller Staatszwecke rechtlich zur Verfügung stand. In diesem Sinne aber konnte ich sagen — und nur in diesem Sinne habe ich es gesagt — daß durch § 10 II. 17 ALR. in Preußen der Polizeistaat beendigt sei.

die Rechtsstellung der Korporation begründende „Genehmigung" ist, wie Verfasser scharf hervortreten läßt, keine „polizeiliche" Genehmigung, sondern ein besonderer, formeller Staatsakt. Dieselben allgemeinen staatsrechtlichen Grundsätze sind denn auch in der vom Verfasser geschilderten Regelung der rechtlichen Verhältnisse der Korporation nach ihrer Entstehung zu erkennen. „Die Korporation nach ALR." (§ 6, S. 61—80), „die vom Staate ausdrücklich genehmigte korporative Vereinigung mehrerer Mitglieder des Staats zu einem gemeinnützigen Zweck", unterliegt auch hinsichtlich der „inneren Korporationsrechte" weitgehender Beeinflussung durch den Staat. Diese geschieht aber, wie Verfasser nachweist, nicht aus polizeilichen Gesichtspunkten, sondern nur aus den angedeuteten der „engen Verbindung des durch Statut oder Gesetz geregelten Korporationszweckes mit dem Staatszwecke". Materiell ist das sehr interessant, formell bedeutet es, wie vielleicht hätte hervorgehoben werden können, nicht eine Besonderheit des neuen preußischen Rechts, sondern nur eine Konsequenz der Grundsätze des allgemeinen Staatsrechts jener Zeit: das Aufsichtsrecht des Staates, das heute in vollständigem Gegensatz zur Polizei steht, unterschied sich schon im absoluten Staate dadurch von dieser, daß es dem Staate nicht nur gegenüber den Untertanen, sondern — und zwar wurde das stets als seine erste und wichtigste Funktion angesehen — auch gegenüber seinen unmittelbaren und mittelbaren Organen zustand (vergl. ArchÖffR., Bd. 33, S. 316). Deshalb mußte das Verhältnis des Staats zu den Korporationen ein ausschließlich aufsichtsrechtliches, also nichtpolizeiliches sein, denn die Korporation des Allg. Landrechts war, wie die Darstellung des Verfassers zeigt, einfach als Staatsorgan gestaltet (vom Staat „in seinen eigenen Organismus als eine rein öffentlichrechtliche Staatsanstalt" eingegliedert). Die Bedeutung dieser Feststellung für das Thema des Verfassers liegt darin, daß nur dieser rein publizistischen Korporation juristische und moralische Persönlichkeit zukommt, „so daß also dieser Begriff der moralischen Persönlichkeit ausschließlich dem öffentlichen Recht angehört". Kompliziert wird die Materie, wie Verfasser klar zur Anschauung bringt, dadurch, daß einerseits das Allg. Landrecht anderen Verbandspersonen, ohne sie in die besondere publizistische Rechtsstellung der Korporationen zu erheben, „die Rechte der Korporation" beilegt, andererseits die heute speziell als juristische Personen des öffentlichen Rechts bezeichneten Körperschaften („Anstalten" nach der Terminologie des Gesetzbuchs) durch eine in mancher Hinsicht stärkere Betonung ihres öffentlichrechtlichen Charakters aus der Gesamtheit der Korporationen etwas hervorhebt. Gerade durch die nähere Untersuchung dieser Besonderheiten aber liefert Verfasser überzeugend den Nachweis, daß das Allg. Landrecht doch nur eine Gattung von Korporationen kennt: juristische Personen des öffentlichen Rechts, die kraft Rechtssatzes die gleiche Rechtsfähigkeit auf dem Gebiete des Privatrechts haben.

Die „Weiterentwicklung des landrechtlichen Korporationsbegriffes" im Anfange des neunzehnten Jahrhunderts (§ 7, S. 80—92) zeigt Verfasser in sehr interessantem Zusammenhange mit der allgemeinen Entwicklung des preußischen Staats- und Rechtslebens jener Zeit. Zunächst tritt mit der Städteordnung eine ganz neue Korporationsart in die Erscheinung: ein mit obrigkeitlichen Rechten ausgestattetes Gemeinwesen, der staatlichen Aufsicht nicht allgemein in seinem inneren Korporationsleben unterworfen, sondern nur in Hinblick darauf, „daß die der Gemeinde gewährte Selbständigkeit sich in den Grenzen der staatlichen Gesetze und des allgemeinen Wohls hält". Gleichzeitig verzichtete der Staat durch § 13 VO. v. 26. 12. 1808 auch gegenüber allen anderen Korporationen auf sein Mitbestimmungsrecht in den „inneren Korporationsrechten". Diese letztere Entwicklung hielt jedoch in der Praxis nicht stand.

Verfasser verspürt hier die von mir allgemein für jene Zeit angenommene Tendenz zur Erweiterung der polizeilichen Befugnisse über die im Allg. Landrecht gezogenen Grenzen hinaus. Staatsgeschichtlich interessant, wenn auch für das Thema des Verfassers nicht unmittelbar von Bedeutung, wäre die Untersuchung gewesen, ob bei dieser Erweiterung der polizeilichen Aufsicht nicht auch die mit der Restauration wiederaufgelebte polizeistaatliche Furcht vor gefährlichen „geheimen Gesellschaften" (Schmalz!) gewirkt hat, die schon jeden Zusammenschluß zwischen den Untertanen Beklemmungen verursachen ließ in Erinnerung an die Jakobinerklubs. Im preußischen Vereinspolizeirecht jener Zeit wenigstens sind solche Gedankengänge nachweisbar (VerwArch., Bd. 18, S. 263). Mögen diese nun im Korporationsrecht gewirkt haben, oder nicht, es ergänzt das Gesamtbild, daß die Tendenz zu stärkerer Ausdehnung der Polizeigewalt wie bei den allgemeinen Aufgaben der Polizei so auch in deren Tätigkeit gegenüber dem Vereinigungswesen vorhanden war: sowohl in der Vereinspolizei, wie in der Aufsicht über das Korporationsleben. In letzterer Hinsicht führte jene Tendenz zu einer Verwischung der Grenzen zwischen dem Aufsichtsrecht gegenüber den Korporationen und der Polizeigewalt, indem, wie Verfasser nachweist, in direktem Gegensatz zur gesetzlichen Regelung die Verwaltung die besondere Aufsicht zur Erreichung des Polizeizwecks einfach den polizeilichen Befugnissen einverleibte. Die schon hierdurch entstandene systematische Verworrenheit wurde erhöht sowohl dadurch, daß vielfach auf Grund von Spezialgesetzen rein privaten Zwecken dienenden Vereinigungen die staatliche Genehmigung erteilt wurde, als dadurch, daß unter dem, im Zusammenhange damit einsetzenden, Einfluß der romanistischen Theorie man das wesentliche aller dieser verschiedenen Gebilde in der privatrechtlichen Handlungsfähigkeit zu sehen begann. In dieser Zeit der Unklarheit kommen neue leitende Gesichtspunkte zur Entstehung: einmal das Streben nach Ausbildung einer echten Korporation im engeren Sinne, die nicht mehr lediglich korporative Anstalt ist, sodann die Bildung von ausgesprochen privaten Zwecken dienenden Korporationen, von Gesellschaften zu Erwerbs- und Unterhaltszwecken, an deren Vorhandensein und Sozialrecht der Staat kein weiteres Interesse nimmt als lediglich von sicherheitspolizeilichem Standpunkte aus, und schließlich die Ausbildung einer ausgesprochen öffentlichrechtlichen Verwaltungskorporation nach dem Vorbilde der Städteordnung von 1808.

Die Entwicklung der „juristischen Person zum Zwecke des Geschäftsbetriebes" (§ 8, S. 93—106) beginnt schon mit den auch später außerhalb des landrechtlichen Korporationsrechtes stehenden und so dessen System durchbrechenden altpreußischen Aktiengesellschaften, deren Existenz auf Spezialgesetz beruhte. Diese Möglichkeit der Begründung von Geschäftsgesellschaften als juristischer Personen wurde verallgemeinert zunächst nur für Eisenbahngesellschaften (Ges. v. 3. 11. 1838), dann für Aktiengesellschaften (Ges. v. 9. 11. 1843): Erlangung juristischer Persönlichkeit durch königliches Privileg. Damit ist definitiv das landrechtliche System durchbrochen, „das nur öffentlichrechtliche, vom Staat aus Gründen des gemeinen Wohls genehmigte juristische Personen kannte". Auf dieser Bahn folgt 1865 das Allgemeine Berggesetz für die Gewerkschaften, 1868 das Genossenschaftsgesetz, bis die „Emanzipation des Gesellschaftsrechtes vor dem polizeilichen Gesichtspunkte des „Gemeinwohls", unter dem letzten Endes das Konzessionssystem steht", durch § 21 BGB. vollendet wurde. Aus dieser tatsächlichen Wandelung der Gesetzgebung zieht Verfasser die Folgerung, daß heute bei juristischen Personen — auch den aus landrechtlicher Zeit stammenden Korporationen — die Vermutung für ihren privatrechtlichen Charakter spricht. Hinsichtlich jener älteren Korporationen hätte das m. E. nähere Darlegung verdient und eingehendere juristische Begründung erfordert.

Zum Nachweise, daß trotz der Umbildung der juristischen Persönlichkeit in ein typisch privatrechtliches Institut, „die öffentlichrechtliche Korporation“ (§§ 9 und 10, S. 106—137) als Rechtsinstitut des preußischen Rechts nicht untergangen ist, geht Verfasser zu sorgfältiger geschichtlicher Untersuchung der preußischen Rechtsentwicklung über, deren Einzelheiten wir hier nicht folgen können. Den Ausgangspunkt der Entwicklung sieht er in der schon im Allg. Landrecht hervorgetretenen Tendenz zu besonderer Behandlung der für die Organisation des staatlichen Lebens besonders wichtigen Körperschaften, wie Gemeinden, Kirchengesellschaften u. dergl. Es folgen die Ausbildung des Korporationstypus der Städteordnung von 1808, nach der Organisation der 20er Jahre die Provinzen und Kreise als ständische Korporationen, ferner die kommunalständischen Verbände (jetzt noch Nieder- und Oberlausitz sowie Altmark), gewisse wirtschaftliche Assoziationen: kaufmännische Körperschaften (Älteste der Kaufmannschaft), Landwirtschaftskammer, die unmittelbar der Landeskultur dienenden Verbände (Wiesengenossenschaften, Viehverbände usw., sowie die besonders dargestellten Reste der alten Markgemeinde und andere gemeindeähnliche Verbände § 11, S. 136—156), Knappschaften, kirchliche Verbände und Landschaften. In der Rechtsstellung der Innungen, Berufsgenossenschaften, Krankenkassen usw. im Reich und in Preußen zeigt sich diese immer stärkere Ausprägung einer vom Staate zur Ausübung gewisser staatlicher Rechte und Pflichten herangezogenen und daher besonders behandelten, d. h. öffentlichrechtlich gestalteten, Korporation. Allgemeine Rechtsätze über diese öffentlichrechtliche Korporation jedoch hat die Gesetzgebung nicht ausgebildet. Daß sie trotzdem bewußt sowohl privatrechtliche wie öffentlichrechtliche Korporationen als verschiedenartige Rechtsinstitute kennt, sucht Verfasser (besonders an dem Beispiel des Gesetzes betr. die Bildung von Wassergenossenschaften) in eingehenden Darlegungen nachzuweisen, deren Bedeutung allerdings — wie das der Sachlage nach nicht anders sein kann — weniger in formeller Beweiskraft als in Überzeugungskraft liegt. So sieht Verfasser die heutige Scheidung von öffentlich- und privatrechtlichen Korporationen in Preußen entstanden auf der einen Seite aus einer immer mehr ins einzelne gehenden Gliederung der staatlichen Organisation in der Richtung der Heranziehung genossenschaftlicher Verbände zur Erfüllung der Staatsaufgaben, auf der anderen Seite aus einer stärkeren Loslösung der Assoziationen von der Staatsverfassung und deren Tendenz, sich zu ausschließlich der Verfolgung privater Zwecke, der Förderung des Privatrechtsverkehrs, dienenden Rechtsinstituten zu entwickeln. Aus diesem, von ihm aufgedeckten Entwicklungsgesetze, das auf der materiell-soziologischen Wesensscheidung der beiden Korporationsarten beruht, zieht Verfasser — scheinbar in gewissem Gegensatze — den Schluß, daß das bestimmende Moment für ihre Scheidung nach positivem preußischem Recht nicht in jener materiellen Verschiedenheit, sondern nur in der Verschiedenheit nach dem angestrebten Zweck liege. Damit soll aber nur ein äußeres Moment gewonnen sein, ein Motiv. Nachdem einmal diese Tendenz nachgewiesen sei, komme sie für die Rechtsanwendung nicht mehr in Frage; entscheidend sei nunmehr der innere Gehalt der Scheidung, wie er sich in der Art und Weise der staatlichen Bindung der Vielheit an die Einheit ausdrücke, es komme also darauf an, „ob der Staat das Gemeinleben der Korporation für wichtig genug erachtet, sie gleichartigen Normen zu unterstellen, wie sie sein eigenes Gemeinleben beherrschen". So führt Verfasser seine geschichtlichen Untersuchungen auf den begrifflichen Ausgangspunkt zurück, dessen Richtigkeit damit zu begründen.

Das Ergebnis, zu dem Verfasser kommt, ist — von der Beweiskraft seiner historischen Grundlagen jetzt ganz abgesehen — offenbar geeignet, die Frage nach dem öffentlich- oder privatrechtlichen Wesen einer Korporation schärfer zu klären als das Prinzip der materiellen Scheidung. Doch wäre m. E. eine Ergänzung zu wünschen, die nicht nur dem Bedürfnis juristischer Feststellung nach der staatsrechtlichen Seite entspräche, sondern auch gerade das allgemeine Ergebnis des Verfassers noch in ein helleres Licht setzen würde. Dies hat nämlich vorläufig nur nach der negativen Seite eine feste Bedeutung, die allerdings für das Thema die wichtigste ist: das geltende preußische Recht hat keine materielle Norm für die Scheidung zwischen öffentlich- und zivilrechtlicher Korporation aufgestellt. Positiv ist in ihm aber nichts anderes enthalten als die Anwendung des allgemeinen Satzes, daß der Staatswille die souveräne Fähigkeit besitzt, rechtsverbindlich zu wirken. Staatsrechtlich ist damit über die rechtliche Art der Scheidung noch gar nichts gesagt. Die staatsrechtliche Frage beginnt hier erst, und sie ist für die prinzipielle theoretische Frage des Verfassers ebenso von Bedeutung wie für die praktische Rechtsanwendung. Zum Beispiel! Unmittelbar vor Einführung des bürgerlichen Gesetzbuches wurde eine der Förderung der Landwirtschaft dienende, bisher privatrechtliche Korporation durch königliches Privileg in eine öffentlichrechtliche umgewandelt. Der Richter, vor dem diese Korporation klagt oder beklagt wird, muß ihre Rechtsfähigkeit prüfen. Diese kann rechtswirksam durch Privileg nur für eine öffentlichrechtliche Körperschaft begründet werden. Der Richter muß daher prüfen, ob eine solche vorliegt. Maßgebend dafür ist nach dem Satze des Verfassers der Staatswille. Der Staatswille ist, wenn er die Aufstellung eines allgemeinen Rechtssatzes enthält, — und das ist die Scheidung zwischen privatrechtlicher und öffentlichrechtlicher Korporation — im Wege formellen Gesetzes zu bilden. Dies formelle Gesetz findet der Richter in dem vorkonstitutionellen Gesetz der §§ 25 ff. II 6 ALR., das „gemeinnützige" Korporationen durch Privileg des Monarchen entstehen läßt. Der Richter hat daher weiter zu prüfen, ob das konkrete Privileg im Rahmen dieser gesetzlichen Ermächtigung liegt. (Denn das Privileg stellt, wie gerade Verfasser an anderer Stelle scharf hervorhebt, einen verwaltenden, nicht einen rechtsetzenden Akt des Monarchen dar: Art. 106, Abs. 2 VerfUrk. kommt also nicht in Betracht). Er findet — darin stimmt Verfasser mit der herrschenden Lehre überein —, daß der Inhalt der gesetzlichen Ermächtigung es in das freie Ermessen des Monarchen stellt, welche Korporation er als gemeinnützig ansehen will und daher öffentlichrechtlich gestalten will. Das Ergebnis des Verfassers wäre also staatsrechtlich dahin zu ergänzen: nach preußischem Recht wird die Scheidung zwischen öffentlichrechtlicher und privatrechtlicher Korporation bestimmt nur durch den in der Form freien monarchischen Ermessens gebildeten Staatswillen. Das ist nicht nur praktisch und formell-staatsrechtlich, sondern m. E. auch gerade für den vom Verf. herausgearbeiteten allgemeinen Rechtsgedanken von Bedeutung, indem es ihn schärfer und lebendiger hervortreten läßt: wenn jede Bestimmung darüber, was eine öffentlichrechtliche Körperschaft ist, den zur Bildung des rechtsetzenden Staatswillens berufenen Organen des Staates entzogen und ausschließlich dem Monarchen als demjenigen Organ, „welches den Staat in Tätigkeit setzt und erhält und die oberste Entscheidungsgewalt besitzt" (G. Jellinek), übertragen ist, so liegt darin nur eine Zuspitzung des Gedankens, daß jene Bestimmung nicht nach aprioristischen, rechtssystematischen Prinzipien, sondern nur nach den staatlichen Lebensbedürfnissen erfolgen kann.

In der hier versuchten Ergänzung handelt es sich — das muß betont werden — überwiegend um eine Frage der Darstellung. Die allgemeinen Feststellungen des Verfassers haben der von mir herangezogenen Zuständigkeitsfrage weder vorgreifen wollen, noch tatsächlich vorgegriffen. Sie ist unter anderen Gesichtspunkten in dem Schlußkapitel „Errichtung öffentlichrechtlicher Korporationen nach heutigem Recht" (§ 12 S. 156—174) sorgfältig behandelt. Der Inhalt der Untersuchungen des Verfassers führt also selbst zu jenen Erwägungen hin, die ich nur deshalb glaubte hervorheben zu sollen, weil sie eine m. E. nicht unerhebliche Ergänzung des wichtigsten Ergebnisses des Verfassers bilden, deren ausdrückliche Verwertung er sich durch die Art der Darstellung hat entgehen lassen.

Überhaupt ist es eine Eigenart der Arbeit Waldeckers — deren Hauptwert m. E. in der gründlichen, scharfen und zugleich großzügigen Untersuchung der sehr schwierigen geschichtlichen Entwicklung liegt —, daß sie nicht ganz leicht zu lesen ist. Namentlich über die Frage der juristischen Person als solcher, und damit der Rechtsgeltung und Rechtsanwendung überhaupt, scheint mir die Arbeit manches zu enthalten, was dem Leser geradezu ein Lesen zwischen den Zeilen zumutet. Da das aber offensichtlich nur darauf beruht, daß Verfasser lieber dem Leser die Mühe selbständigen Mitdenkens als sich selbst den Vorwurf allzudeutlicher Hinweise auf die Ziele und Ergebnisse der Arbeit und deren Wichtigkeit aufladen wollte, so dient jener äußere Mangel des Werkes seinem wissenschaftlichen Geist zur Ehre. Heute muß das — leider — in Hinblick auf die vielfach sich zeigende Art, wissenschaftliche Produkte zu Markte zu tragen, betont werden.

Marburg i. H. Wolzendorff.

5. Georg Meyer, Lehrbuch des Deutschen Verwaltungsrechts. 4. Auflage, bearbeitet von Franz Dochow. München und Leipzig 1913. Teil 1 und 2.

6. Otto Mayer, Deutsches Verwaltungsrecht. 2. Auflage. Bd. 1. München und Leipzig 1914.

7. Wörterbuch des Deutschen Staats- und Verwaltungsrechts. Begründet von Stengel, in 2. Auflage herausgegeben von Max Fleischmann. Band 2 und 3, Tübingen 1913/14.

I.

Lehr- und Handbücher des Verwaltungsrecht sind heute stark begehrt. Das beweist der Erfolg der Fleinerschen Institutionen, die in 3 Jahren 3 Auflagen erlebten. So ist es nicht weiter verwunderlich, daß auch die 1910 erschienene Neubearbeitung des Lehrbuchs von Gg. Meyer bald vergriffen war. Der Neuauflage folgt jetzt auch die langerhoffte Neuauflage des Lehrbuchs von Otto Mayer.

Bis vor nicht allzulanger Zeit war die Darstellung des Verwaltungsrechts nach der sog. staatswissenschaftlichen Methode die vorherrschende; nur vereinzelt wurde der Versuch gemacht, sich von dieser Darstellung nach den Materien der Verwaltungslehre zu emanzipieren. Erst seit Otto Mayer 1895 sein Deutsches Verwaltungsrecht herausgab, gewinnt die juristisch-konstruktive Methode an Boden. Es ist aber bezeichnend, daß Otto Mayer in der 1. Aufl. S. 19 in einer spöttischen Fußnote die staatswissenschaftliche Methode nur für ein „Durchgangsstadium", also gewissermaßen für überwunden erklären konnte. Die von ihm geführte Schule hat diese Bemerkung aufgegriffen und erklärt der staatswissenschaftlichen Methode, die sie als unjuristisch bezeichnet, den Krieg. Ein unangenehmer Zwischenfall ist für sie daher, daß ihr Meister heute anders denkt und S. 19 der 2. Aufl. schreibt, sogar durch Sperrdruck hervorgehoben: „Treffliche Lehrbücher ... entstanden in dieser Form und werden noch weiter entstehen." Diese Ansicht ist denn auch richtig; beide Methoden haben nebeneinander Raum; jede hat ihre Vorzüge und ihre Nachteile. Vorausgesetzt ist dabei aber, daß die konstruktive Methode auf dem Boden des historisch gewordenen positiven Rechts bleibt, und sich nicht wie weiland die naturrechtliche Schule über logische Kunststücke in — je nach dem politischen Standpunkt des Verfassers verschiedenen — Phantasien und Spekulationen ergeht; solche mögen dem Scharfsinn ihres geistigen Vaters zwar alle Ehre machen, sind aber mindestens ebenso verwerflich, wie wenn sich etwa ein Vertreter der staatswissenschaftlichen Methode dazu hinreißen lassen sollte, seinen politischen Standpunkt gegenüber dem juristischen Gesichtspunkt in den Vordergrund zu rücken. Im einen wie im andern Fall wird bestenfalls Auslegungsmaterial gewonnen, es werden nur sehr bedingte Anschauungen vorgetragen, aber das positive Recht wird nicht dargestellt, geschweige denn gefördert. Und es muß einmal gesagt werden: Die konstruktive Methode sündigt in diesem Punkt genau so viel, als von ihren Anhängern der staatswissenschaftlichen Methode vorgeworfen wird.

Das Leben besteht nun einmal aus Kompromissen, sowohl das des Einzelnen, wie das des Staats. In beiden Fällen verläuft es nicht nach abstrakten Normen. Hier wie dort spielt der Ausgleich zwischen widerstreitenden Interessen, das Abwägen zwischen Motiv und Ziel, Zweckmäßigkeit des anzustrebenden Erfolgs und des Mittels, die Möglichkeit der Durchführung usw. eine fortgesetzt wichtige Rolle. In beiden Fällen sind gewisse leitende Gesichtspunkte nachweisbar, die nach Zeiten und den allgemeinen Lebensverhältnissen verschieden sind. Bei den Menschen nennt man es den Charakter, bei dem Staat die grundlegenden politischen Probleme. Beide sind nur in ihren Wirkungen nachweisbar. Bei den Menschen weist man aus ihnen ein Charakterbild nach, wie wir das bereits auf der Schule getan haben; dabei geht man von gewissen allgemeinen Anschauungen aus, die nach Ort, Zeit und Volk verschieden sind, sodaß man dieselbe Persönlichkeit mitunter recht verschieden beurteilt. Denken wir etwa an Luther, Tilly, Wallenstein, Gustav Adolf, Napoleon I. Ja, es kann das Urteil über eine Persönlichkeit sehr rasch umschlagen, denken wir an Bismarck während und nach der Konfliktszeit; selbst ein Treitschke hat sein ursprünglich sehr abfälliges Urteil über Bismarck sehr bald modifiziert und nachher ganz aufgegeben. Modern ausgedrückt: Der Erfolg macht's, und wenn er auch nur auf Massenhypnose beruht.

Ähnlich im Staatsleben; hier findet genau derselbe Vorgang statt. Und die Massenhypnose ist leider nur zu oft für seinen Verlauf von Bedeutung, wofür die Geschichte gerade der neuesten Zeit ein nur zu trauriger Beweis ist. Aber im Staatsleben ist die Wirkung viel nachhaltiger, als bei dem Einzeldasein. Der Staat trägt in sich das Moment des Beharrens. Die den Staat darstellende Gemeinschaft der Volksgenossen ist in ihren Entschließungen nicht so rasch bei der Hand, wie der Einzelne, sie krempelt nicht in vielleicht einer Minute ihre Grundauffassungen um. Die Wandlungen vollziehen sich hier weit langsamer, in vielleicht großen Zeiträumen; noch langsamer vermag sich die allmählich werdende oder schon gewordene Änderung überall einzubürgern. Das Staatsleben schont das Gewordene, aus dem es organisch erwachsen ist, es bildet langsam um und weiter. Man hat daher nicht ganz unzutreffend gesagt, daß das Gesetz im Grunde seiner Zeit stets nachhinke. So finden wir denn scheinbar viele Widersprüche, die sich aber doch bei näherem Zusehen harmonisch auflösen. Nur, wenn man wie bei der Charakterzeichnung des Einzelmenschen von bestimmten apriorischen Ausgangspunkten aus untersucht, wird man Lücken und Widersprüche finden, die ein Anderer wieder nicht zu finden braucht.

Das gilt sowohl für den Geschichtsschreiber, wie für den Nationalökonomen, wie den Juristen. Jeder betrachtet den Staat und sein Leben unter den gerade für seine Wissenschaft wesentlichen Gesichtspunkten. Jeder wird die Tatsache feststellen, daß gewisse große Gesichtspunkte sich aus dem Leben des Staats herauslesen lassen, unter denen sich dieses Leben abspielt. Aber auch, daß diese Gesichtspunkte keine Abstraktionen darstellen, sondern eben stets im Fluß befindliche Anschauungen widerspiegeln, auf deren jeweiligen Ausdruck überragende Persönlichkeiten — Fürsten, Staatsmänner, Dichter, Prediger, Juristen, Philosophen usw. — gestaltenden Einfluß besitzen. Man wird sie der Darstellung des Staatslebens zugrunde legen, und kommt so je nach dem Urteilsvermögen des Darstellers zu einem mehr oder weniger gelungenen Bild. Wenn aber dann die gewonnenen Gesichtspunkte abstrahiert und die historische, nationalökonomische oder juristische Untersuchung unter gleichzeitiger weiterer Spezialisierung völlig aus den wechselseitigen Zusammenhängen gelöst und verselbständigt werden, so sind dieselben einseitigen Ergebnisse die Folge, wie sie schließlich jede Arbeitsteilung zeitigt: Wer zeit seines Lebens nur dasselbe Schraubenmuster dreht, wird für andere Schlosserarbeiten unbrauchbar; der Magenspezialist kommt leicht in Gefahr, die Bedeutung der anderen Organe und den Einfluß seiner Kuren auf diese zu verkennen; wer das öffentliche Recht unter abstrakten Gesichtspunkten rein begrifflich-konstruktiv betrachtet, verliert sich leicht in eine Begriffsjurisprudenz, und darüber den Zusammenhang mit dem positiven Recht.

Es hilft nun einmal nichts: Wir können den Staat von heute nicht verstehen und sein Recht nicht darstellen, wenn wir nicht historisch seinen Werdegang verfolgen. Nur so gewinnen wir die allgemeinen Gesichtspunkte, die das Gerippe und den ruhenden Pol der Darstellung bilden. Man kann diese Arbeit Anderen überlassen und sich deren Forschungsresultate zu eigen machen. Besser tut man allerdings, sich wenigstens über die Hauptfragen selbst sein Urteil zu bilden, da man sonst leicht auf Mißverständnissen aufbaut. Und bei der vielfach geradezu unglaublichen Kritiklosigkeit, mit der noch immer häufig gerade in den Grundfragen Ansichten angenommen und weitergebildet werden, ist das doppelt nötig.

Wie man dann fortfährt, ist Geschmackssache; man kann sein System abstellen auf die rein juristischen Gesichtspunkte. Man kann aber auch die Betätigungsgebiete des Staats wählen, wie sie die Verwaltungslehre entwickelt. Beide Systeme haben ihre Vorteile und ihre Nachteile, deren Erörterung hier wohl unterbleiben kann. Sie sind im Grunde einander aber gar nicht so wesensfremd, wie uns mitunter glauben gemacht wird. Beide müssen, wollen sie ihre Aufgabe von Grund auf lösen, den Zusammenhang des staatlichen Lebens im Auge behalten, Werdegang und Gestaltung müssen herangezogen werden — und da geht es eben bei beiden Methoden nicht ohne einen gewissen politischen Einschlag ab, was Gott sei Dank noch immer verhindert hat, daß die Darstellungen des öffentlichen Rechts sich in einen allgemeinen grauen Brei oder eine trockene Paragraphenaufzählung aufgelöst haben. Es kommt hinzu, daß die staatswissenschaftliche Methode eines gewissen Bestandes „allgemeiner Lehren" nicht entraten kann. Der Unterschied liegt demnach darin, daß die konstruktive Methode diese allgemeinen Lehren in den Vordergrund schiebt und darüber die Zusammenhänge des staatlichen Lebens mehr in den Hintergrund treten läßt, während bei der staatswissenschaftlichen Methode das Verhältnis gerade umgekehrt, das Schwergewicht in der Darstellung der „besonderen Lehren" liegt.

Bei der Verschiedenheit des positiven Rechts der einzelnen Staaten wird m. E. letztere Methode vorzuziehen sein. Man hat das gleiche politische oder wirtschaftliche Ziel in den einzelnen Staaten auf recht verschiedene Weise zu lösen versucht; namentlich dort, wo wie bei uns die politisch-territoriale Zerrissenheit zu künstlichen Gegensätzen geführt hat. Man muß dann schon ein recht genauer Kenner des positiven Rechts sein, wenn man die gemeinsamen abstrakt-juristischen Gesichtspunkte herausschälen will — eine Eigenschaft, die mancher „Modernist" nicht oder nur in bescheidenem Maß besitzt. Die wirtschaftlichen und politischen Fragen dagegen werfen über die engen Grenzen des Einzelstaatsrechts hinausgehende Wellen; sie lassen sich leichter verfolgen und trotzdem ganz schön juristisch darstellen. Dabei ist allerdings vielfach der Fehler gemacht worden, eben diesen juristischen Inhalt nicht auszuschöpfen, weil man — es klingt ein bißchen absurd — sich nicht die Mühe gemacht hat, sie in Hinblick auf die in ihnen steckenden „allgemeinen Lehren" etwas näher zu prüfen. Der Buchstabenglaube, die Gesetzmacherei im großen Stil rächt sich: Man zählt Paragraphen auf und überläßt es der Praxis, mit den zahlreichen Zweifelsfragen fertig zu werden. Und hier zeigt sich eben, daß die konstruktive Methode eben auch ihre Existenzberechtigung hat: Sie übernimmt diese Aufgabe, die allgemeinen Lehren gründlicher zu entwickeln, als dies seither geschehen ist. Sie darf nur nicht Selbstzweck werden, und vor allem nicht über den allgemeinen Gesichtspunkten die Vermittlung des positiven Wissens vergessen, das man doch nun einmal aus einem Lehrbuch schöpfen will — der Hauptvorzug der staatswissenschaftlichen Methode.

Das Ideal einer Darstellung des öffentlichen Rechts wäre daher allerdings erst eine Vereinigung beider Methoden: Im ersten Teil wäre ein auf eingehender geschichtlicher Darstellung beruhender „Allgemeiner Teil" zu geben, an den sich eine systematische Darstellung nach Materien anzuschließen hätte. Damit würde dann zugleich die noch immer nicht gelöste Streitfrage ihre Erledigung finden, ob das „Verwaltungsrecht" nur als Teil des „Staatsrechts", oder ob es selbständig darzustellen sei. Die Beziehungen gehen hinüber und herüber; beide sind sie Teile eines großen Ganzen, und können für sich nicht betrachtet werden, ohne auf das andere Teilgebiet auszublicken. Selbstverständlich kann man jedes Teilgebiet für sich betrachten; aber das Ideal bleibt eben doch die Gesamtdarstellung. Für die Teildarstellung des Verwaltungsrechts haben jedenfalls konstruktive und staatswissenschaftliche Methode nebeneinander ihre Existenzberechtigung.

II.

Danach hat die Beibehaltung der Methodik Gg. Meyers auch für die Gegenwart noch ihre Berechtigung, auch wenn sie ihr noch so energisch bestritten werden mag. Es kommt hinzu, daß die staatswissenschaftliche Methode zahlreiche Lehrpläne beherrscht, und daß schon dieserhalb ein Lehrbuch nach dieser Methode sehr erwünscht ist.

Der Bearbeiter hat es diesmal vorgezogen, sich mehr an die Systematik der 2. Auflage zu halten, die jedenfalls wesentlich klarer ist, als die der vorigen Auflage. Sehr erfreulich ist es, daß Bearbeiter das Attentat aus der vorigen Auflage auf den Träger des Gg. Meyerschen Systems, die geschichtliche Entwickelung, nicht wiederholt, sondern ihr wieder Raum gegönnt hat, wenn auch anscheinend vielfach nur in Gestalt von Fußnoten. Es schwimmt jetzt wenigstens nicht mehr wie in der vorigen Auflage alles in der Luft, man gewinnt doch wieder ein Bild, warum die Entwickelung gerade in dieser und nicht in einer anderen Richtung ging. Die verschiedenen Versuche, durch Umstellung einiger Abschnitte die Systematik klarer und lebendiger zu gestalten, sind ebenfalls zu begrüßen, wenn sich auch vielleicht im einzelnen über die Zweckmäßigkeit streiten lassen wird. Da hier jedoch Fragen des Geschmacks und der Grundauffassung hereinspielen, so mag das auf sich beruhen. Da die Systematik in den vier Auflagen verschiedentliche Änderungen erfahren hat, so beweist das, daß sie eben wie jedes System unbefriedigend ist.

Eine andere Frage ist allerdings, ob das Lehrbuch den Anforderungen genügt, die heute an ein Lehrbuch des deutschen Verwaltungsrechts zu stellen sind. Die vorige Auflage ist nach dieser Richtung hin sehr eingehend geprüft worden (vgl. Bd. 51 S. 250ff.). Auch wenn man nicht in allen Punkten dem dort Vorgetragenen zuzustimmen braucht — der Referent steht vielfach auf sehr einseitigem Standpunkt —, so wird man doch das ablehnende Gesamturteil für richtig halten müssen.

Gg. Meyer brachte schon in der ersten Auflage eine für sein System verhältnismäßig breite allgemeine Grundlage, die noch heute das Fundament des Lehrbuchs darstellt. Bearbeiter hat sich bemüht, sie beizubehalten und lediglich fortzuführen. Einmal wohl aus pietätvoller Rücksicht darauf, daß das Werk den Namen Gg. Meyers trägt, zum andern ausweislich der Vorrede, weil das Lehrbuch nur eine Ergänzung zum Meyerschen Lehrbuch des Staatsrechts darstellt, das von anderer Hand fortgeführt wird. Ob eine dahingehende Vereinbarung mit dem Verlag oder den Erben Gg. Meyers vorliegt, die den Bearbeiter verpflichtet, seine Bearbeitung in dieser Weise zu beschränken, wird nicht gesagt, ist aber unwahrscheinlich. Jedenfalls liegt hier eine Schwäche des Lehrbuchs, ohne die es auch heute noch eine andere Bedeutung haben könnte.

Zunächst einmal ist durch die Teilung in der Fortführung der beiden Meyerschen Werke der seitherige Zusammenhang gelöst. Es liegen jetzt Meyer-Anschütz und Meyer-Dochow vor als zwei voneinander unabhängige Werke. Der Bearbeiter stellt daher eine etwas starke Zumutung an den Käufer seines teuren Lehrbuchs, wenn dieser zum Verständnis der Grundlehren des Buchs noch ein zweites Lehrbuch hinzukaufen soll; ebensogut könnte an Stelle der Wiedergabe des Inhalts der Gesetze auf die Gesetzblätter verwiesen werden, in denen das darzustellende Recht ja ebenfalls nachgelesen werden kann.

Zum andern ist nicht einzusehen, weshalb Gg. Meyer außer dem Namen und den Hauptgrundlagen des Werks noch immer den hauptsächlichsten Wortlaut und die Gliederung des Stoffs in allen Teilen liefern soll. Ein Wortlaut, der für Gg. Meyer und das Jahr 1893 angemessen und ausreichend war, ist es heute vielfach nicht mehr. Wir haben uns gewöhnt, in kurzen, schlagenden Sätzen auch eine Begründung zu hören, besonders wenn über die Frage verschiedene Ansichten bestehen. Es genügt uns nicht mehr, wenn uns in lose aneinandergereihten schwerfälligen Sätzen und in vielfach schlechtem Deutsch Gg. Meyer oder sein Bearbeiter erklärt, daß dies und jenes so ist, wir wollen und müssen auch wissen, warum es so ist. Wir wollen ja lernen, uns ein Bild machen, um auf dieser Grundlage weiter zu bauen, insbesondere um uns hinsichtlich der zahlreichen im zweiten Teil nicht ausdrücklich behandelten Fragen eine Vorstellung machen zu können. In den letzten 20 Jahren ist auch so manches geschrieben worden, was Gg. Meyer vielleicht zu einer Änderung seiner Ansichten bestimmt hätte. Ab und zu gibt ja Bearbeiter auch unbedenklich seiner persönlichen Ansicht den Vorzug, um Gg. Meyer[2] als Gegner zu zitieren, ja sogar ohne das (so z. B. S. 7 hinsichtlich des Polizeibegriffs).

Dem Bearbeiter ist sicher die glänzende selbständige Fortführung der Staubschen Kommentare zum HGB. und GmbHG. bekannt, die so sehr verselbständigt sind, daß von dem ursprünglichen Staubschen Wortlaut fast nichts mehr übrig ist. Und doch ist noch immer die Staubsche Grundlage vorhanden! Mit einigem Willen ist also doch etwas zu machen. Bearbeiter weiß doch auch sicher, daß in der Bearbeitung des Meyerschen Staatsrechts sehr viele und wichtige Änderungen vorgenommen sind, ja er verbessert selbst am Verwaltungsrecht — warum entschließt er sich nicht zu einer zeitgemäßen Neubearbeitung?

Wie bedenklich es ist, den Meyerschen Wortlaut unbesehen immer wieder zu bringen, beweist O. Mayer, VerwR[2] I S. 311 Note 20: Weil Gg. Meyer-Dochow § 146 (muß heißen S. 144) es so sagen, soll es richtig sein, daß ohne ausdrückliche gesetzliche Ermächtigung der Polizei als Ausfluß ihrer allgemeinen Zwangsgewalt die Befugnis zur Vornahme von Verhaftungen zugestanden werden „müsse", wenn diese zum Schutz der verhafteten Person notwendig erscheine. „So einfach hingesetzt, hat dieses ‚muß' immerhin den Wert eines Zeugnisses für die allgemeine Anschauung." Dabei handelt es sich hier um ein sehr schwieriges Problem, das durchaus nicht so selbstverständlich zu lösen ist, wie hier behauptet wird — wobei verschiedene Dinge zusammengeworfen werden. Die Gesetzeszitate bei Meyer-Dochow, Literatur wird bezeichnenderweise nicht angegeben, an die sich der betr. Satz anschließt, nennen nebeneinander die preuß. persönliche

Schutz- und die bayr. Verbrechensverhütungshaft. Andere Verfassungen, die hätten zitiert werden müssen, sind nicht genannt, so Oldenburg Art. 39 § 4, Altenburg § 51. Schon aus der sich hieraus ergebenden Verschiedenheit der Behandlung der Verhaftungsmöglichkeiten geht die Notwendigkeit einer Unterscheidung hervor, und vieles spricht dafür, daß — will man nicht mit Willkürlichkeiten arbeiten — wenigstens nach dem Willen der Verfassungsgesetze für die Schutzverhaftung in Wirklichkeit nur dort Raum ist, wo sie eben gesetzlich vorgesehen ist (vgl. auch O. Mayer S. 316/17 und Kitzinger, Die Verhinderung strafb. Handl. durch Polizeigewalt 1913 S. 176/77, 216 ff.).

Mindestens eine Umarbeitung des allgemeinen Teils des Lehrbuchs ist unbedingt erforderlich, der so, wie er vorliegt, einfach ungenügend ist. Der Leser will wenigstens wissen, was Verwaltung und Verwaltungsrecht sind. Was sagt das Lehrbuch? „Verwaltung ist die Tätigkeit der staatlichen Organe, soweit sie nicht Gesetzgebung und nicht Justiz ist. Die Verwaltung verfolgt die Staats- und Volksinteressen innerhalb gesetzlicher Schranken ... In materiellem Sinn bezeichnet Verwaltung die staatliche Tätigkeit, die die Wahrnehmung der Staats- und Volksinteressen bezweckt und in Maßregeln konkreter Natur sich äußert ... Die gesamte Tätigkeit der Verwaltungsorgane wird als Verwaltung in formellem Sinn bezeichnet (S. 1 u. 2). Verwaltungsrecht ist der Inbegriff der für die Verwaltung geltenden Rechtssätze. Der Abgrenzung des verwaltungsrechtlichen Gebiets ist ... der Begriff der Verwaltung im formellen Sinn zugrunde zu legen ... Die Aufgabe des Verwaltungsrechts ist die Darstellung der Rechtsgrundsätze für die Organisation und die Tätigkeiten der Verwaltungsorgane" (S. 14/15). Also: der Begriff der Verwaltung nach Satz 1 kann nur negativ bestimmt werden; Satz 2 gibt ihr Ziel, das lt. Satz 3 gleichzeitig die Verwaltung in materiellem Sinn bezeichnet. Damit sollte man eigentlich meinen, daß Satz 1 widerlegt ist. Dasselbe ergibt sich aus Satz 4, wonach die Verwaltung auch einen umfassend formellen Begriff hat, und demgemäß auch hier positiv bestimmt wird, sogar so positiv, daß damit die Abgrenzung des Verwaltungsrechts gewonnen wird. Ja, weshalb ist dann aber Satz 1 mit seiner lapidaren Klarheit richtig? Anscheinend nur deshalb, weil es an den in der Fußnote zit. Stellen so steht. Wenn ich aber diese Werke nicht besitze, muß ich es auf gut Glück glauben, daß sie richtig zitiert sind, obwohl es mir in meinen Anfängerschädel nicht hinein will, daß das bei dem offensichtlichen Widerspruch mit den Folgesätzen zutrifft. Aus einer Fußnote S. 14 ersehe ich, daß jemand auch Privatrechtssätze zum Verwaltungsrecht rechnet, wenn sie die Tätigkeit der Verwaltungsbehörden ordnen. Es wird mir aber gleichzeitig gesagt, ich dürfe das nicht glauben. Warum, erfahre ich nicht. Bin ich schlau, dann merke ich, daß die Differenz nicht bei dem Wort „Verwaltungsrecht" liegt, sondern in einer Begegnung mit der berühmten juristischen Abgrenzung nach dem engeren, weiteren, weitesten Sinn. Ja, dann gibt es demnach eine solche verschiedene Abgrenzung? Das könnte mir das Lehrbuch doch eigentlich auch in dieser Auflage verraten, und mir gleichzeitig sagen, was man darunter versteht, statt den dahingehenden Satz der vorigen Auflage S. 1 zu streichen, ohne ihn anderswo unterzubringen und so es jetzt mir zu überlassen, auf Grund von Sonderstudien zum Verständnis seiner Grundbegriffe und polemischen Fußnoten zu kommen. Einzig erfahren wir an anderer Stelle, aber wieder nur in einer Fußnote (S. 5 N. 1), daß nach Stengel, Meier und Thoma die Verwaltung des Innern „Verwaltung im engsten Sinn des Wortes" ist. Es hilft eben nichts, ein Lehrbuch des Verwaltungsrechts muß sich über diese Fragen ausführlicher auslassen, wenn anders es seinen Zweck nicht verfehlen soll.

Ein anderes Beispiel: S. 7 beschäftigt sich Bearbeiter mit dem Begriff der Polizei: „... Tätigkeit der Polizei auf die

Abwendung von Gefahren beschränkte . . . Diese Auffassung macht sich an der Stelle des ALR. geltend, an der die Befugnisse der Polizeibehörde festgestellt werden. (Zitate.) Im allgemeinen liegt aber dem ALR. noch der ältere, umfassendere Begriff der Polizei zugrunde. Im Laufe des 19. Jahrhunderts hat sich in Gesetzgebung und Praxis ein engerer Begriff der Polizei entwickelt, der allmählich auch in der Wissenschaft zur Geltung gelangt ist. Polizei (Zitate) bedeutet die Tätigkeit der inneren Verwaltung, die sich als Beschränkung der persönlichen Freiheit des Einzelnen äußert." Diese Einschränkung der persönlichen Sphäre als Kriterium des Polizeibegriffs erscheint erstmalig in dem letzten Satz, der nach seiner Stellung anscheinend den „im 19. Jahrhundert entwickelten" Polizeibegriff gibt. Wie man zu diesem Begriff gekommen ist, erfahren wir nicht, ebensowenig wie er sich zu dem landrechtlichen Polizeibegriff I verhält, für den in einer Fußnote Anschütz dafür zitiert wird, daß er noch heute in Preußen maßgebend sei. Da bis dahin die Beschränkung des Einzelnen durch die Polizei nicht vorgetragen ist, muß der Leser demnach annehmen, daß für Preußen der moderne, im 19. Jahrhundert entwickelte Polizeibegriff nicht gilt, daß also die Polizei sich in Preußen auf Gefahrabwendung beschränkt, ohne die Freiheit des Einzelnen zu beschränken. Aber welche Bewandtnis hat es demgegenüber mit dem landrechtlichen Polizeibegriff II, der nicht „im allgemeinen" gilt? Wie verhält sich dieser zu dem modernen Polizeibegriff? Wie zu dem landrechtlichen Begriff I, wann gilt der eine, wann der andere, wann der moderne? Was helfen mich die ganzen folgenden Untersuchungen, solange ich über diese Vorfrage nicht unterrichtet bin? Mit den Belegstellen kann ich nicht viel anfangen. Zunächst ist nur der landrechtliche Begriff I belegt, nicht auch Begriff II; es muß auch bestritten werden, daß diese Behauptung von dem Begriff II richtig ist. Für den modernen Begriff fehlen Belege; die bei dem Wort „Polizei" angezogenen Belege enthalten wahllos und nicht geordnet alle Schriften, die sich mit dem Polizeibegriff beschäftigen, einerlei ob allgemein oder speziell für ein bestimmtes Rechtsgebiet. Der Leser mag also sehen, wie er aus diesen teilweise sehr scharfen Gegensätzen zu der Definition des Lehrbuchs gelangt. Erst der weitere Satz des Textes: „Sie kann in der Form von Zwang auftreten" erfährt Belege, und hier finden sich denn auch einige Kontroversen über den Polizeibegriff angegeben. Dieser offensichtliche Mangel wiegt um so schwerer, als für Georg Meyer und auch für den Bearbeiter in der vorigen Auflage (S. 80) der Zwang für den Polizeibegriff wesentlich war, und die Zitate bisher an der richtigen Stelle gestanden hatten, nämlich am Anfang des betr. Abschnitts. Wenn sich Georg Meyer nicht um den Streit über den Polizeibegriff kümmerte, so ist das zu verstehen; wird er doch erst seit 1895 wieder ernsthaft geführt, nachdem er durch Rosin, Loening und O. Mayer auf neue Bahnen gelenkt worden ist. Für die Neubearbeitung aber war es unbedingt erforderlich, unter Anführung von Gründen Stellung zu nehmen, um so mehr, als Bearbeiter wie gesagt in der vorigen Auflage noch anderer Ansicht war. Entweder war er damals oder jetzt mit Gg. Meyer oder dem Bearbeiter des Staatsrechts in Widerspruch. Entweder war Georg Meyer einfach durch Anführung der neueren Literatur zu ergänzen; dann mochte jeder sehen, wie er mit ihm zurecht kam. Oder er war neu zu bearbeiten. Der versuchte Mittelweg ist ein Abweg und schadet mehr, als daß er nützt.

Ein weiteres hierher gehörendes Gebiet sind die Rechtsquellen, die sehr summarisch abgetan sind. So heißt es z. B. S. 18: Rechtsverordnungen können nur mit gesetzlicher Ermächtigung erlassen werden. Das Verordnungsrecht des Bundesrats wird hier nicht weiter erörtert. Erst S. 344 wird nach Gg. Meyer gesagt, daß „nach allgemeinen Grundsätzen" der Erlaß einer Ausführungsverordnung Sache des

Bundesrats ist, die Rechtsvorschriften enthält. S. 351 N. 32 wird die Eisenbahnverkehrsordnung als Rechtsverordnung bezeichnet; in der vorigen Auflage (S. 284 N. 20) war noch angegeben, daß Gg. Meyer die Gültigkeit des EVO. verneint hat. Heute wird der Leser durch ein Zitat aus dem „kleinen" Laband getröstet, das so ziemlich das Unwesentliche der im „großen" Laband entwickelten Ansicht gibt. Verfasser scheint die EVO. für gültig zu erachten; warum, das mag der Leser nach gründlichem Studium des Buches erraten. Hinsichtlich des Gewohnheitsrechts heißt es lediglich, „die Anwendbarkeit ist nur eine geringe", damit ist der Fall erledigt, und es folgen nur noch einige Zitate. Mit seiner Handhabung durch die Praxis versucht sich Bearb. gar nicht erst auseinanderzusetzen. Die wichtige Frage des sog. Verwaltungsstrafrechts wird in einer Fußnote abgetan; die Goldschmidtschen Untersuchungen — ob ihnen beizupflichten ist, kann hier außer Betracht bleiben — sind für Bearbeiter nicht vorhanden und demnach auch nicht zitiert. Die damit zusammenhängende Frage, ob ein positiver Verwaltungszwang dort möglich ist, wo ein negativer Zwang durch Strafandrohung stattfindet, ist weder hier noch sonstwo erörtert oder auch nur erwähnt.

Auf weitere Einzelheiten einzugehen, hat keinen Zweck. Es war nur beabsichtigt, die Notwendigkeit einer grundlegenden Neubearbeitung des allgemeinen Teils des Lehrbuchs zu belegen. Was Bearbeiter seither in dieser Hinsicht getan hat, stellt Flickwerk dar, das obendrein nicht einmal geschickt angebracht ist, und jedenfalls nicht zur Verbesserung des Ganzen beiträgt. Es ist das um so bedauerlicher, als dadurch das ganze Buch und vor allem die Methode oder das System diskreditiert wird. Wenn der Bearbeiter geglaubt hat, die hier geübte scharfe Kritik des vorigen Referenten wirkungslos an sich abprallen lassen zu sollen, weil dieser der ganzen Schule ablehnend gegenübersteht, so berücksichtigt er vielleicht den heutigen Mahnruf eines Freundes der Meyerschen Darstellungsweise. Ist erst einmal das System verpfuscht und obendrein diskreditiert, dann hat es keinen Zweck mehr, immer wieder darauf zurückzukommen.

III.

Der vorliegende 1. Band von O. Mayers deutschem Verwaltungsrecht ist gegenüber der 1. Aufl. wesentlich kürzer ausgefallen — nicht zu seinem Schaden. Die innere Geschlossenheit hat dadurch bedeutend gewonnen.

Wie schon erwähnt wurde, hat O. Mayer seinen Widerspruch gegenüber der staatswissenschaftlichen Darstellungsweise fallen lassen. Offenbar hat er sich davon überzeugt, daß eine vollständige Darstellung des Verwaltungsrechts auf dem von ihm eingeschlagenen Weg doch nicht zum Ziel führt, daß bei seiner Methode im Rahmen eines marktfähigen „Lehrbuchs des deutschen Verwaltungsrechts" eben doch nicht viel mehr als ein „Allgemeiner Teil" gegeben werden kann, Institutionen und keine Pandekten — wie ja auch O. Mayer tatsächlich nicht viel mehr bietet.

Wie sehr eine solche konstruktive Durchdringung des Verwaltungsrechts vermißt wurde, beweist der Erfolg O. Mayers und die zahlreiche Gefolgschaft, die O. Mayer gefunden hat, nicht nur in der Theorie, sondern auch und vor allem in der Praxis. Ebenso ist sicher, daß die Wissenschaft O. Mayer die Klärung zahlreicher Begriffe zu danken hat. Für die Schule O. Mayers ist diese Klärung so grundlegend, daß sie von dem Erscheinen unseres Lehrbuches ab überhaupt mit einer neuen Zeit der öffentlichrechtlichen Wissenschaft rechnet. Was vorher war, das scheint für diese „Modernen" überwundener Standpunkt zu sein.[1])

[1]) Gegenüber dieser Übertreibung ist auf Gierkes Grundbegriffe des Staatsrechts und die neuesten Staatsrechtstheorien (1874, Neudruck 1915) zu verweisen, wo bereits lange vor O. Mayer die Entwickelung selbständiger Rechtsbegriffe auf dem Gebiet des öffentlichen Rechts gefordert und sogar gewisse allgemeine Richtlinien für ein dahinzielendes System entwickelt wurden

Ich bin der letzte, der dieses Verdienst O. Mayers um die Wissenschaft unseres öffentlichen Rechts verkennen wollte. Andererseits bin ich aber der Ansicht, daß auch bei O. Mayer die Spreu vom Weizen zu sondern ist, und weiterhin daß seine Schule unbesehen sehr vieles seiner Lehren für „geltendes Recht" genommen hat, was ihr Meister ganz anders gemeint hatte, sodaß er heute selbst vielfach bremsen muß (vgl. zu dem Folgenden auch Kaufmann im Wbch. St. u. VerwR.[2] Bd. 3 S. 688ff., sowie meine Ausführungen in Annalen 1915 S. 332ff.).

Ausgangspunkt des Mayerschen Systems ist ein apriorischer qualitativer Mehrwert des Staats im verwaltungsrechtlichen Verhältnis. Aus dieser Abstraktion heraus wird das System entwickelt, wobei rein konstruktiv vorgegangen wird. Erinnern wir uns aber, woher diese angeblich rechtliche Omnipotenz des Staats stammt, so finden wir als Väter der O. Mayerschen Lehren Albrecht und Gerber, von denen bereits Gg. Jellinek sagte, daß sie Politik trieben, die sie für Recht ausgaben. Diese Vermischung der Grenzen zwischen Politik und Recht ist bei jeder von apriorischen Gedankengängen ausgehenden begrifflich-konstruktiven Methode naheliegend; am übelsten spukt sie in den Lehr- und Handbüchern der alten Polizeirechtler von vor 150 Jahren, denen gegenüber C. H. v. Berg energisch bestritt, daß alles das gerade Recht sei, was sie lehrten. Das hinderte aber nicht, daß diese Handbücher einen großen Einfluß auf die Praxis gewannen.

Auch das Lehrbuch von O. Mayer besitzt heute diesen Einfluß auf die Praxis. Es deutet das darauf, daß sie hier findet, was sie braucht, nämlich Begriffe, und diese Begriffe werden aus dem Gedanken der „Autorität" heraus entwickelt, den Stahl so betonte, der von Gerber aufgegriffen und von der Praxis der neueren Zeit wieder energisch hochgehalten wird.

— an die O. Mayer und seine Schule nicht entfernt heranreichen, wenn sie auch manches dort entlehnen.

Nun ist das Wort „Autorität“ an und für sich kein juristischer Begriff, sondern ein politisches Schlagwort. Gewiß bedarf die öffentliche Verwaltung der „Autorität“; rechtlich kommt sie ihr aber nicht a priori zu. Das Gegenteil behauptete der Polizeistaat, und echt polizeistaatlich war die Auffassung der alten Polizeirechtler, an ihrer Spitze Justi, „der wahre Prophet der neuen Verwaltung“, wie uns O. Mayer S. 39 N. 1 sagt. Und echt polizeistaatlich ist die Lehre O. Mayers, wenn er uns sagt, der omnipotente Staat hat es so angeordnet, dieser setzt sich seine Rechtsordnung selbst, also liegt Verwaltungsrecht vor. Einzig neu ist gegenüber den alten Polizeirechtlern, daß er sein System zugunsten einer abstrakten Staatsgewalt entwickelt.

Gewiß ist der Ausgangspunkt O. Mayers richtig, daß sich der moderne Staat neben anderm aus den Wurzeln Polizeistaat und Naturrecht entwickelt hat, und daß er demgemäß eine starke gleichmacherische Tendenz in sich trägt. Damit ist er aber weder ausschließlich Polizeistaat, noch durfte O. Mayer die zahlreichen Verschiedenheiten übersehen, die sich aus den in den einzelnen Teilen Deutschlands mitunter sehr verschiedenartig entwickelten staatsrechtlichen Grundanschauungen ergaben. Die sich vielfach findenden ständischen Reste, die wie die Faust auf das Auge der gleichmacherischen Tendenzen im öffentlichen Recht passen, insofern sie auf die alte Einheit des Rechts zurückgehen, die zahlreichen Ordnungen, die auf der Fiskustheorie beruhen und doch nun einmal da sind — alles verschwimmt. Ein großer homogener Polizeibegriff wird uns vorgeführt, der auch vielleicht hier und da passen mag — der auch dort recht gern von der Praxis aufgegriffen wird, wo er nicht in das jeweilige Rechtssystem paßt, wohl aber der Verwaltung eine geeignete Handhabe bietet, um ihren Willen durchzusetzen. Gerade die Lehre von der Polizeigewalt zeigt uns, daß die faktische Ordnung „Staat“ und die juristische Erscheinung Staat vielfach auseinander gehen. Für O. Mayer scheint sie ein positiver juristischer Begriff zu sein; die Aufrechterhaltung der guten Ordnung des Gemeinwesens bedingt gewisse Eingriffe in die persönliche Bewegungsfreiheit des Einzelnen, und das nennt man eben Polizei. Sie rechnet ihm zu den Essentialen der Staatsgewalt und muß daher in den Verfassungsgesetzen als „vorausgesetzt" gelten. Folgt daraus nun, daß die Gesetze, einschließlich der Verfassungsgesetze, mit dem großen Vorbehalt zu verstehen sind: „soweit ein polizeimäßiger Zustand vorliegt", nach Maßgabe „der Auffassung des Durchschnittsmenschen" usw.? Besser wäre es ja wohl, an Stelle dieser höflichen Umschreibungen — sie scheinen im Staatsleben nötig zu sein, um der Sache ein besseres Ansehen zu geben oder um die bittere Pille leichter eingehen zu lassen — klar und deutlich zu sagen, worauf es ankommt, nämlich die Durchsetzung der Ordnungen, die die gerade am Ruder befindlichen Inhaber der Polizeigewalt für wünschenswert halten? Wozu hat man dann aber vereinzelt allgemeine und spezielle Polizeigesetze erlassen[2]), in denen ganz genau steht, was die Polizei darf oder nicht darf, wenn das alles Recht ist, was sie trotz dieser engen gesetzlichen Schranken zu tun beliebt?

Das Beispiel der Polizei zeigt deutlich, wohin man mit diesen apriorisch-konstruktiven Gedankenzügen kommt: Wie in Rom ist das „öffentliche Recht", d. h. der Staat, eine reine

[2]) Bezeichnend ist, daß die „Voraussetzung" in den Verfassungsgesetzen doch einen bestimmten Inhalt haben muß. Für Preußen käme hier das Polizeigesetz von 1850 in Frage, das im Sinne der damaligen Praxis die Polizei viel weiter begreift, als ALR. II 17 § 10. Nun hat das OVG. letzterer engeren Auffassung in der Praxis wieder Geltung verschafft, wenigstens so wie sie das OVG. versteht. Was in der Verfassungsurkunde zugunsten des Staats „vorausgesetzt" sein soll, ist also in der Praxis wieder nicht als vorausgesetzt angesehen worden, sondern etwas ganz anderes. Man scheint demnach um den springenden Punkt herumzureden. — Wie vorsichtig man gerade bei der Lehre von der Polizeigewalt sein muß, zeigt die von mir Bd. 53 S. 121 d. Ztschr. gelegentlich der Besprechung von Bühler, Die subjektiven Rechte hervorgehobene verschiedenartige Stellungnahme des Preuß. OVG. und des Württemb. VGH. in der grundsätzlichen Frage des Schutzes des Einzelnen.

Verwaltungsorganisation, in der das „Recht" genau so weit reicht, wie die dahinter stehende faktische Gewalt oder die Möglichkeit der Durchsetzung. Nur braucht das nicht gerade richtig zu sein, wenigstens nicht für Deutschland. Unser öffentliches Recht beruht durchaus nicht auf der Tatsache eines einzigen großen Abhängigkeitsverhältnisses zwischen dem Subjekt der herrschenden, allweisen und alleinseligmachenden Verwaltung und dem Objekt Untertan. Noch ist nicht alles, was der Staat rein tatsächlich „ordnet", auch schon und nur deshalb öffentliches Recht, selbst wenn das Rechtsgewand dafür herausgesucht und von einer Gerichtsinstanz bescheinigt wird, daß nichts dagegen zu erinnern sei. Äußerst bequem wäre das ja, ganz gewiß. Und ebenso bequem macht es sich der „Modernismus" im öffentlichen Recht mit seinen logisch-aprioristischen Kunststücken, für den wie gesagt mit O. Mayer die öffentlichrechtliche Wissenschaft überhaupt erst anfängt. Es ist allerdings kein schlechter Witz, daß eben diese „Modernen" ihr methodisches und begriffliches Rüstzeug von der älteren Polizeiwissenschaft und deren Methode entlehnen, und daß sie heute unmittelbar das als höchste Weisheit preisen, was die Zivilistik als unbrauchbar ablegt. „Modern" ist an dieser Schule nur, daß sie wie die Freirechtsschule ihren logischen Kunststücken nach dem Satz sic volo, sic jubeo gegen jede widerstreitende Ansicht schärfsten Nachdruck verleiht — worin allerdings genau dieselbe Willkür steckt, wie in der extremen Freirechtsbewegung. Man täte O. Mayer unrecht, wollte man damit sein Lehrbuch in Bausch und Bogen verdammen. Er sagte selbst vor 20 Jahren, Monographien hätten die Hauptarbeit zu leisten, ebenso liest der Kenner auf Schritt und Tritt zwischen den Zeilen die Erkenntnis des Verfassers, daß zwischen den rechtlichen und tatsächlichen Ordnungen unserer Verwaltung vielfach ein kleiner Unterschied waltet, daß aber diese Erkenntnis gegenüber der Beschränkung seiner Aufgabe nicht zum Wort kommen darf. Das heißt ja wohl, man solle sich vor

Generalisierungen hüten; ebenso daß hier nur ein erster Versuch zur Gewinnung von Begriffen gerade in dieser Richtung gemacht wird, daß das Lehrbuch ein System nach apriorischen Grundsätzen und weiter nichts sein will.

In dieser Selbstbescheidung erkennen wir zugleich die Bedeutung des Lehrbuchs, das wie gesagt eine Lücke in der öffentlichrechtlichen Literatur schloß. Und es soll rückhaltlos anerkannt werden, daß das Lehrbuch eine geradezu glänzend geschriebene Orientierung über die leitenden Grundsätze der heutigen öffentlichen Verwaltung gibt. Aber man darf nicht übersehen, daß es eben nur eine Orientierung gibt, und zwar unter den für den Verfasser entscheidenden Grundsätzen. Und diese ist eben nicht überall juristisch, wie man von einem Lehrbuch des Verwaltungsrechts erwartet. Von Recht ist dort keine Rede mehr, wo nur der eine Teil etwas zu sagen hat und dem andern Teil lediglich gewisse Konzessionen macht, auch wenn man auf diesem Weg über die Trennung der Gewalten und die Justizförmigkeit der Verwaltung zu dem Begriff des konstitutionellen Gesetzes, des — in seiner Art! — subjektiven öffentlichen Rechts und demgemäß zu der von der Körperschaftstheorie entlehnten Dreiteilung[3]) einer staatlichen, mitgliedschaftlichen und Sonderrechtssphäre gelangt. Alles das, was uns hier geboten wird, krankt an der Prämisse: wie kommt es, daß die herrschende Gewalt gebunden ist? — genau so, wie der Staat als Anstalt aufgefaßt ist, von der wir nicht erfahren, woher sie denn eigentlich stammt, so daß ihr O. Mayer eine auf tatsächlichem Gebiet liegende apriorische Überpersönlichkeit einzu-

[3]) In diesem Zusammenhang sei gegen die Ausführungen S. 89 Nr. 11 bemerkt, daß nach der Körperschaftstheorie kraft Verbands- oder Verfügungsgewalt nicht bloß innerkörperschaftliche Verhältnisse geordnet werden, sondern daß hier objektives Recht für Jedermann, auch den Staat, gesetzt wird, solange die Ordnung keine Rechtsverletzung darstellt. Daneben stehen die Fälle, in denen kraft Rechtsatzes die Verbandsgewalt auf Dritte ausgedehnt ist, die also insoweit einem öffentlichen Gewaltverhältnis unterworfen sind.

räumen genötigt ist. Und so müssen wir uns stets fragen, ob nicht im Einzelfall Ursache und Wirkung verwechselt sind, der politische Gesichtspunkt zum juristischen Kriterium erhoben ist.

Für den mit dem Buch arbeitenden Praktiker mag diese feine Unterscheidung ja oft gleichgültig sein. Für ein juristisches Lehrbuch muß ihre Durchführung jedoch unbedingt erfordert werden. Und gerade hier ist die erwähnte Selbstbeschränkung O. Mayers außerordentlich wesentlich; erinnern wir uns ihrer, so gewinnen seine begriffslogischen Versuche ganz eminente Bedeutung, und ist unbedingt das anregende und befruchtende seiner Gedankengänge anzuerkennen. Gerade das ihm als Ausgangspunkt seiner Forschungen dienende französische Recht hat bei uns vielfach vorbildlich gewirkt, so daß O. Mayer durch die dort geholte Schulung wie so leicht kein Zweiter zu seiner Aufgabe berufen erscheint. So ist es — auch bei grundsätzlich abweichender Auffassung — ein wahres Vergnügen, ihn bei Darstellung seiner Lehre von der Trennung der Gewalten und vom Verwaltungsakt zu begleiten, auch die „Verwaltungsanordnung" ist bei ihm meisterhaft dargestellt, usw.

Leider hat das Bild auch eine Kehrseite. Einmal hat O. Mayer in seiner apriorischen Auffassung die Unterschiede des deutschen und französischen Verwaltungsrechts nicht genügend scharf herausgearbeitet, so daß — von den Lückenhaftigkeiten ganz abgesehen — die gegebene Lösung durchaus nicht richtig sein muß, wie ich vorsichtig sagen will, ja vielfach sogar recht anfechtbar ist. Denken wir allein an seine „Anstaltspolizei", sein „öffentliches Eigentum" und die Lehre von den „Erlaubniserteilungen". An allem ist ein berechtigter Kern, ganz gewiß; handelte es sich nur um lehrbuchmäßige Hilfsbegriffe, so wäre auch vielfach nichts gegen diese das Studium erleichternde Denkbrücken zu sagen.[4]) Aber aus diesen Mayerschen Begriffen ist

[4]) Daß auch die Schule O. Mayers vor einer Überschätzung ihrer konstruktiv gewonnenen Begriffe und Rechtsinstitute warnt, zeigt **Kormann**,

bereits mehr gemacht worden. Seine Schule hat diese Hilfsbegriffe zu Rechtsinstituten und Rechtsbegriffen erhoben oder will sie doch dazu machen.[5]) Ebenso hat die Praxis vieles unbesehen übernommen, was in einem Lehrbuch sehr hübsch zu lesen ist, aber noch lange nicht richtig zu sein braucht. Die einmal von dem Zauberlehrling geweckten Geister werden wir nicht mehr los. Wie stets hat der einmal geformte Begriff seinen Druck auf das Leben ausgeübt. Bei der blendenden Darstellungsweise O. Mayers ist das nicht weiter verwunderlich. Leider erweckt die 2. Auflage vielfach den Eindruck, als habe der Erfolg der 1. Auflage den Verfasser selbst — trotzdem er verschiedentlich gegen seine Schule Stellung nimmt — gegen die Schwächen seines Lehrbuchs unempfindlich gemacht, als halte auch er heute seine Begriffe für den vollen Inhalt unseres Verwaltungsrechts. Dann allerdings kann gar nicht scharf genug unterstrichen werden, daß lediglich eine unter gewissem Gesichtswinkel eingestellte Projektion unserer Verwaltung vorliegt. Und dieser Gesichtswinkel ist selbstgewählt und bedingt durch die Weite des Gesichtskreises des Verfassers. Wenn für diese Selbsteinstellung absolute Richtigkeit beansprucht wird,

---

Einführung in die Praxis des Verwaltungsrechts S. 16/17, wo er sich energisch gegen eine willkürliche Anwendung derselben verwahrt. Andernfalls verfalle man in die Iheringsche Begriffsjurisprudenz, mit der die Schule heute schon von „Halbdenkern" verwechselt werde.

[5]) Typisch ist die Fortentwickelung der Lehren O. Mayers bei Fleiner, Institutionen. Wir finden hier fortgesetzt zu den theoretischen Sätzen des Textes in der Fußnote zahlreiche Reichs- und Landesgesetze, sowie Entscheidungen zitiert. Offenbar soll damit die Richtigkeit des theoretischen Satzes bewiesen werden, der in dem zit. Gesetz oder Erkenntnis Ausdruck gefunden habe oder zur Anwendung gekommen sei. Der nichtsachkundige Leser, insbes. der Studierende, muß und wird wenigstens dies annehmen. Der kundige Leser wird dagegen sehr bald herausfinden, daß einmal zahlreiche Zitate überhaupt nicht passen, und daß zum andern vielfach die Belegstellen in dem Fleinerschen Sinn höchstens gedeutet werden können, während noch sehr dahinsteht, ob sie auch so verstanden werden sollen und müssen. Das ist aber doch wohl sehr zweierlei. Bei der Verbreitung des Buchs, zumal unter Studierenden, ist dieser Mangel nicht unbedenklich.

so muß betont werden, daß dieser Gesichtskreis des Verfassers vor allem nicht erschöpfend ist; er scheint wichtige Monographien nicht zu kennen, so z. B. die zahlreichen Spezialarbeiten von Wolzendorff aus dem Gebiete des Polizeirechts mit ihren teilweise von O. Mayer sehr abweichenden Ergebnissen; zitiert ist nur S. 211 seine Erstlingsarbeit über die Grenzen der Polizeigewalt. S. 334 wird der Mangel der juristischen Durchdringung des Unterschieds zwischen direkten und indirekten Steuern betont; aber der wichtige dahingehende Versuch von Bredt, Die Besteuerung nach der Leistungsfähigkeit (1912), ist nicht zitiert — wobei es hier gleichgültig ist, ob und inwieweit diese Monographien als Lösung der behandelten Fragen anzusehen sind. Aber immerhin gibt dieser Mangel — ich beschränke mich auf diese beiden Beispiele — zu denken. Gewiß ist die Darstellung O. Mayers in sich logisch und geschlossen — aber eben nur unter dem einmal gewählten Gesichtswinkel; ob aber dessen Richtigkeit überall notwendig ist, muß sehr dahingestellt bleiben. Und löst man gar die von O. Mayer geprägten Begriffe von ihrer Wurzel, aus ihren Zusammenhängen los, dann ist das Unglück da. So ist nicht zu bestreiten, daß O. Mayer der immer polizeistaatlicher werdenden Praxis eine sehr gewichtige Handhabe gegeben hat; bei dem herrschenden Begründungszwang und dem Mangel dahingehender Studien war sie ja geradezu auf ihn angewiesen. Aber eben deshalb war eine sehr kritische Handhabung seiner Begriffe unbedingt geboten.

Trotzdem möchte ich das Lehrbuch nicht missen; O. Mayer ist weder für seine Schule, noch für eine unrichtige Handhabung seines Lehrbuchs verantwortlich. Sein Werk bietet zweifellos in vielen Punkten eine glänzende Erklärung der angeblich unser „öffentliches Recht" darstellenden öffentlichen Verwaltungsorganisation — wenn man auch nicht alles zu unterschreiben braucht, was O. Mayer vorbringt; erinnern wir uns nur seiner eigenen zahlreichen Wenn und Aber. Für den, der damit umzugehen weiß — nicht in dem Sinn, daß man das heraussucht, was einem gerade in den Kram paßt —, ist das Lehrbuch eine Fundgrube seltenster Art. Aber man muß eben damit umzugehen wissen, wie mit der Büchse der Pandora, sonst kann großes Unheil daraus entstehen. Fast scheint es so, als wäre dies bereits geschehen.

IV.

Wie Kormann in seiner ausführlichen Anzeige in dieser Ztschr. Bd. 51 S. 200 ff. eingehend ausgeführt hat, entspricht der „Besondere Teil" des Gg. Meyerschen Lehrbuchs in keiner Weise den Anforderungen, die an eine systematische Darstellung der einzelnen Materien des Verwaltungsrechts zu stellen sind. Ebensowenig genügt aber auch das O. Mayersche Lehrbuch in dieser Hinsicht, worauf oben bereits hingewiesen wurde. Kormann verweist zur Füllung der Lücke auf die umfassenden Handbücher und Lexika. S. 297 ff. hatte er der jetzt als Wörterbuch des Staats- und Verwaltungsrechts erschienenen 2. Auflage des Stengelschen Wörterbuchs eine dahingehende einführende Anzeige gewidmet, die nach dem vollständigen Erscheinen des Wörterbuchs näher ausgeführt werden sollte. Die Durchführung dieses Planes war Kormann nicht mehr vergönnt. In Ermangelung vorhandener Notizen ist es mir auch nicht annähernd möglich, seine Gedanken näher auszuführen. Ich muß mich auf einen Verweis auf seine damaligen Ausführungen und eine kurze selbständige Stellungnahme beschränken.

Es ist zweifellos, daß in Gestalt eines Wörterbuchs die „besonderen Lehren", sei es des Verwaltungsrechts allein oder des öffentlichen Rechts schlechthin, am vollständigsten zur Darstellung gelangen können. So namentlich, wenn ganze Materien von derselben Hand bearbeitet werden, wie dies z. B. in dem Bitterschen Wörterbuch der preuß. Verwaltung geschieht. Wird dagegen, wie hier, der Stoff an zahlreiche Mitarbeiter verteilt, so ergibt sich nicht nur die Gefahr der Unvollständigkeit, sondern auch erheblicher Widersprüche. So nimmt z. B. der Aufsatz von Schücking über „Autonomie“ ausdrücklich Stellung gegen die herrschende Lehre, wie sie u. a. von Brunner, Stobbe, Gierke entwickelt wurde, ebenso gegen die Labandsche Auffassung; § 2 verweist sogar auf einen besonderen Aufsatz über „Ortsstatut“. Dieser fehlt aber. Der Benutzer des Wörterbuchs wird daher etwas enttäuscht sein; er erfährt nur, daß die seither als sachverständig geltenden Autoritäten unrecht haben, worüber er bei vorhandenem Interesse in deren Werken Sonderstudien treiben mag, und für den wichtigsten Anwendungsfall erfährt er gleich gar nichts. Dabei gehört aber die „Autonomie“ ganz zweifellos in das Kapitel „Rechtsquellen“, in das sich weiterhin nach einer oberflächlichen Durchsicht Anschütz („Gesetz“ und „Verordnung“), Brie („Gewohnheitsrecht“), Apel („Armeebefehl und Armeeverordnung“), Kormann („Verjährung im öff. Recht“) teilen. Daneben stehen die gelegentlichen Stellungnahmen, z. B. bei Rosin unter Polizei (Polizeiverordnung); so kreuzt sich gerade unsere „Autonomie“ mit Meyer-Anschütz, „Ordnungsstrafen“ § 5. Der erwähnte Aufsatz von Apel über „Armeebefehl und Armeeverordnung“ kreuzt sich mit dem von Romen über „militärischer Befehl“. Die doch zweifellos sehr verwandten und einander häufig berührenden Gebiete der „Rechtshilfe“ und der „Amtshilfe“ werden unter ganz getrennten Gesichtspunkten behandelt: Erstere auf 15 Seiten von einem Bearbeiter, letztere auf 7 Seiten von 8 Bearbeitern. Die zusammengehörenden Dinge Amt, Behörde, Selbstverwaltung fallen ganz auseinander; während „Amt“ und „Beamte“ von derselben Hand bearbeitet sind, sind die „Behörden“ unter zwei, die „Selbstverwaltung“ gar unter drei Bearbeiter geteilt. „Polizei“ wird zusammenhängend dargestellt von Rosin; daneben finden sich jedoch zahlreiche Artikel über einzelne Gebiete des Polizeirechts von teilweise auf grundsätzlich anderem Boden stehenden Bearbeitern. Eine weitere Aufzählung kann ich mir wohl schenken.

Es soll hiermit in keiner Weise an dem Inhalt der jeweils genannten Aufsätze gerüttelt, sondern lediglich dargetan werden, wie sehr spezialisiert wurde. Nun hat zwar Arbeitsteilung zweifellos ihr Gutes; sie bedingt manchmal aber auch sehr erhebliche Mängel. Und mir scheint, als sei sie hier etwas zu weit getrieben worden. Es ist zwar zu verstehen, daß der Herausgeber bemüht war, möglichst Autoritäten zu gewinnen, womit bei der Zerreißung unseres öffentlichen Rechts auch eine starke Zersplitterung in der Bearbeitung bedingt war. Trotz dieser Heranziehung der Autoritäten ist, auch abgesehen von der erwähnten übergroßen Zersplitterung der Materien und ihren Gefahren, manches recht unbefriedigend. So sind manche Aufsätze aus der 1. Auflage einfach fortgeführt, bei denen man sich von dem heutigen Referenten mehr erwartet hatte. Daß solche Wiederholungen mitunter nicht unbedenklich sind, wurde bereits von Kormann hervorgehoben. Ein anderes Beispiel bieten die Rechtsverhältnisse der Kleinstaaten, die z. T. außerordentlich interessant sind, und die nur auf diesem breiten Boden des Wörterbuchs einigermaßen aus dem Dunkel hervorgezogen werden können, in dem sie in der Regel für die außerhalb der jeweiligen Landesgrenzen weilende Allgemeinheit verbleiben. Das Wörterbuch bringt zwar z. T. recht interessante dahingehende Ausblicke, z. B. unter „Thüringische Staaten", auf welchen Behelf auch das Geleitwort verweist. Ich meine aber, dieses Sonderrecht hätte auch in den Spezialartikeln etwas mehr hervorgehoben werden dürfen; durchgängig erfahren wir nur etwas aus den größeren Mittelstaaten, während die Kleinstaaten entweder überhaupt ausfallen, oder nur summarisch erwähnt werden. So wird in dem Aufsatz über Disziplin § 9 über die Arreststrafe als Disziplinarmittel nur negativ gesagt, daß sie von den größeren Staaten nur noch Preußen kennt. Es gibt aber doch ganz sicher manchen Leser, der unter diesem Stichwort sich vergeblich darüber zu orientieren suchen wird, welche Staaten außer Preußen auf dieses Mittel zur Aufrechterhaltung der Disziplin nicht glauben verzichten zu können.

Wir finden Aufsätze über öffentliche Anstalten und öffentliche Sachen; nach den juristischen Personen oder Genossenschaften des öffentlichen Rechts sehen wir uns vergeblich um, oder überhaupt juristische Person, Korporation, Korporationsrechte, öffentliches Recht (als Gegensatz von Privatrecht). Denn die Ausführungen von Stengel-Giese über „öffentliche Rechte und Pflichten" können doch wohl kaum als Füllung der Lücke angesehen werden. Bei der sonstigen teilweise starken Zersplitterung des Stoffs wirkt das Fehlen solcher wichtiger Stichworte geradezu peinlich.

Es ist zu hoffen, daß der in Aussicht gestellte Ergänzungsband hier noch manche Lücke füllen wird. Andernfalls würde das Wörterbuch sehr oft seinen Zweck verfehlen. Es bliebe aber auch dann noch immer die sich aus der m. E. übertriebenen Arbeitsteilung ergebende Schwäche der Widersprüche in den Ansichten hinsichtlich des gleichen Themas. Solche sind mir bei gelegentlichem Gebrauch des Wörterbuchs mehrfach stark aufgefallen. Als ein mir besonders geläufiges und daher noch erinnerliches Beispiel sei die „Anstaltspolizei" genannt, die in dem Aufsatz von Kormann über „öffentliche Anstalt" verfochten und von E. Kaufmann unter „Verwaltung und Verwaltungsrecht" § 23 bekämpft wird. Es ist das ein sehr schwerwiegender Mangel, mit dessen Möglichkeit bei der Stoffverteilung anscheinend nicht gerechnet wurde. Bei dem letztgenannten Beispiel findet nun ja allerdings ein gewisser Ausgleich statt, insoferne Ansicht und Gegenansicht vertreten sind.

Bei dem genannten Beispiel der „Autonomie" ist das aber nicht der Fall, und so ist es nach meiner Erinnerung auch bei zahlreichen anderen Gelegenheiten. Ob der Redaktion dieser Mangel entgangen ist, oder ob sie ihn nicht hat hindern können, entzieht sich meiner Beurteilung.

Es tut mir leid, daß ich also einer gewissen starken Enttäuschung das Wort lassen mußte, die mir das Wörterbuch bereitet hat, und die sicher bei zahlreichen Benutzern sich ebenfalls geltend machen wird. Das Wörterbuch verliert durch den bezeichneten Mangel sehr. Es ist das um so bedauerlicher, als auch die beiden vorl. Bände im einzelnen teilweise ganz ausgezeichnete Beiträge enthalten, von denen einige in ihrer plastischen Kürze weit mehr bieten, als manche dickbändige Abhandlung, und zwar nicht nur, was die gebotene Anregung anlangt, sondern auch die inhaltliche Darstellung. An der Spitze sei hier der bereits erwähnte Aufsatz von E. Kaufmann über „Verwaltung und Verwaltungsrecht" genannt, der mit zu dem Besten gehört, was seither über diesen Gegenstand geschrieben wurde. Auf derselben Höhe stehen die kirchenrechtlichen Beiträge von Kahl und Meurer, „Gesetz" und „Verordnung" von Anschütz, „Verwaltungsakte" von Kormann, die Rosinschen Beiträge aus dem Polizei- und dem Versicherungsrecht, einzelne der finanzrechtlichen Beiträge von Schwarz, der völkerrechtlichen Aufsätze von Fleischmann, „Hypothekenbanken" von Sontag, und zahlreiche andere, deren Fülle auszuschöpfen mir seither noch nicht gelungen ist. Die Nichterwähnung des einen oder anderen Beitrags an dieser Stelle soll also noch keineswegs eine herabsetzende Kritik bedeuten, wenn auch das Wörterbuch andererseits zahlreiche Aufsätze enthält, die die Kritik geradezu herausfordern. Bei der Kürze, die ein Wörterbuch bedingt, ist das ja auch nur zu erklärlich, weshalb von einer Stellungnahme im einzelnen hier abgesehen werden soll.

Die Fülle des Gebotenen bedeutet jedenfalls eine Empfehlung des Wörterbuchs schon an und für sich. Mit den Mängeln wird man sich demgegenüber abzufinden haben, was um so leichter sein dürfte, als die jeweils gebotenen Literaturnachweise den Leser darüber aufklären, wo er ausführlichere Darstellungen findet.

Berlin. Privatdozent Dr. Waldecker.

8. Karl Friedrichs, Das Landesverwaltungsgesetz vom 30. Juli 1883 nebst den gesamten Nebengesetzen. 735 S. Berlin 1910 (O. Häring).

9. Karl Friedrichs, Das Polizeigesetz. Gesetz vom 11. März 1850 über die Polizeiverwaltung mit Nebengesetzen auf Grund der Rechtsprechung der höchsten Gerichte erläutert. 299 S. Berlin 1911 (Heymann).

Infolge eines heute nicht mehr aufklärbaren Zufalles[1]) kommen vorliegend erst heute zwei in ihrer Art sehr bedeutsame Bücher zur Anzeige, die seit ihrem Erscheinen sich bereits in Praxis und Wissenschaft ihren Platz gesichert haben. Beide treten auf in Form des Kommentars zu grundlegenden preußischen Gesetzen. Bei dem Kommentar zum Landesverwaltungsgesetz steht das Verwaltungsstreitverfahren im Mittelpunkt des Interesses, neben denen jedoch die anderen Abschnitte des Gesetzes keineswegs zu kurz kommen, auch wenn und soweit sie an sich nur Novellen zu älteren Gesetzen darstellen. Lediglich das materielle Polizeirecht ist hier stiefmütterlich behandelt. Seiner Darstellung dient der Kommentar zum Polizeiverwaltungsgesetz.

---

[1]) Die Anzeige hatte ursprünglich Herr Privatdozent Dr. Kormann übernommen. In seinem Nachlaß fanden sich die Rezensionsexemplare; aus den darin befindlichen zahlreichen handschriftlichen Notizen geht hervor, daß Kormann eine sehr ausführliche, kritische Anzeige nicht nur beabsichtigt, sondern auch entworfen hat. Ein Erledigungsvermerk fand sich nicht. Wohl aber befanden sich die Rezensionsexemplare bei den erledigten Schriften. Ob nun die Kormannsche Anzeige abhanden gekommen ist, oder ob die Rezensionsexemplare versehentlich abgelegt wurden, wodurch Kormann die vielleicht noch nicht vollständig ausgearbeitete Anzeige aus den Augen kam, kann heute nicht mehr festgestellt werden.

Zeigt Verf. schon in dieser Teilung der Aufgabe eine geschickte Hand, so müssen wir weiterhin rückhaltlos anerkennen, daß er die sich gesetzte Aufgabe glänzend gelöst hat, nämlich die im Gesetz ziemlich allgemein umrissenen Grundlagen des Verwaltungsstreitverfahrens und des Polizeirechts durch Herausschälung und Gruppierung der in dem umfangreichen Entscheidungsmaterial angedeuteten und zum Ausdruck gelangten Rechtsgrundsätze systematisch weiterzuentwickeln. Die sich dabei im großen Ganzen findende Knappheit in Stoff und Ausdruck war der Klarheit des Systems und des Gedankens sehr förderlich, ohne daß dadurch wesentliche Fragen zu kurz gekommen wären. Gerade deshalb wirkt es andrerseits etwas wunderlich, wenn Verf. hier und da in eine Art Kathederton verfällt, z. B. wenn er N. 1 zu § 3 LVG. vorträgt, das Wort „Bureau" habe folgende Bedeutungen: 1. grobes Wollenzeug, Kleidung der Landmädchen. 2. grünes Tuch auf dem Schreibtisch, grüner Tisch usw.

Von einer Einführung in den materiellen Inhalt der beiden Kommentare und einer Stellungnahme kann bei der Länge der seit ihrem Erscheinen verstrichenen Zeit wohl abgesehen werden, innerhalb deren sie sich selbst bestens empfohlen und eingeführt haben. Sie enthalten überall gute Gedanken und Stellungnahmen, und bieten auch dort viel Anregung, wo man die Ansicht des Verf. nicht teilt. Solcher Stellen sind nicht gerade wenige. Da die Kommentare in erster Linie für die Praxis geschrieben sind, wird hier die Rechtsprechung ausgleichend wirken. Hervorgehoben seien lediglich drei für die Theorie besonders wichtige Stellungnahmen, nämlich einmal die Abstellung auf die positivrechtliche Gestaltung bei der Abgrenzung des Verwaltungsstreitverfahrens (Note 2 zu § 7 LVG.), sodann die Ablehnung eines „allgemeinen" Polizeibegriffes und die Ableitung der heutigen Anwendung von ALR. II 17 § 10 lediglich aus einem konstanten Gerichtsgebrauch (S. 5 PolG.). Schließlich ist für

Verf. mit Bernatzik die Anwendung von Zwangsmitteln für die Polizei wesentlich (S. 7 PolG.).

Berlin. Privatdozent Dr. Waldecker.

10. Reichs- und Staatsangehörigkeitsgesetz vom 22. Juli 1913. Erläutert von Wilhelm Cahn. 4. völlig neu bearbeitete Aufl. 608 S. Berlin 1914 (Guttentag).

Ein Wort der Empfehlung braucht diesem bestens eingeführten Kommentar nicht mit auf den Weg gegeben zu werden. Er erscheint, wenn auch im alten Gewand, so doch mit Rücksicht auf die Novelle von 1913 neu überarbeitet.

Zutreffend hebt Verf. die glückliche Neufassung des § 1 hervor. Die Zugehörigkeit zum Reich bildet bei diesem Gesetz den Ausgangspunkt, entsprechend der Tatsache, daß es andere „Deutsche" als Reichsangehörige nicht gibt. Erst in zweiter Linie kommt, wer als solcher anzusehen ist; das sagt uns eben das Gesetz. Interessant wäre allerdings ein Exkurs auf die Frage gewesen, was sich denn eigentlich das Gesetz unter „Staatsangehörigkeit" vorstellt. Handelt es sich um die Zugehörigkeit zu einem persönlichen Verband, um eine Territorialzugehörigkeit, oder um eine Verbindung beider? M. E. kann nur letzteres in Frage kommen. Wie ich im ArchÖffR. 33 S. 436 ff. an einem Beispiel zu entwickeln versucht habe, zeigt das Recht der Staatsangehörigkeit typisch den Stand der herrschenden Staatsauffassung an. Bei uns in Deutschland steht diese Auffassung nun einmal unter dem eigenartigen Gesichtspunkt, daß sie nicht mehr nach einer bestimmten Richtung tendiert, sondern eine gewisse unausgeprägte Mittelstellung einnimmt, die deutlich nur die Spuren des politischen Werdegangs unseres Staatswesens aufweisen. Und so sind denn auch die Grundlagen des Rechts der Staatsangehörigkeit bei uns eigenartig unklar, im Wollen groß und bestimmt (persönlicher Verband), in der Ausführung echt polizeistaatlich kleinlich, engherzig und kurzsichtig.

Über dieses Erbe des preußischen Gesetzes vom 31. Dezember 1842 sind wir noch nicht hinweggekommen. Die „Entlassung" ist die Nachwirkung und der Rest der alten Auswanderungserlaubnis. Im preußischen Gesetz hatte sie einen Sinn, da Preußen damals keine unbeschränkte Auswanderungsfreiheit kannte. Da aber das Reichsgesetz von 1870 von dem bestehenden Rechtszustand ausging, also den bis dahin allein maßgebenden Landesgesetzen, die teilweise noch keine Freizügigkeit kannten, so hatte es schon einen Sinn, wenn das Reichsgesetz diese preußische Entlassung übernahm. Allerdings hätte recht wohl das Gesetz der Tatsache Rechnung tragen können, daß dieser Entlassung im Grunde nur noch eine recht beschränkte Anwendungsmöglichkeit zukam. Ganz unverständlich aber wird sie im neuen Gesetz — wenn man eben die geschichtliche Entwickelung außer Betracht läßt. Verf. zitiert sehr richtig zu § 17 Goethe: Es erben sich Gesetz und Rechte wie eine Krankheit ewig fort. Das erklärt aber auch das Haften am Territorium, das uns auf Schritt und Tritt begegnet. Aber ist dem so, dann entsteht die Frage, ob tatsächlich eine Entlassung ohne Auswanderung den Verlust der Staatsangehörigkeit in vollem Umfang bewirkt. Es scheint ganz außer Zweifel zu sein, daß die Behändigung der Entlassungsurkunde allein diese Folge hat (§ 23); weilt der Entlassene nach Jahresfrist noch im „Inland", so gilt die Entlassung als nicht erfolgt (§ 24), d. h. sie wird unwirksam. Man nimmt an, Inland sei der entlassende Bundesstaat (sowie Elsaß-Lothringen und die Schutzgebiete). Wie Verf. S. 133 berichtet, entstanden daher Schwierigkeiten: Entweder entstanden im Reich „Ausländer", wenn der Erwerb einer anderweiten bundesstaatlichen Zugehörigkeit nicht vor der Entlassung erfolgte, oder aber die Bestimmung des § 24 bezog sich auf etwas anderes. Verf. zitiert nun einen preußischen Runderlaß, ausweislich dessen bisher die bundesstaatlichen Verwaltungen den in einen anderen Bundesstaat verzogenen Entlassenen bei dem Erwerb der neuen Staatsangehörigkeit innerhalb der Respektfrist als Inländer behandeln. Es bleibt die Frage, wie es dann sein soll, wenn eine neue Staatsangehörigkeit im Reichsgebiet nicht erworben wird. Erlangt dann etwa der dem zitierten Runderlaß zugrunde liegende Gedanke über den dort behandelten speziellen Fall hinaus Bedeutung, ist etwa „Inland" in § 24 mit „Reichsgebiet" zu übersetzen? Verf. scheint nach einer Fußnote S. 133 das Gegenteil anzunehmen;[1]) demgegenüber scheint es mir, als läge hier die einzig mögliche Lösung, wobei dann auch die Beibehaltung der alten Struktur einerseits, die neue Fassung des § 1 andrerseits ihre Bedeutung erlangt. Die alte Struktur besagt, daß die Lösung des persönlichen Verbands durch die Entlassung nicht restlos die Beziehungen zwischen Staat und Untertan tilgt; das territoriale Band wirkt nach. Darüber kann nach dem Wortlaut des § 24 ein Zweifel nicht gut bestehen. Aber während nach dem alten Gesetz die die Reichsangehörigkeit vermittelnde Landesangehörigkeit das Primäre war, ist es jetzt ausweislich der Fassung des § 1 die Reichsangehörigkeit, und deshalb brauchte in § 2 nicht nochmals betont zu werden, daß im Sinne dieses Gesetzes das ganze Reichsgebiet als Inland anzusehen ist. Ließ sich sonach allenfalls darüber streiten, ob der Grundgedanke des zitierten Erlasses gegenüber dem bisherigen Wortlaut des Gesetzes gerechtfertigt sei, so ist heute ein Streit darüber nicht mehr möglich. Dann ist aber auch notwendig in jedem Fall der Fall des § 24 gegeben, sobald dessen Voraussetzungen in Hinblick auf das Reichsgebiet zutreffen, und zwar muß es gleichgültig sein, wo sich der Entlassene in der Zwischenzeit aufgehalten hat. § 24 kann dann aber im Gegensatz zu Verf. Anm. 1 nur dahin verstanden werden, daß die Entlassung unter der aufschiebenden Bedingung der Auswanderung binnen Jahresfrist aus dem

[1]) Dagegen scheint N. 5 zu § 24 a. E. auf dem hier vertretenen Standpunkt zu stehen.

Reichsgebiete steht. Auf diesen Zusammenhang mit dem Territorium beruhen ja doch gerade die sog. Nachwirkungen der Staatsangehörigkeit, wie die Verpflichtung zur Rückübernahme staatenlos gewordener Deutscher usw. Hat man sich das klargemacht, dann verliert auch die „Entlassung“ ihre Schrecknisse — wenngleich auch ich dem Verf. darin beistimme, daß sie eine sehr unzeitgemäße Einrichtung ist. Aber es gibt ja auch noch andere Gesetze, die den Auswandernden zur Aufgabe seiner Staatsangehörigkeit geradezu anreizen, man denke etwa an jene famose Bestimmung des preußischen Einkommensteuergesetzes, die den ins Reichsland ausgewanderten Preußen noch zwei Jahre lang für einkommensteuerpflichtig erklärt. Und bei der Vorlage von 1912 wollte man lediglich diese Frist auf sechs Monate herabsetzen!

Berlin. Privatdozent Dr. Waldecker.

11. Walter Kaskel und Fritz Sitzler, Grundriß des sozialen Versicherungsrechts. Systematische Darstellung auf Grund der Reichsversicherungsordnung und des Versicherungsgesetzes für Angestellte. Berlin 1912, J. Springer. 484 S. Preis 9 Mk.

Die Neuordnung und Erweiterung unseres sozialen Versicherungsrechts im Jahre 1911 hatte eine literarische Hochflut auf diesem Gebiet zur Folge. Juristisch wertvoll waren von den umfassenden Arbeiten im wesentlichen nur die Kommentare. Die Leitfäden, Einführungen, Grundrisse usw. pflegten sich wie üblich, vgl. meine Bemerkungen KrVJSchr. 3. F. Bd. 17 S. 145 ff., nicht über das Niveau der Eselsbrücke zu erheben. Eine rühmliche Ausnahme hiervon macht der vorl. Grundriß, der nach Anlage und Inhalt die Juristen und gewiegten Sachkenner in den Verfassern nur allzudeutlich verrät. Er bietet auf knappstem Raum eine ausgezeichnete Orientierung über die im Gesetz nicht gerade sehr glücklich und übersichtlich gefaßte Materie, wobei für einen „Grundriß“ in recht weitgehendem Maße Einzelheiten geboten werden.

Daß das möglich war, ist dem fruchtbaren systematischen Gedanken zu danken, der seinerseits wieder auf der m. E. einzig möglichen juristischen Grundanschauung unseres sozialen „Versicherungs"-Rechts beruht: Es handelt sich hier — juristisch gesprochen — gar nicht um eine Versicherung, sondern um einen den Angehörigen gewisser Berufsgruppen unter den Voraussetzungen und nach Maßgabe des Gesetzes in ganz bestimmten Fällen zustehenden öffentlich-rechtlichen Anspruch nach Art — wenn man mit den Verf. so will — des Beamtenpensionsanspruchs. Alles was in den Sozialversicherungsgesetzen enthalten ist, hat diesen Anspruch zum Gegenstand, indem gesagt wird, wann er besteht, für wen und gegen wen, in welchem Umfang, wie lange usw., und welche sonstigen Vorschriften für seine Verwirklichung erforderlich schienen. Ob man diesen Anspruch mit den Verf. gerade einen „Entschädigungs"-Anspruch nennen soll, ist hierbei belanglos, wenn ich auch diese erweiterte Bezeichnung als leicht wieder irreführend[1]) gern vermissen würde. Wesentlich ist nur, daß ein subjektives öffentliches Recht des „Versicherten" auf die gesetzlichen, ev. statutarischen, Leistungen den juristischen Mittelpunkt des Aufbaues darstellt. Der Versicherungsgedanke hat nur das wirtschaftliche Motiv des Gesetzgebers geliefert, wenn er ja auch heute noch oft genug die positive Gestaltung des Gesetzes beeinflußt, z. B. in der Frage des Verhältnisses bestehender privater Versicherungsverträge zur öffentlichen Sozialversicherung. Sie spielt eine wesentliche Rolle heute fast nur noch in der Angestelltenversicherung, während die

[1]) Bezeichnend ist hier die Auffassung der Verf. (S. 46 ff.) in der „rechtlichen Natur des Entschädigungsanspruchs" als eines „Ausgleichs einer erlittenen Beeinträchtigung der wirtschaftlichen Daseinsmöglichkeit". In einer Fußnote wird dazu gegen die Auffassung der Erwerbsfähigkeit oder einer staatlichen Fürsorge als des Gegenstands der Sozialversicherung polemisiert. Hier zeigt sich deutlich, wie der „Zweck im Recht" die juristische Betrachtungsweise erschwert. Gegenüber der lex lata sind diese Erwägungen doch ganz gleichgültig. Die Verf. haben ja inzwischen wohl auch bereits bemerkt, wie sehr irreführend ihre Bezeichnung gewirkt hat.

hierhergehörende, früher vielumstrittene Frage nach der Stellung der sog. freien Hilfskassen heute nur noch untergeordnete Bedeutung hat. Die Hauptfolge der Ablehnung des Versicherungsgedankens ist aber die, daß die Auslegung, namentlich wenn sie das Gesetz zu ergänzen hat, nicht — wie etwa der Kommentar von Hagen zum Angestelltenversicherungsgesetz — auf die Analogie des Privatversicherungsgesetzes, sondern der Beamtenpensionsgesetze zurückgehen muß.

Das gesamte System der Verf. beruht auf diesem Grundgedanken. Demgegenüber will es wenig besagen, daß die Herausarbeitung dieses Grundgedankens (S. 37 ff.) insofern wenig befriedigt, als der Anspruch als ein „gegen den Staat gerichtetes Recht" bezeichnet wird, der sich zur Erfüllung dieser Pflicht gewisser ad hoc ins Leben gerufener öffentlichrechtlicher Genossenschaften und Verbände bediene. Das ist historisch und politisch sicher richtig und mag auch zur Erklärung mancher Einrichtungen recht nützlich sein; juristisch handelt es sich hier aber um weiter nichts als ein gegen den „Versicherungsträger" gerichtetes Recht. Die Rolle des Staats, seine Rechte und Pflichten aus Anlaß der Sozialversicherung sind im Gesetz ganz genau umschrieben. Die Verf. gehen bei Aufbau ihres Systems auch weiter nicht auf den Obersatz ein, sondern führen nach einer allgemeinen systematischen Einführung in Anlehnung an die gesetzliche Ordnung der Materie für die verschiedenen „Versicherungsarten" getrennt die Darstellung durch nach dem Schema:

1. Voraussetzungen des Anspruchs (berechtigter Personenkreis und entschädigungspflichtiger Tatbestand),
2. Gegenstand des Anspruchs (die Leistungen),
3. Schuldner des Anspruchs (Organisation des betr. Versicherungszweigs, Verfassung und Verwaltung der Versicherungsträger),

4. Verwirklichung des Anspruchs (Feststellung und Erwirkung der Leistungen),
5. Verhältnis zu anderen Ansprüchen.

Als letzter Abschnitt folgt dann die Darstellung des sozialversicherungsrechtlichen Streitverfahrens oder des „Versicherungsprozesses".

Auf diesem System beruht der Wert des Grundrisses. Gewiß ist es vielleicht für den Leser ermüdend, für jede der verschiedenen Versicherungsarten, also viermal hintereinander, sich durch diesen Aufbau hindurcharbeiten zu müssen; es würde vielleicht der eine oder andere Leser ganz gerne diesen Aufbau in der Weise verwirklicht sehen, daß er jeden der fünf obigen Punkte für sämtliche Versicherungsarten hintereinander abgehandelt vor sich hätte, um sich etwa die jeweiligen Unterschiede in den einzelnen Versicherungsarten schärfer vor Augen führen zu lassen. Es läßt sich sicher darüber streiten, ob eine solche Einführung in die Materie nicht vielleicht lebendiger wirkte. Vermutlich ergäben sich damit allerdings anderweite Nachteile, möglicherweise sogar bei der Verschiedenartigkeit des Aufbaues der einzelnen Versicherungsarten eine große Unübersichtlichkeit. Übersicht auf den verschiedenen Teilgebieten wird aber gerade bei der gewählten Art der Ausführung in hohem Maße geboten, und demgegenüber mag — zumal bei der Trockenheit der Materie — jener Nachteil hingehen.

Im Wesen der Sache liegt es, daß die verschiedenen hochinteressanten Einzelprobleme nur summarisch abgetan werden können, wobei nur die Verf. mitunter etwas zu summarisch sind. Z. B. ist es gewiß richtig, wenn die Krankenkassen als Vereine der versicherten Arbeiter bzw. Personen bezeichnet werden; aber daraus entstehen gewichtige Fragen hinsichtlich der Mitwirkung der Arbeitgeber bei der „Selbstverwaltung" der Kassen. Über dieses Verhältnis hätte man ganz gut auch einige Worte sagen können; so wie die Darstellung vorliegt, erweckt sie nur zu leicht die Vorstellung, als sei sich der Bearbeiter des betr. Abschnittes über die Frage nicht ganz im Klaren gewesen, weshalb er es zu schweigen vorzog. Ebenso hätte ich gerne ein paar Worte über die Haftpflichtversicherung der Arbeitgeber in der Unfallversicherung gelesen; lediglich weist die Einleitung S. 5 darauf hin, daß hier eine „Erweiterung der alten Haftpflicht" vorliegt, ebenso wird S. 32 ff. die Frage gestreift, während sie an der maßgebenden Stelle (S. 378 ff.) überhaupt nicht erwähnt wird. Und doch liegt hier die Probe auf die Richtigkeit des Ausgangssatzes: Nicht eine Erweiterung der Haftpflicht liegt vor, sagt doch die Einleitung selbst, daß sie abgewälzt wird auf die Berufsgenossenschaft, sondern eine Haftpflichtversicherung der Unternehmer, gegen die aus Anlaß eines Betriebsunfalls nur noch unter ganz besonderen Voraussetzungen private Entschädigungsansprüche erhoben werden können. Was ist nun das Primäre, die kraft dieser zwangsweisen Haftpflichtversicherung stattfindende, auch in den Fällen, in denen eine zivilrechtliche Haftung gar nicht vorliegt, eintretende „Entschädigung" des Arbeitnehmers kraft anstaltlicher „Versicherung" bei der Berufsgenossenschaft, oder die genossenschaftliche Haftpflichtversicherung des Betriebsunternehmers? Ist aber letzteres der Fall, und es wird oft genug behauptet, so entfällt der Träger unseres Systems. Betrachtet man sich den § 555 RVO., dann mag man allerdings stutzig werden. Ich bin für meinen Teil zwar der Ansicht, daß hier lediglich eine Reminiszenz an den alten Versicherungsgedanken vorliegt, daß mithin die §§ 898 ff. RVO. die Sache den Unternehmern schmackhaft machen sollten, und schließlich daß man seinerzeit bei Schaffung der Unfallversicherung sich über dieses Problem nicht sonderlich die Köpfe zerbrochen hat — trotzdem hätte aber m. E. die Frage unbedingt mit ein paar Worten behandelt werden müssen. Weiterhin ist mir nicht ganz klar, wie sich S. 212 der Bearbeiter vorstellt, daß eine Invalidenversicherungsanstalt Versicherte „umfassen“ soll; das klingt sehr verdächtig und erinnert stark an die Verwechselung, die in der Bezeichnung der öffentlichen „Feuersozietäten“ spukt. Oder liegen hier ähnliche Gedankengänge vor, aus denen heraus Jacobi (Die Träger der Sozialversicherung und ihre Angehörigen, 1916) auch bei ausgesprochen anstaltlicher Versicherung (Invaliden- und Angestelltenversicherung) von „Angehörigen“ des anstaltlichen Versicherungsträgers spricht? Die Erörterung aller dieser Punkte war m. E. um so notwendiger, als sie schon von allem Anfang an zweifelhaft waren (vgl. Rosin, Die öffentliche Genossenschaft; Gierke, Genossenschaftstheorie).

Sehen wir hievon und einigen sonstigen Schönheitsfehlern ab, so erscheint alles in allem der Grundriß als eine recht erfreuliche Bereicherung der verwaltungsrechtlichen Literatur, die auf ihrem Gebiet ihresgleichen noch nicht hat. Man darf daher die in Aussicht gestellten weiteren Bände des Grundrisses des sozialen Rechts, zu dem unser Grundriß gehören und dessen ersten Band er bilden soll, mit einiger Erwartung entgegensehen.

Charlottenburg. Privatdozent Dr. Waldecker.

Alphabetisches Register.

(Die Namen der Referenten sind eingeklammert).

I. Übersicht der besprochenen Werke.

Baumert, Leitfaden des Preußischen Wasserrechts nebst Text des Wassergesetzes (Waldecker) 147
Binder, Jul., Rechtsbegriff und Rechtsidee (Pagel) 428
— — Dass. (Schmitt) 431
Brinkmann, Karl, Freiheit und Staatlichkeit in der älteren deutschen Verfassung (Dopsch) 223
Brinkmann, Hans, Altes und Neues über Sammelvermögen (San Nicolò) 17
Buch, Schuld und Haftung im geltenden Recht (Hellmann) 35
Bühler, Die subjektiven öffentlichen Rechte und ihr Schutz in der deutschen Verwaltungsrechtsprechung (Waldecker) 117
Bürgerliches Gesetzbuch, Das, erl. von Reichsgerichtsräten († Hellmann) 484
Coenders, A., Richtlinien aus den Lehren Feuerbachs für die moderne Strafrechtsreform (Doerr) 498
Cornicelius, Heinrich von Treitschkes Briefe (Waldecker) 1
Coroï, J., La violence en droit criminel romain (Wenger) 420
Dalcke-Delius, Preußisches Jagdrecht. 6. Aufl. (Dickel) 246
Fathy, Mahmoud, La doctrine musulmane de l'abus des droits (San Nicolò) 18
Feuerbach, Anselm, Merkwürdige Verbrechen in aktenmäßiger Darstellung (Doerr) 499
Fischbach, Treuhänder und Treuhandgeschäfte (Brinkmann-Bondi) 229
Friedrichs, Karl, Das Landesverwaltungsgesetz vom 30. Juli 1883 nebst den gesamten Nebengesetzen (Waldecker) 560
— — Das Polizeigesetz (Waldecker) 560
Galgano, Salvatore, I limiti subiettivi dell' antica usucapio (San Nicolò) 21
Gerlich, Geschichte und Theorie des Kapitalismus (v. Zwiedineck-Südenhorst) 289
Grünbaum, J., Voraussetzungen der Unbrauchbarmachung im RStGB. (§ 41) und in den Spezialstrafgesetzen des Reichs (Doerr) 499
Haldór, Hermannsson, The ancient laws of Norway and Iceland (Rintelen) 221
Heymann, Territorialitätsprinzip und Distanzdelikt (Kitzinger) 283
Holtz-Kreutz, Das Preuß. Wassergesetz vom 7. April 1913 nebst Ausführungsverordnungen (Waldecker) 148
Jellinek, Walter, Gesetz, Gesetzesanwendung und Zweckmäßigkeitserwägung (Waldecker) 83
Kisch, Dr. Guido, Der deutsche Arrestprozeß (Hellmann) 346
Klöß, Grundriß des preuß. Wasserrechts (Waldecker) 145

Kaskel, Walter, und Sitzler, Fritz, Grundriß des sozialen Versicherungsrechts (Waldecker) 565
Köhler, Walter, Geist und Freiheit (Waldecker) 326
Kooiman, C. L., Fragmenta juris Quiritum (San Nicolò) 23
Kübler, Lesebuch des römischen Rechts. 2. Aufl. (Wenger) 227
Lenel, Paul, Wilhelm von Humboldt und die Anfänge der Preuß. Verfassung (Wolzendorff) 514
Lenhard-Reichau, Preuß. Wassergesetz vom 7. April 1913 (Waldecker) 150
Liffchütz, A., Die strafrechtliche Bekämpfung geistlicher Uebergriffe in weltliches Gebiet (Doerr) 501
Loeb, Der Versuch (Doerr) 281
Loening, Abhandlungen und Aufsätze (Waldecker) 140
— Das Preußische Gesetz vom 10. Juni 1854, betr. die Deklaration der Verfassungsurkunde (Waldecker) 133
Lohmann, Die Kompensation bei Retorsion gegen Beleidigungen durch Mitglieder deutscher Parlamente (Doerr) 73
Lorey, Zur Lehre vom groben Unfug (Köhler) 267
Löwenstein, A., Der Rechtsbegriff als Relationsbegriff (Pagel) 428
Maier, Hans, Die geistesgeschichtlichen Grundlagen der konstitutionellen Theorie (Waldecker) 326
Mannhardt, Dr. Joh. W., Die polizeilichen Aufgaben des Seemannsamtes (Wolzendorff) 516
Matthias, Dr. Bernhard, Lehrbuch des Bürgerl. Rechtes († Hellmann) 497
Mayer, Otto, Deutsches Verwaltungsrecht, 2. Auflage (Waldecker) 531
Meyer, Georg, Lehrbuch des deutschen Verwaltungsrechts. 4. Aufl. (Waldecker) 531
Mohr, Karl, Die Bemessung der Geldstrafe (Doerr) 502
Ollendorf, Fr., Die Wegnahme von Sparkassenbüchern zum Zwecke der Erhebung von Teilbeträgen (Doerr) 506
Orloff, Wladimir, Le vice fondamental de la classification dominante des états (Wolzendorff) 517
Plancks Kommentar zum Bürgerl. Gesetzbuch († Hellmann) 490
Planitz, Vermögensvollstreckung im deutschen mittelalterlichen Recht (Rintelen) 181
Preisigke, Fachwörter des öffentlichen Verwaltungsdienstes Aegyptens in den griechischen Papyrusurkunden der ptolemäisch-römischen Zeit (Wenger) 227
Reichs- und Staatsangehörigkeitsgesetz vom 22. Juli 1913. Erl. von Wilhelm Cahn. (Waldecker) 562
Rommel, Dr. C., Zur einfachen Sachbeschädigung aus § 303 des Reichsstrafgesetzbuchs (Doerr) 508
Schmitt, Carl, Der Wert des Staats und die Bedeutung des Einzelnen (Waldecker) 326
Schreiber, Schuld und Haftung als Begriffe der privatrechtlichen Dogmatik († Hellmann) 43
— Dr. R., Täterschaft und Teilnahme bei Straftaten, die aus physischen Gründen nur von bestimmten Personen begangen werden können (Doerr) 511
Simon, Schadensersatzansprüche bei Körperverletzung und Tötung im Zweikampf (Köhler) 263
Skedl, Grundlagen des österreichischen Konkursrechts († Hellmann) 258
Spann, Otmar, Kurzgefaßtes System der Gesellschaftslehre (Waldecker) 326
Stieglitz, Leopold, Die Staatstheorie des Marsilius von Padua (Waldecker) 326
Stooß, Lehrbuch des Österreichischen Strafrechts (A. Köhler) 74
Storch, Über den Begriff, die Arten und die Bestrafung der culpa (Doerr) 79
Strohal, Emil, Schuldpflicht und Haftung (Hellmann) 25
Syrische Rechtsbücher, hrsg. von Ed. Sachau (Manigk) 351

Tosti, Alfredo, Delle Contravvenzioni (A. Köhler) 80
Vaihinger, Die Philosophie des Als Ob (Pagel) 163
Vecchio, Giorgio del, Sull' idea di una scienza del diritto universale comparato (Hollbach) 440
Waldecker, L., Über den Begriff der Korporation des öffentlichen Rechts nach preußischem Recht (Wolzendorff) 518
Warneyers Jahrbuch der Entscheidungen. B. Strafrecht und Strafprozeß. 9. Jahrg. enth. d. Lit. u. Rechtspr. d. Jahres 1914 usw. (Doerr) 512
Wörterbuch des Deutschen Staats- und Verwaltungsrechts. Begründet von Stengel, in 2. Auflage hrsg. von Max Fleischmann (Waldecker) 531.
Zitelmann, Ernst, Die Möglichkeit eines Weltrechts (Wenger) 321

II. Verzeichnis der Mitarbeiter.

Brinkmann 229.
Dickel 246.
Dopsch 223.
Doerr 73, 79, 281, 498, 499, 501, 502, 506, 508, 511, 512.
† Hellmann 25, 35, 43, 258, 346, 484, 490, 497.
Hollbach 440.
Kitzinger 283.
Köhler 74, 80, 263, 267.
Manigk 351.
Pagel 163, 428.
Rintelen 181, 221.
San Nicolò 17, 18, 21, 23.
Schmitt 431.
Waldecker 1, 83, 117, 133, 140, 145, 147, 148, 150, 326, 329, 336, 337, 342, 531, 546, 555, 560, 562, 565.
Wenger 227, 321, 420.
Wolzendorff 514, 516, 517, 518.
Zwiedineck-Südenhorst 289.

III. Sachregister.

Ägyptisches Recht 227.
Als-ob-Philosophie 163.
Altdeutsches Recht 181, 223.
Arrestprozeß 346.
Beleidigung, Parlamentarier 73.
Bürgerliches Recht 484.
Contravvenzioni 80.
Distanzdelikt, Territorialitätsprinzip 283.
Feuerbach 498.
Geistliche Übergriffe 501.
Geldstrafe, Bemessung 502.
Gesellschaftslehre 342.
Gesetzanwendung 83.
Gewaltdelikt 420.
Grober Unfug 267.
Haftung 25.
Humboldt 514.
Islandica 221.
Italienisches Recht 80.
Jagdrecht, preußisches 246.
Jus Quiritium 23.
Kapitalismus 289.
Konkursrecht, österreichisches 258.
Konstitutionelle Theorie 329.
Korporation, öffentliche 518.
Landesverwaltungsgesetz, preußisches 560.
Marsilius v. Padua 327.
Mittelalterliches Vollstreckungsrecht 181.
Muselmannisches Recht 18.
Österreichisches Recht 74, 258.
Papyri, Verwaltungsfachwörter 227.
Philosophie des Als-ob 163.
Recht, ägyptisches 227; altdeutsches 181, 223; italienisches 80; muselmannisches 18; österreichisches 74, 258; preußisches 133, 145, 518, 560; römisches 23, 227, 420; syrisches 351.
Rechtsbegriff 428, 431.
Rechtsidee 428.
Rechtsmißbrauch 19.
Rechtsphilosophie 163, 428.
Rechtsvergleichung 440.
Reichsangehörigkeit 562.
Römisches Recht 23, 420; Lesebuch 227.

Sachbeschädigung 508.
Sammelvermögen 17.
Schuld und Haftung 25.
Seemannsamt 516.
Sparkassenbuch, Diebstahl 506.
Staat, Wert 387.
Staatsangehörigkeit 562.
Staatsformen 517.
Strafrecht, österreichisches 74.
Subjektive öffentliche Rechte 117.
Syrische Rechtsbücher 351.
Täterschaft 511.
Teilnahme 511.
Territorialität, Distanzdelikt 283.
Treitschke 1.
Treuhand 229.
Übertretungen 80.
Unbrauchbarmachung 499.
Universalrecht 440.
Usucapio 21.
Verfassung, altdeutsche 223; preußische 133, 514.
Vermögensvollstreckung, Mittelalter 181.
Versicherung, soziale 565.
Versuch, strafrechtlicher 241.
Verwaltungsrecht 532.
Vis 420.
Wasserrecht, preußisches 145.
Weltrecht 321.
Zweckmäßigkeitserwägung 83.
Zweikampf, Schadensersatz 263.

Die Einsendung von Rezensionsexemplaren wird an die Verlagsbuchhandlung J. Schweitzer Verlag (Arthur Sellier), München Ottostr. 1a erbeten. Separatabzüge aus Zeitschriften sowie Dissertationen finden regelmäßig keine Besprechung. Auch sonst behält es sich die Redaktion vor, nicht zur Besprechung geeignete Bücher zurückzustellen.

Die Herren Referenten tragen für Form und Inhalt ihrer Referate die alleinige Verantwortung. Erwiderungen können nach steter Übung der Zeitschrift nicht aufgenommen werden.

Die Herren Mitarbeiter werden gebeten, ihre Manuskripte an jenes Mitglied der Redaktion einzusenden, von dem sie um das Referat ersucht worden sind.

Druck: Dr. F. P. Datterer & Cie. (Inh. Arthur Sellier), München-Freising.

FSC
www.fsc.org
MIX
Papier | Fördert
gute Waldnutzung
FSC® C083411

Kolibri 360 GmbH
Ferdinand-Jühlke-Straße 7
99095 Erfurt, Deutschland
produktsicherheit@kolibri360.de